LA AURORA DE LA REDENCIÓN DEL MUNDO

LA AURORA DE LA REDENCIÓN DEL MUNDO

La historia de la salvación en el Antiguo Testamento

Erich Sauer

EDITORIAL PORTAVOZ

Título del original: *The Dawn of World Redemption*, © 1951 por Erich Sauer y publicado por The paternoster Press, Exeter, Inglaterra.

Edición en castellano: *La aurora de la redención del mundo*, © 1984 por Editorial Portavoz, filial de Kregel Publications, Grand Rapids, Michigan 49501. Todos los derechos reservados.

EDITORIAL PORTAVOZ
2450 Oak Industrial Dr. NE
Grand Rapids, Michigan 49505 USA

Visítenos en: www.portavoz.com

ISBN 978-0-8254-5910-8

1 2 3 4 5 edición / año 25 24 23 22 21 20 19 18

Impreso en los Estados Unidos de América
Printed in the United States of America

Contenido

Sección I
LOS FUNDAMENTOS DE LA REVELACIÓN BÍBLICA E HISTÓRICA

La naturaleza de Dios 19; Las llamadas pruebas de la existencia de Dios 20; El testimonio de la naturaleza universal es que Dios existe 20; Dios es amor 22; ¿Cuáles eran las actividades de Dios antes de la fundación del mundo? 24

El origen de la creación 30; El propósito de la creación 31; La grandeza de la creación 32; Los ejércitos de los ángeles 36; El trono de Dios 38

Satanás antes de la caída del hombre 41; La caída de Satanás 43; El primer pecado y la condición del mundo 44

Sección II
LA REVELACIÓN ORIGINAL

Un hogar lleno de una bienaventuranza indescriptible 50; El punto de partida de una tarea ingente 51; La esfera donde se desarrolló un conflicto terrible 60; El Edén, escenario de una trágica derrota 61; El paraíso, la meta anhelada de una humanidad que espera 62

Sección III
LA REVELACIÓN PREPARATORIA DEL PLAN DE SALVACIÓN
A. Las promesas constituyen la base del Evangelio 121

B. El misterio del pueblo de Israel 149

C. El porqué de la promulgación de la ley mosaica 169

D. El testimonio de Dios por medio de la profecía 203

E. Las naciones son preparadas para la salvación 238

APÉNDICES

LAS ABREVIATURAS MÁS COMUNES

A.T. = Antiguo Testamento
N.T. = Nuevo Testamento
Vers. H.A. = Versión Hispano-Americana
Vers. R.V. = Versión Reina y Valera
LXX = Versión griega del Antiguo Testamento hecha en el siglo
   III a.C., llamada "la Alejandrina" o la Septuaginta
cap. = capítulo
caps. = capítulos
a.C. = antes de Jesucristo
d.C. = después de Jesucristo
comp. = compárese con
y ss. = y versículos siguientes
c. = alrededor de la fecha de

Prefacio

La Aurora de la Redención del Mundo es el primero de tres volúmenes, que se deben a la pluma de mi amigo Erich Sauer, fundador de la Escuela Bíblica de Wiedenest, Alemania, que cubren conjuntamente todo el campo de la teología bíblica. El segundo y tercer tomos son *El Triunfo del Crucificado*[1] y *De Eternidad a Eternidad,*[2] y la obra total hace un repaso de la revelación divina que culmina en Cristo, ordenándose de tal forma que la actividad salvadora de Dios se presenta a la atención del lector según su desarrollo histórico.

En el original alemán esta trilogía ha sido muy apreciada en áreas de habla alemana, siendo elogiada por muchos líderes cristianos, tales como el Dr. von Bodelschwingh de Bethel-bei-Bielefeld y el Dr. Köberle. Ha sido traducido al holandés, al sueco, al inglés y al noruego, siendo muy alabada esta última traducción por el Prof. O. Hallesby.

Quedamos agradecidos a los hermanos que ha traducido y publicado esta traducción, puesto que, hasta donde llegan mis conocimientos, no tenemos nada de igual valor, tratándose de un manual de teología evangélica que no se presenta dogmáticamente, sino según el orden histórico, que es el de la Biblia misma. Tanto la sustancia como la forma de la obra son esencialmente bíblicas, y por eso se lee con verdadero deleite.

El valor intrínseco de este libro en sí lo asegura una recepción calurosa. El señor Sauer conoce profundamente el texto bíblico, y a sus conocimientos se une una fina percepción teológica, el don del pensamiento original y una vigorosa expresión literaria. Habiéndome dado cuenta del valor de estos volúmenes al leerlos en alemán hace

---

1. Erich Sauer, *El triunfo del Crucificado* (Grand Rapids: Editorial Portavoz, 1980).

2. *De eternidad a eternidad* (Grand Rapids: Editorial Portavoz, 1977).

algunos años, me complace verlos vertidos ahora al castellano para que estén al alcance de un círculo más amplio de lectores, encomendándolos cordialmente a los estudiantes cristianos de habla española.

Universidad de Manchester (Inglaterra)   F. F. BRUCE, M.A., D.D.

Prefacio del traductor

Es motivo de verdadera satisfacción que una traducción en castellano del notable libro de Erich Sauer, *The Dawn of World Redemption,* vea la luz por fin, para completar el volumen anterior, *El Triunfo del Crucificado,* que ya circula en castellano. Lógicamente la traducción actual debiera haber precedido a la anterior, toda vez que Sauer escribió primeramente *La Aurora de la Redención del Mundo* y luego, *El Triunfo del Crucificado,* según el orden cronológico de los acontecimientos presentados en los libros. *La Aurora de la Redención del Mundo* empieza con lo que Dios revela en Su Palabra sobre lo existente antes de la creación del Universo, pasando luego a la creación misma, la caída y los comienzos y el desarrollo del plan de la redención hasta llegar a la manifestación del Mesías en esta Tierra. *El Triunfo del Crucificado* continúa esta historia sagrada desde el nacimiento hasta la Cruz y la resurrección, trazando luego todos los gloriosos resultados de la obra de la redención en la Iglesia y en las naciones hasta la inauguración del Siglo de los Siglos. Los dos volúmenes*, pues, forman una sola obra que abre delante del lector las vastas perspectivas del plan de la redención desde el propósito divino antes de los mundos hasta la consumación después de la victoria completa sobre el mal. Si los lectores de habla española han visto el segundo antes que el primero fue por consideraciones de orden práctico, pues se pensaba que el tema de *El Triunfo del Crucificado* era de aplicación más inmediata a las necesidades del creyente, que podrían asustarse un poco frente a los majestuosos principios del gran Plan. Además, el estudio de la Creación trae consigo consideraciones de orden científico y filosófico no fáciles en sí, pero de gran provecho para el "valiente" que quiere ver claro en asuntos que tanto se discuten y que son de importancia fundamental.

---

* Un tercer volumen, *De Eternidad a Eternidad,* fue escrito más tarde para formar parte de la *trilogía* sobre este tema (nota del editor).

Nunca tarda el bien que por fin llega, y ahora la vasta perspectiva de las dos obras cumbre de Erich Sauer puede contemplarse en su totalidad. Mejor aún, la obra de Dios frente al hombre se comprenderá mejor gracias a los trabajos de casi toda la vida del eminente enseñador que era Erich Sauer.

Fue decisión del autor que la traducción inglesa que se debe a la pluma de G. H. Lang, supervisado por los señores Sauer, sirviese de base para toda traducción. La tarea de verter el abundante pensamiento del Sauer, pasado ya por el molde del inglés, no ha sido fácil. En castellano necesitamos más palabras si hemos de dar el sentido claro de tanta riqueza sintetizada en el idioma inglés, que se presta tanto a la concisión. Además, los creyentes evangélicos en países de habla española no suelen disfrutar de la preparación bíblica que es común en países donde prevaleció la Reforma, ni han tenido a su disposición la gran abundancia de libros de estudio bíblico que enriquece el idioma inglés. Que esta advertencia sirva para que los lectores juzguen con benignidad el esfuerzo realizado en esta tarea.

La tarea, si bien ardua, fue facilitada por conversaciones con el autor sobre esta traducción antes de su lamentada partida de entre nosotros. Concedió libertad razonable al traductor en vista de las necesidades de los lectores españoles, tanto en el caso de verse obligado a aclarar conceptos demasiado sintetizados como frente a la posibilidad de acortar secciones de abundantes datos científicos. No le interesaba tanto al autor el traslado literal de las palabras, sino de la expresión comprensible de sus pensamientos y en esto el traductor ha querido ser fiel a su importante cometido. Si parecía necesario añadir datos más recientes, ocurridos desde la redacción de la traducción inglesa, o presentar un punto de vista complementario al del autor, las palabras mías se señalan como "Nota del traductor".

Las citas en la traducción inglesa fueron tomados (aparte excepciones) de la Versión Revisada inglesa de la Biblia. Siguiendo el mismo criterio, hemos usado la Versión Moderna para citas de Antiguo Testamento, y la Versión Hispano-Americana para las de Nuevo Testamento, aparte algún caso que exigía modificaciones a criterio del traductor.

Barcelona, España   ERNESTO TRENCHARD

Prólogo

La base inconmovible de la historia de la salvación es la autoridad del mismo Señor Jesucristo, siendo hecho innegable que el Cristo reconoció claramente la validez de aquellas porciones del Antiguo Testamento que hoy día son objeto de las mayores contradicciones, dando fe precisamente a la historicidad de Adán y Eva (Mat. 19:8), al Diluvio como a un acontecimiento real (Mat. 24:37 y 38), y a la experiencia milagrosa de Jonás (Mat. 12:29 y 40). Aun más significativo es su reconcimiento del libro de Daniel, tan combatido hoy por la incredulidad, pues de él sacó el título que más utilizaba para presentar su propia Persona: *"el Hijo del Hombre"* (Dan. 7:13 y 14 con Mat. 26:64, etc.). No sólo eso, sino que se apropió las profecías de este libro en el único juramento de su ministerio en la tierra (Mat. 26:63 y 64 con Mat. 24:15). En cuanto al porvenir, anunciaba su Segunda Venida en gloria y el establecimiento del Reino mesiánico de la forma en la cual los profetas los habían predicho (Mat. 24:27-31; Mat. 19:28; 25:31 y ss.; Hech. 1:6 y 7). Los Apóstoles heredaron del Señor idéntica actitud frente al Antiguo Testamento.

Según cómputo del Dr. Evans, la frase "y dijo Jehová", y similares, se hallan 3.500 veces en el A. T., que era "la Biblia" del Señor Jesucristo (Juan 5:39). Para él, quien era el Verbo encarnado y viviente (Juan 1:14; Apoc. 19:13), una mera jota o un tilde de la Palabra escrita encerraba mayor valor que todas las galaxias del Universo: "Porque de cierto os digo que, hasta que pasen el cielo y la tierra, ni una jota ni un tilde pasará de la Ley, hasta que todo sea cumplido". (Mat. 5:18, cómp. Mat. 24:25 y Juan 10:35). De igual forma, su gran apóstol, Pablo, confesó delante de Félix: "Creo todo lo que es conforme a la Ley y lo que está escrito en los profetas". (Hech. 24:14).

No hemos de admitir, pues, que nuestra fe en las Sagradas Escrituras, cual revelación divina de incontrastable autoridad, sea una mera "idolatría de la letra", que pone en servidumbre anticristiana a personas de inteligencia limitada; más bien hemos de hacer ver que tal fe tiene el apoyo de las mayores personalidades de la historia de la redención, incluso la del mismo Cristo, el Hijo de Dios. Como alguien ha dicho: "La revelación se basa en las Escrituras, de modo que es imposible evitar la conclusión de que, para nosotros también continúa apoyándose en *los textos, palabras y frases* de la Biblia, por los cuales los profetas y apóstoles expresaban lo que querían declarar como testimonio suyo".

En consecuencia de lo que acabamos de exponer, hemos de interpretar la historia de la redención en relación con el *Rey* que controla dicha historia, constituyendo la totalidad de la revelación un círculo del cual el Señor Jesucristo es el Centro, o, dicho de otra manera, El es el sol que ilumina todo el ámbito de la revelación.

Por consiguiente, si alguno, llevado por diversos grados de incredulidad adopta una actitud fluctuante frente a las Escrituras —en especial frente a los temas desarrollados en los primeros capítulos de la Bíblia, a los profecías de Daniel, al significado total de la Obra de la Cruz, a la resurrección del cuerpo, o a la Segunda Venida Personal de Cristo— carece el tal de una comprensión inteligente del *principio, medio y fin* del Plan divino, con el resultado de que el maravilloso "Templo", como podemos llamar al desarrollo de la historia de la Redención, será para él un edificio cerrado.

La Biblia, considerada como la historia de la Redención, es un "todo" que palpita de una vida orgánica, dentro del marco de un sistema profético que se plasma progresivamente en las distintas etapas de la historia según el plan determinado. Es "un maravilloso edificio que se va elevando según un plan básico preparado de antemano", armonioso en su conjunto, graduado en su construcción, enlazándose todas sus partes en la debida proporción, y que halla su consumación en Cristo. Variando el símil, el tema del Reino de Dios, dentro del ritmo del desarrollo progresivo de las épocas y períodos, es la melodía dominante de toda una majestuosa y divina sinfonía.

Dentro del protestantismo, esta verdad se ha subrayado especialmente por tales expositores como Cocceius, Bengel y Franz Delitzsch. Sobre todo en el siglo xix (el siglo de las investigaciones históricas) fue notable (en la esfera de la teología) por los estudios especiales sobre el desarrollo histórico de la revelación divina.

Para poder percibir la armonía de cuanto existe y se reconoce en esta esfera, sin embargo, hemos de inclinarnos con humildad de espíritu, observándolo todo con cuidadosa atención, pues sólo así podremos llegar a interpretar las Escrituras como testimonio continuo del divino plan de la salvación, y sólo dentro de la perspectiva de este plan podremos apreciar con exactitud la naturaleza esencial y verdadera de la Biblia. Hemos de leerla con los ojos abiertos para percibir las dispensaciones, las economías, las progresiones y los conjuntos, atalayando el espíritu humano redimido desde la máxima altura profética, desde donde los mundos y las edades pasan acompasados por el campo de nuestra visión. Desde tal altura el espíritu iluminado trasciende los estrechos límites de su propia personalidad, las fronteras de las nacionalidades y de las civilizaciones, y aun los lindes del tiempo, para abarcar con un solo golpe de vista el pasado, el presente y el futuro, llegando a la comprensión no sólo de lo que es, sino de lo que ha de ser. Más aún: la visión alcanza hasta el corazón del Altísimo, hundiéndose en las profundidades de la Deidad.

Dentro de esta sublime perspectiva quisiéramos iniciar nuestra tarea, en el curso de la cual nos hemos de esforzar por *reseñar el desarrollo divino del Plan de la Redención a través de los milenios, desde la creación del mundo hasta la plena manifestación del Cristo el Redentor del mundo.*

No hemos de intentar un tratamiento minucioso del tema, ni tampoco es nuestra intención ofrecer una comparación entre el concepto bíblico del mundo y el de las filosofías modernas, o entre una actitud positiva frente a la Biblia y aquella otra de los "críticos" y "liberales", pues este libro no ha de ser un tomo de apologética, sino una historia de la Redención. Al intentar más de lo indicado, habríamos tenido que exceder los límites de espacio convenientes para nuestro cometido. Al mismo tiempo, aceptando como un hecho la veracidad de la Biblia, queremos estudiar con toda seriedad la unidad histórica de las Escrituras, que nos llevará a pasar revista del plan bíblico de la Historia conjuntamente con el desarrollo de la raza humana; todo ello desde el punto de vista de Dios, para así notar la armoniosa variedad del conjunto, además de su universalidad cósmica y su maravilloso orden progresivo.

En lo que se refiere a la forma externa de esta obra, el lector verá que hemos procurado hacernos entender por el público cristiano en general. Para facilitar el estudio, los temas grandes se han analizado mediante numerosas subsecciones.

Soy muy consciente de las muchas imperfecciones de esta obra que dista mucho de ser completa, pero la encomiendo al Señor y a su gracia, pidiéndole a él se digne utilizarla en servicio de sus santos... "Al Rey de los siglos, inmortal, invisible, el solo sabio Dios, sea honor y gloria por los siglos de los siglos, amén" (1 Tim. 1:17).

Erich Sauer

Wiedenest, Rhineland, Alemania

Introducción

Bienaventurados quienes preguntan, no tanto por "lo eterno", sino más bien por "el Eterno".

Los problemas referentes a la Creación, la Redención y la Consumación del mundo se destacan sobre el fondo de la historia espiritual del hombre como sublimes jeroglíficos que exigen una debida interpretación. Ningún pueblo los ha pasado completamente por alto, y las mejores inteligencias de los siglos han trabajado incansablemente para descifrarlos.

Las soluciones que han intentado los sabios han sido muy diversas y contradictorias entre sí, siendo a menudo completamente incomprensibles para el hombre normal. Se ha elaborado sistema tras sistema de filosofía, y una cosmogonía ha sucedido a otra. Sobre las ruinas del pensamiento de un filósofo, otro levanta el sistema intelectual que a él le satisface más, y hasta el día de hoy el hombre sigue luchando con estos intratables problemas con toda le energía de su mente.

¡Y, sin embargo, la solución ha estado al alcance de todos en todo tiempo porque el mismo Dios la ha revelado! Sus pensamientos eternos no son meras "ideas" que divagan en las alturas muy por encima del desarrollo de los asuntos terrenales, sino que se espresan por medio de hechos creadores, incorporándose éstos directamente al curso total de la Historia, íntimamente entretejidos en su "trama", de tal forma que se echan de ver "dentro de, conjuntamente con, y por debajo de" su complicado dibujo. "La historia de los siglos es la historia del hombre, y ésta es la historia de Dios."

Dios se presenta a sí mismo como la solución de los problemas planteados, habiendo manifestado su propio Ser en la Persona de su Hijo. Por ser el "Verbo eterno", el Hijo es el Centro y Sol de toda la revelación divina en todo el Universo.

Todas las cosas encuentran su origen en Dios, de modo que hallamos en este hecho la base primordial *del pasado* y por ende la verdadera naturaleza *de la Creación del mundo* (Col. 1:16; Juan 1:3).

Todas las cosas van completándose por Dios, lo que nos proporciona la explicación *del presente,* o sea, el proceso de *la Redención del mundo* (Rom. 11:36).

Todas las cosas vuelven hacia Dios, por lo que se manifiesta la meta *del futuro,* o sea, la naturaleza esencial de la *Consumación del mundo* (1 Cor. 15:28).

De este modo, Dios el Señor de todo se revela en Cristo como la Roca de los Siglos, la base primordial, personal y viviente de toda existencia.

Pero el Verbo eterno se reveló a través de la palabra hablada, que se plasmó a su vez en la palabra escrita, que es la Biblia. Por consiguiente, la Biblia es la clave para la comprensión de los hechos históricos y contemporáneos, el Libro de la humanidad, el LIBRO DE LA HISTORIA por excelencia.

Todo depende, por tanto, de nuestra comprensión de la Biblia. El que carece de ella, anda a tientas, tropezando continuamente en una mazmorra completamente oscura; pero cuando caen sobre él los benéficos rayos del Libro divino, es cual Sol que se levanta, iluminando tierra y cielo con su resplandor. No sólo se ilumina su senda, sino también su vida toda, y el "tiempo" se vuelve radiante. Lo divino ha ganado la victoria ya, de modo que el entendido en la Palabra llega a comprender en grado creciente que "AHORA ES LA ETERNIDAD".

1

La eternidad anterior a la creación

"El significado cuyas dimensiones son conocidas no será el significado último".

LA NATURALEZA DE DIOS

Dios es Espíritu: el único en sentido eterno y absoluto, siendo la espiritualidad, la unidad y la eternidad la misma esencia de su Ser (Juan 4:24). Él mismo es la suma de la vida en su expresión más elevada y perfecta. Con todo, esta vida no es mera abstracción, sino que él es, al mismo tiempo, la más real de todas las realidades, el EGO que determina a sí mismo, una Personalidad consciente, y lo que es más, la Superpersonalidad eterna, Fuente de toda idea de personalidad. Por ende, todo esfuerzo realizado por la inteligencia finita del hombre para "explicar" su Ser infinito ha de fallar siempre.

Por tanto, no puede haber una "prueba" final de la existencia de Dios —la Biblia nunca adelanta tal cosa— porque el concepto de Dios trasciende todo el proceso del pensamiento humano. El hecho de que una criatura nacida del polvo intente "demostrar" por sus propios medios el Ser de Dios, revela la presunción infantil y la mórbida delusión de su limitadísima mente. El hecho primordial es que Dios, por ser Dios, es eterno e infinito, y como tal, no se presta como "problema a resolver" a las especulaciones del "hombre-topo".

LAS LLAMADAS PRUEBAS DE LA EXISTENCIA DE DIOS

Dentro de los límites de lo antedicho, las llamadas "pruebas de la existencia de Dios" encierran cierto valor que no debemos subestimar. Aun para el filósofo Kant la "prueba teleológica" (véase más abajo), con la "evidencia moral" de la existencia de Dios, se revestían de significado real. Este valor consiste en que demuestran que la fe en Dios no está reñida con la razón, al par que señalan al mundo visible como testigo y símbolo de lo eterno. Colocan al hombre pensador ante la disyuntiva siguiente: o que todo pensamiento humano se funda en una mera ilusión o que Dios existe; en este último caso nuestro pensamiento es la expresión de una realidad primordial que abarca todo lo demás.

EL TESTIMONIO DE LA NATURALEZA UNIVERSAL ES QUE DIOS EXISTE

Como Causa Suprema de todas las cosas y primera Base del mundo

Nos vemos obligados a esta creencia cuando examinamos *el pasado* para inquirir sobre el origen y procedencia de cuanto existe. Esta se llama la "prueba cosmológica" de la existencia de Dios y se ha adelantado por Aristóteles, Cicerón, Liebnitz, Schleiermacher, etc.).

Como el Arquitecto Supremo del mundo

Como Arquitecto supremo del mundo manifiesta toda habilidad artística y de él se deriva toda idea de "lo hermoso". Llegamos a esta convicción cuando examinamos *el presente,* reconociendo el orden de cuanto existe, al par que preguntamos sobre el "cómo" de tan maravillosa obra (Rom. 1:20; Sal. 104:24; 94:9). Esta consideración se ha llamado la "prueba físico-teológica" de la existencia de Dios y fue propuesta por Sócrates, Aristóteles, Liebnitz y Wolff.

Como aquél que planea el mundo con referencia a una meta final

Esta creencia se requiere cuando consideramos *el futuro*, preguntándonos sobre *el fin* de toda existencia. He aquí la "prueba teleológica" de la existencia de Dios, tal como la presentaron Sócrates, Platón, Filón y los teólogos escolásticos. El término se deriva de "telos", voz griega que quiere decir "meta".

Como aquél que corresponde al testimonio de lo que es el ser humano

Dios es el concepto más elevado de la comprensión humana; y si no existe, es irreal el mejor de sus pensamientos. Esta es la "prueba ontológica", tal como la propuso Anselmo. ("Ontológico": relacionado con el "ser".)

Como Legislador en relación con la conciencia y la voluntad del hombre

La operación de la conciencia es evidencia de la existencia de una ley moral, que no puede existir sin un "Legislador" que determine los conceptos del bien y del mal. He aquí la "prueba moral" de Kant.

Como aquél que sólo puede suplir la felicidad que exigen las emociones del alma

Es un hecho que el alma no halla reposo hasta descansar en Dios. Esta es la "prueba psicológica" subrayada por Tertuliano Agustín, Schleiermacher, etc.

Por el breve resumen de las "pruebas" que antecede, comprendemos que todas las cosas sobre la tierra prestan su testimonio a la existencia de Dios, tanto las del mundo exterior como del interior, juntamente con el "hombre externo" y el "hombre interno". Sin Dios, el mundo no pasa de ser una tumba que todo lo devora, un monstruo que rumía eternamente sin ningún provecho, un organismo gigantesco, ordenado exactamente conforme a cuidadosos planes hasta en sus detalles más minúsculos, pero que carece en absoluto de propósito y meta en cuanto a su vasto movimiento total. Sin Dios, todo valor aparente en el mundo se disuelve en quiméricas fantasías, y hallamos que el fundamento de todo aquello que parece ser lleno de significado, está en sí mismo vacío de todo sentido. ¡Eso no puede ser! En vista de la sabiduría inescrutable que rige todo el Universo, llegamos a la conclusión de que la incredulidad que niega a Dios está desprovista de todo pensamiento real, no pasando de ser la estupidez que surge de la falta de verdadera inteligencia. Sólo el necio dice en su corazón: "No hay Dios" (Sal. 14:1).

DIOS ES AMOR (1 Juan 4:16)

El amor es el elemento más profundo de la vida de Dios, la Fuente más honda de donde mana eternamente su naturaleza y el centro creador que engendra toda su obra. Pero este amor presupone una "Trinidad", pues como razona San Agustín: "Si Dios es amor, tiene que haber en Él el Amante, el Amado, y el Espíritu de amor, puesto que no podemos concebir el amor sin que exista tanto el Amante como el Amado." Entre los hombre los lazos de amor unen a *dos* personas, que hallan su satisfacción entre sí, pero aun en este caso podemos pensar que el concepto de amor implica una "trinidad", por la razón de que procede del amante, dirigiéndose hacia el amado, de modo que los dos se enlazan ya por algo que antes no existía: el espíritu de unión. Decía San Agustín: "Ubi amor, ibi trinitas" (Donde hay amor, allí existe una trinidad).

Hasta este punto, el pensamiento humano puede llegar, bien que tropezando y a tientas, pero el hecho de que tres "Personas" de la Deidad correspondan realmente a estos tres conceptos fundamentales de la idea de Dios, es algo que podemos saber únicamente porque así lo revela Dios mismo. "El Padre es el que existe de su propia sustancia; el Hijo es el que obra según la norma de su propio ser; el Espíritu es el que se mueve en sí mismo, siendo todo Dios." El Padre es el Amante, el Hijo el Amado y el Espíritu Santo es el Espíritu de Amor.

Se revela el hecho de que hay tres divinas Personas y, sin embargo, sólo UN DIOS. El Hijo es, por su naturaleza, igual al Padre, pero, no obstante, se subordina voluntariamente a Él (1 Cor. 15:28), y siendo la Causa de donde emana toda "causa" inferior, su propio Ser no conoce Causa anterior a sí mismo. Se amontonan aquí misterios sobre misterios, hallándose el espíritu finito del hombre eternamente ante el enigma de lo infinito. Aun en los siglos de los siglos sin fin, el pensamiento finito, condicionado por el espacio y el tiempo, no podrá llegar a la esfera del Dios que trasciende tanto el espacio como el tiempo. No puede haber discernimiento absoluto entre seres de una naturaleza fundamentalmente distinta, de modo que sólo Dios puede conocer plenamente a Dios, de tal forma que el hombre, aun siendo glorificado, será "hombre" aún, y Dios será Dios. (Mat 11:27).

El divino misterio de la Trinidad se revela progresivamente por etapas predeterminadas en las Escrituras. En un principio fue necesario que Dios diera a conocer su UNIDAD, a fin de subrayar el contraste entre este concepto fundamental y la pluralidad de "dioses" de las naciones que rodeaban el pueblo del pacto, como también para corregir las arraigadas inclinaciones politeístas de los israelitas (véase Ex. 20:1; Isa. 45:5 y 6, etc.).

Después del cautiverio de Babilonia, ocurrido seis siglos antes de Jesucristo, el politeísmo no volvió a ser piedra de tropiezo para Israel, habiéndose establecido una vez para siempre su fe en la unidad de Dios. Por consiguiente, Dios pudo pasar a la revelación de la "pluralidad" dentro de la "unidad" esencial, que es el concepto revelado en el Nuevo Pacto. Los primeros creyentes llegaron a comprender empíricamente que Jesús de Nazaret era más que profeta, y siendo Dios ya se revelaba una *dualidad* divina. Más tarde, al comprender que el Espíritu Santo no era una mera "fuerza", sino una "Persona", llegaron prácticamente al concepto de la "triple-unidad" dentro de la Deidad.

En el N. T. esta "triple unidad" se destaca por vez primera en el bautismo del Señor Jesucristo (véase Mat. 3:16 y 17). De igual modo, al final de su ministerio se apunta claramente en el mandato que Cristo dio a los Apóstoles de bautizar a los creyentes "en El Nombre (singular del Padre y del Hijo y del Espíritu Santo" (Mat. 28:19). Más adelante abundan "los pasajes trinitarios" en el N. T., como por ejemplo: 2 Cor. 13:13; 1 Ped. 1:2; 2 Tes. 2:13 y 14; Efe. 2:18-22; Heb. 19:14. Es verdad que la *palabra* "Trinidad" no se halla en las Escrituras, pero no es menos cierto que el *hecho* se revela claramente en los pasajes notados. No tiene razón de ser las especulaciones filosóficas sobre el "problema trinitario", que suelen manar de fuentes corruptas. No es tema de *especulación* sino de *revelación*.

¿CUALES ERAN LAS ACTIVIDADES DE DIOS ANTES DE LA FUNDACION DEL MUNDO?

A esta pregunta se ha dado una gran variedad de respuestas, y mientras que algunos (incluso Lutero) han declarado que no se justifica la pregunta, otros, de los cuales es Orígenes, se han esforzado por contestarla mediante consideraciones filosóficas. Nosotros hemos de acudir a la Biblia, viendo que el Libro *vela* "las cosas secretas" que sólo a Dios pertenecen, al par que *revela* aquello que nos es permitido saber de estos asuntos eternos y supra-temporales. A veces la divina condescendencia se digna ayudar nuestra flaqueza por expresarlos mediante "vestiduras metafóricas", propias de la Creación visible y del espacio (véase Isa. 43:10).

Para Dios mismo, siendo el Eterno, no existen límites de tiempo, ni sucesión de "antes", "ahora" y "después". Su vista abarca todos los tiempos a la vez; para Él, por lo tanto, el mundo, en todas sus etapas, es, y ha sido siempre, un "presente". Es cierto que fue su palabra que le dio su principio temporal e histórico, pero en su mente estaba siempre presente desde la Eternidad, sin principio ni paso de tiempo. Desde luego, ninguna criatura puede formarse un concepto adecuado de la relación orgánica entre la "Eternidad" y el "Tiempo", pues está escondido en el pensamiento total de Dios. Eso no nos excusa, sin embargo, de prestar cuidadosa atención a lo que la Biblia declara sobre las actividades de Dios "antes de la fundación del mundo".

ANTES DE LA FUNDACIÓN DEL
MUNDO HUBO COMUNIÓN ETERNA
EN AMOR ENTRE DIOS Y EL
HIJO

Ya de antiguo, antes de sus obras, Dios "poseía" la eterna sabiduría, identificada con el Verbo eterno, el cual más tarde se encarnó (Prov. 8:22 y 23 con Juan 1:14). De igual forma se revela que "en el principio" este Verbo era ya "con Dios, eternamente "presente" con Él en el intercambio de una mutua comunión (Juan 1:2). (Nota I. Fin de sección). Se revela igualmente que Dios amaba al Hijo, según el testimonio de éste en la tierra: "Por cuanto me has amado desde antes de la constitución del mundo (Juan 17:24). Un poco antes había orado: "Ahora, pues, Padre, glorifícame Tú cerca de Ti mismo con aquella gloria que tuve cerca de Ti antes que el mundo fuese" (Juan 17:5).

Colegimos, pues, de estos versículos que para el Padre, y en su presencia, el Hijo era siempre: *el Verbo eterno* (Juan 1:1 y 2); *la Sabiduría eterna* (Prov. 8:22 y 23); *el eternamente Amado* (Juan 17:24) y *el Ser eternamente glorioso* (Juan 17:5).

ANTES DE LA FUNDACIÓN DE
ESTE MUNDO (COMO GLOBO TE-
RRÁQUEO) DIOS HABÍA CREADO
A LOS ÁNGELES Y LAS ESTRELLAS

Señalando sus obras creadoras, Dios se dirigió a Job, como representante del hombre en su insignificancia, para decirle: "¿Dónde estabas cuando yo fundaba la tierra?... ¿Quién puso su piedra angular, cuando las estrellas todas del alba alababan, y se regocijaban todos los hijos de Dios?" (Job. 38:4 y 7).

(Para la equivalencia de "hijos de Dios" y "ángeles" compárese con Job 1:6 y 2:1).

Antes de la fundación del
mundo, Dios determinó un
consejo de salvación con referencia al hombre individual

"El Verbo era con Dios". Así tenemos que traducir "pros ton Theon" en castellano, por carecer de una preposición más adecuada que dé el sentido de "pros" seguido por el caso acusativo, o sea, el sentido de presencia con el objeto, a la vez que hay movimiento hacia tal objeto. El Padre y el Hijo, en toda su existencia mental y moral de pensamiento y afecto, se mueven eternamente el uno hacia el otro en la actividad de la Deidad. Westcott explica "pros" con caso acusativo de esta forma: "La idea que se da es la de un ser que se dirige al objeto, siendo regulado el movimiento hasta cierto punto por el objeto y las relaciones entre sujeto y objeto (Juan 5:19). El ser personal del Verbo se expresaba por medio de un intercambio activo con Dios y en perfecta comunión con Él. Esta Vida... se realizaba en la intercomunión de las Personas divinas antes del tiempo".

Los nombres de los salvos estaban ya inscritas en el "libro de la vida del Cordero" desde el principio del mundo (Apoc. 13:18; 17:8), y, con anterioridad a toda creación, les había preordinado en amor para ser "santos" y para ser adoptados como hijos suyos (Efe. 1:4 y 5). De igual forma se declara que Dios les había prometido vida eterna "antes de los tiempos eternos" (Tit. 1:2); por consiguiente, desde el punto de vista de Dios, quien trasciende el tiempo, su GRACIA "nos fue dada en Cristo Jesús antes de los tiempos eternos" (2 Tim. 1:9).

Antes de la fundación del
mundo, Dios concibió el consejo de salvación para la
Iglesia

Desde la eternidad, aquella asombrosa estructura espiritual, el Cuerpo místico de Cristo", fue predeterminada por el Redentor. Por ende, el "misterio de Cristo" se hallaba ya escondido en Dios, quien había decretado que "los gentiles fuesen coherederos, miembros de un mismo "Cuerpo", y copartícipes de la promesa de Cristo Jesús por el evangelio" (Efe. 3:6 y 9).

DESDE LA FUNDACIÓN DEL MUN-
DO, DIOS HABÍA PREPARADO UN
REINO PARA LOS SUYOS

Así declara el Rey a los suyos que se encuentran a su diestra al levantar su trono en la tierra: "Venid, benditos de mi Padre; heredad el reino preparado para vosotros desde la fundación del mundo" (Mat. 25:34); además, la sabiduría escondida que ordenó estos misterios de bendición fue ya preordinada por Dios "antes de los siglos *para nuestra gloria*" (1 Cor. 2:7).

ANTES DE LA FUNDACIÓN DEL
MUNDO, DIOS HABÍA NOMBRADO A
SU HIJO COMO MEDIADOR DEL
CONSEJO PREDETERMINADO DE
SALVACIÓN

El Hijo es idéntico al "Cordero sin tacha y sin mancilla" de quien se dice que era "conocido ya, de cierto, antes de la fundación del mundo, pero manifestado al fin de los tiempos por amor a vosotros" (1 Ped. 1:20).

Cristo actuó como *Mediador en la creación del mundo* según leemos en Col. 1:16: "Porque en él fue creado todo lo que hay en los cielos y sobre la tierra" (comp. con Apoc. 3:14 y Juan 1:3).

Cristo actúa como *Mediador para la preservación del mundo*, ya que "sustenta todas las cosas con la palabra de su potencia" (Heb. 1:3; comp. Col. 1:17).

Cristo actúa como *Mediador en la redención del mundo*, según la declaración de Col. 1:19 y 20: "En Él tuvo complacencia en habitar la Plenitud, y por Él reconciliar todas las cosas consigo, haciendo la paz por la sangre de la Cruz" (comp. Efe. 3:11; 1:4; Heb. 1:2; 1 Ped. 1:20).

Cristo será también el *Arbitro del juicio del mundo*, porque "El Padre... todo juicio le ha dado al Hijo" (Juan 5:22).

Desde la eternidad, el Hijo
estaba dispuesto a llevar a
cabo la obra de la Redención

Cuando en el cumplimiento del tiempo "se ofreció a sí mismo sin mácula a Dios" fue "por el Espíritu Eterno" (Heb. 9:14). Esto quiere decir que la Obra se llevó a cabo en perfecta consonancia con su propio Espíritu eterno, por el que había realizado todas las demás obras. Por eso, cuando en esta consumación se presentó al Padre obediente hasta la muerte, esa muerte, que entonces se realizó en un marco histórico, era a la vez un hecho que trascendía los límites del tiempo.

Por las citas anteriores hemos de comprender que detrás del fluir del tiempo se hallan realidades que pertenecen a la eternidad, fuente del tiempo que por fin volverá a desembocarse en la eternidad. En conformidad con el plan eterno, el Padre escogió al Hijo de antemano como el Redentor, preordinando que fuese enviado al mundo, haciendo posible la salvación del mundo. Esta misión del Hijo es el inefable "don" que el Padre dio al mundo (Juan 3:16; 2 Cor. 9:15). Según el mismo plan eterno, el Hijo fue nombrado Mediador de la salvación en todos sus aspectos, y las huestes de los redimidos habían de ser su "herencia" (Sal. 2:8).

Así, el Hijo llegó a ser el Don del Padre al mundo, mientras que el mundo, en su parte redimida, fue el "don" que el Padre dio al Hijo, predeterminado antes del tiempo (Juan 17:6, 9 y 24). Por eso el Hijo, en su oración de intercesión sacerdotal, cuando aún estaba en la tierra, pudo designar a quienes no habían nacido de nuevo todavía, pero que habían de creer más tarde, como aquellos que el Padre le había dado ya como precioso don (Juan 17:24, comp. el v. 20). De forma semejante, Pablo habla del final de la obra futura en tiempo pretérito: "A los que justificó, a éstos también glorificó" (Rom. 8:30).

Todos estos magníficos conceptos escriturales no se nos presentan, sin embargo, para satisfacer una mera curiosidad, ni aun para que lleguemos a una buena comprensión intelectual de la historia de la salvación del mundo, sino *para demostrar la sublimidad del amor de Dios*. Meditemos en el estupendo hecho de que, aun antes de todos los siglos, el Altísimo se interesaba en la gloria tuya y mía. Antes de oírse el rugir de los océanos, antes de construirse el mundo y determinar sus bases, antes aun del momento cuando empezaron las estrellas sus alabanzas y los ángeles su regocijo, DIOS, EL OMNIPOTENTE, pensaba en mí: el gusano de la tierra que tantos trabajos le había de motivar a causa de sus muchos pecados. ¡El Dios eterno se dignó pensar en mí! En verdad llegamos aquí a honduras insondables y a alturas inaccesibles de gracia. Los inefables misterios del corazón de Dios no pueden reducirse al pobre marco de meras palabras humanas; no nos resta sino inclinarnos en adoración, presentando nuestra vida a las plantas del Dios de todo amor.

2

La creación del universo

"En el principio creó Dios los cielos y la tierra", es la primera declaración de la Revelación escrita. Por la palabra de su potencia dio el ser a todos los sistemas de astros que componen el Universo: "Él dijo, y fue hecho; Él mandó, y existió" (Salmo 33:9 y 6).

EL ORIGEN DE LA CREACION

Nadie puede dar una contestación completa a la pregunta "¿Por qué creo Dios al mundo?" Él es "Absoluto", el "Dios bendito" quien existe por sí mismo, basta a sí mismo, y no necesita que exista nadie ni nada para contribuir algo a su Ser. Es cierto que se revela como Dios de amor, y que el amor necesita un "amado": otro "ego" hacia quien puede extenderse, pero ya hemos visto que este "otro ego" estaba eternamente presente en la Deidad misma, de modo que el amor divino se gozaba en el *Hijo,* con plena satisfacción, sin principio ni fin: "Por cuanto —dice el mismo Hijo— me has amado desde antes de la constitución del mundo" (Juan 17:24). Por lo tanto no podemos pasar con seguridad más allá de este hecho básico: Dios creó al mundo porque así era su voluntad.

Con todo, sabemos que su voluntad y su "libertad" están infinitamente alejadas de la mera arbitrariedad, de modo que la determinación de crear el Universo tiene que apoyarse en razones de eterna validez que dependen del mismo Ser de Dios; puesto que Él no las ha revelado, bien podemos contentarnos con aquella perfectísima voluntad, que es el "non plus ultra" de nuestro pensamiento (Rom. 11:33 y 34).

EL PROPOSITO DE LA CREACION

A la pregunta "¿Cuál fue el designio de Dios al crear el mundo?", es posible dar claras contestaciones que se deducen de las mismas Escrituras.

PARA LA REVELACIÓN DE LA GLORIA DE DIOS

Dios es en sí la meta eterna de todo cuanto él mismo hace, realizándose todo "a causa de su nombre" (Sal. 23:3), para "la alabanza de la gloria de su gracia" (Efe. 1:6, 12 y 14) a fin de que "Dios sea todas las cosas en todos" (1 Cor. 15:28). Hemos de recordar que Dios, en virtud de su infinita perfección, ha de querer y procurar siempre y necesariamente "lo mejor", pero él mismo, siendo Dios, es la esencia misma de "lo mejor", de modo que la meta de su voluntad, el objeto que persigue, será siempre aquello que se halla en la constitución de su propia naturaleza. Por consiguiente, y de necesidad, su obra ha de ordenarse en dirección a él mismo, siendo él su fin. Así el designio de la Creación ha de consistir en la plena y progresiva manifestación de la gloria de Dios, hallando su cumplimiento en él mismo como principio, curso y objetivo final. Él es el Primero y el Ultimo, el Alfa y Omega (Rom. 11:36; Col. 1:16; Heb.1:2).

PARA LA REVELACIÓN DEL AMOR DE DIOS

El plan de Dios para su autorrevelación ha de ser perfecto necesariamente, dando a conocer todos sus multiformes atributos; no sólo su omnipotencia, omnipresencia y omnisciencia, sino también su justicia, su amor y su verdad.

Los atributos de poder (los metafísicos) se revelan adecuadamente en las esferas del espacio y de la materia, o sea, en los reinos minerales, vegetales y animales; pero la manifestación de los atributos morales exigen la creación de personalidades que sean ellas mismas morales y "libres", pues solamente entre las tales se puede establecer *un reino espiritual*. La santidad de Dios es parte integrante de su naturaleza, de modo que, en el desarrollo de su plan para el mundo, el designio en cuanto a lo material tiene que subordinarse necesariamente al designio moral, de modo que la materia sólo sirve para adelantar el reino moral y espiritual. En otras palabras, el propósito primordial que determina la creación del mundo es el de demostrar las cualidades morales de Dios como el todo Santo y el todo Sabio, realizándose por la creación de personalidades revestidas también de cualidades morales y dotadas de libre albedrío. Unicamente por medio de las tales (sean ángeles o hombres) puede Dios revelar adecuadamente la gloria de la Creación.

Pero la esencia de una vida espiritual de esta categoría —como también la de toda verdadera moralidad— no consiste solamente en el cumplimiento externo y objetivo de la ley, o en una liberación meramente legal del pecado y de la culpabilidad, sino en *una participación personal y orgánica en la vida moral de la misma Deidad*. Dios, como Legislador Supremo, ha establecido el orden moral del mundo según los dictados de su propia naturaleza, y como él es amor, el orden moral para la criatura libre ha de ser un orden fundado en amor. Por lo tanto, el propósito final de la creación del mundo ha de ser la plena autorrevelación de Dios como el Amante perfecto y santo: concepto que entraña en sí *el establecimiento de una comunión de vida y de amor entre el Creador y la criatura*. Dios ha creado a los hombres para amarlos, y para que éstos le amen a su vez. La meta de todo el proceso es la participación eterna de los hombres en su santidad y su amor, y en esto consistirá la bendición y la gloria del hombre (comp. Rom. 8:17).

LA GRANDEZA DE LA CREACION

LOS "EJÉRCITOS" DE LOS ASTROS

Los horizontes de la Biblia son ilimitados, abarcando en lo material a todo el Universo. La Palabra de Dios se interesa no sólo en la Tierra y el paso del tiempo, sino también en la gran multiplicidad de esferas celestiales, y, por encima de todo, en el Cielo y la eternidad. "He aquí" —exclama Salomón— "que los cielos, y los cielos de los cielos, no te pueden contener" (1 Reyes 8:27), y la Biblia toda, lejos de considerar que este pequeño globo terráqueo sea el centro matemático y el eje de toda la Creación, estima que sus naciones son como una gota de agua que cae del acetre, o un puntito de orín en el platillo de la balanza. Las "islas" son como polvo, y toda la raza se parece a una bandada de langostas (Isa. 40:15 y 22). Desde el punto de vista bíblico, todo el globo no pasa de ser el "estrado" colocado delante del Trono del Eterno, según la sublime declaración profética: "El Cielo es mi solio, y la tierra estrado de mis pies" (Isa. 66:1 con Mat. 5:35 y Hech. 7:49), y a nadie se le ocurriría pensar que el "estrado" fuera el centro de un palacio, o que sobrepujara en importancia al trono mismo. "Como nada son todas las gentes delante de ti"... "Cuando veo tus cielos, obra de tus dedos, la luna y las estrellas que tú formaste: ¿qué es el hombre para que tengas de él memoria, y el hijo del hombre que le visites? (Isa. 40:17 con Sal. 8:3 y 4).

Con todo, aún nuestro globo terráqueo es de un tamaño imponente en comparación con las obras de los hombres, calculándose que toda obra humana en todo el mundo —ciudades, pueblos, barcos, etc.— no ocuparía más que 300 millas cúbicas como máximo, mientras que el globo tiene un volumen de 260.000 millones de millas cúbicas. Pero aun siendo tan grande a nuestra vista, la Tierra, astronómicamente hablando, no es más que un puntito de polvo entre los vastos sistemas de soles que componen el Universo, pues sólo dentro del globo incandescente del Sol cabrían 1.297.000 mundos como el nuestro, y un tren expreso, viajando a máxima velocidad y sin parar ni una vez, necesitaría ciento sesenta y nueve años para llegar al astro solar, que dista 93 millones de millas de este suelo.

Pero, al notar todo eso, no hemos hecho más que subir el primer peldaño de las alturas celestiales, pues el mismo Sol no pasa de ser una estrella, parte integrante de una constelación de 400 astros, ordenada en forma esférica, pues según el Prof. Kelin, el orden de estas estrellas, que se disciernen a simple vista desde la Tierra, no se relacionan de manera alguna con los otros sistemas más alejados, como el de la Vía Láctea, sino que mantienen su propia constitución de grupo aparte.

En esta constelación "vecina" las distancias son mucho más inmensas que las que hemos notado anteriormente, y podemos formarnos cierta idea (bien que inadecuada) de ellas si recordamos que la luz progresa a tal velocidad que puede rodear este globo por el cinturón del Ecuador siete veces en un segundo (esta velocidad se calcula en 187.000 millas por segundo), pero aun así tardaría cuatro años y tres meses en llegar al astro-sol más próximo a nosotros (exceptuando el Sol mismo), que es la estrella fija Alfa Centauri, visible desde el hemisferio del Sur. Pasando al astro 61, de la constelación "Cisne", el tren expreso tendría que viajar 60 millones de años para arribar allí. La unidad que emplean los astrónomos para medir estas ingentes distancias es la distancia que cubriría un rayo de luz en el curso de un año, que se denomina un "año-luz". La distancia hasta el astro 61 sería de 9,70 años-luz.

Mucho más lejos que la constelación de la cual nuestro Sol forma parte, es la de las Pléyadas, cuyas estrellas se mueven como ordenado ejército por el espacio, al par que giran alrededor de un centro de gravedad común a todas ellas. Desde nuestro punto de vista estos astros parecen tocarse, pero de hecho están separados por millones de millones de millas. ¡Y aún estamos en el umbral de lo que es el espacio fundamental del Universo en su totalidad!

¡Cuáles serán las distancias más allá de estas constelaciones, hasta llegar al sublime "espiral" de la Vía Láctea, cuyas millonadas de ardientes soles parecen como "polvo estrellar" al ojo embelesado del observador sobre la Tierra! Pero más allá aún, detrás de espantosos abismos de espacio, siguen otros sistemas similares al de la Vía Láctea, como, por ejemplo, el de Andrómeda: un verdadero universo por sí sola de innumerables soles. Otro sistema es la nebulosa espiral H. 156, cuyas profundidades insondables se hallan en la constelación del Gran León, a increíbles distancias de nosotros, calculadas por G. Wolf en 500.000 "años-luz".

Para ayudar algo a nuestra pequeña mente a comprender lo que significan estas distancias se han adelantado dos ilustraciones. Vamos a suponer que alguien hincara un alfiler corriente en la tierra, dejando visible solamente su cabeza, y después de andar distancias que variaran entre 20 a 60 millas, hincara otro, y así sucesivamente. Si cada cabeza de alfiler representara un astro, las distancias entre una y otra serían proporcionalmente las que existen entre un astro y otro. La segunda ilustración es la siguiente: si alguien esparciera un litro de agua de tal forma que las gotas cayesen de manera uniforme por toda la superficie de la Tierra (196.000.000 de millas cuadradas), cada gota representaría un astro, y las distancias entre una y otra representarían las distancias proporcionales en el espacio.

Pero cada "cabeza de alfiler", o cada "gota", representa soles incandescentes con superficies de millones de millones de millas cuadradas, y volúmenes que podrán exceder en mucho el de nuestro Sol, que, con su diámetro de 868.750 millas, tiene una superficie de 2.334.000 millones de millas cuadradas y un volumen de más de 351 billones de millas cúbicas.

En vista de las insignificantes dimensiones del mundo en comparación con tal Universo inconmensurable, se ha preguntado muchas veces cómo este mundo puede ser el centro moral del conjunto y escenario de la obra de Redención. Intentaremos contestar la pregunta mediante una ilustración histórica-geográfica. En cuanto a la topografía, Waterloo es una aldea sin importancia, pero a pesar de ello es un nombre conocido universalmente porque allí Napoleón fue derrotado en decisiva batalla por los aliados, determinándose así el curso de la historia europea posterior. Así el mísero lugar cobró un significado *histórico* fuera de toda relación con su significado *topográfico*. Es un caso entre muchos en la historia mundial de batallas decisivas, de gran influencia en el desarrollo de las naciones y de las civilizaciones, que se han librado en lugares por otra parte oscuros.

No dejemos, pues, de considerar el conjunto de todo el Universo, en toda su vasta extensión, como *el marco de la historia de la Salvación*: "Jehová afirmó en los cielos su trono, y su reino domina sobre todos" (Sal. 103 : 19). Sólo en relación con el Universo de los astros podemos ganar consciencia de la grandeza del consejo divino de Redención, y por eso nos conviene examinar el relato bíblico de la salvación sobre el brillante fondo aúreo de la historia cósmica. Sólo siguiendo las líneas de esta perspectiva podremos estimar debidamente el valor del gran foco central: LA CRUZ DEL GOLGOTA, viendo cómo el Universo todo no es más que una gloriosa bóveda que se extiende sobre la CRUZ. El pie de la Cruz se hinca en la tierra, pero su cabeza se eleva por encima de las vastas expansiones del mundo de los astros y determina su historia cósmica.

Por eso, conmovidos y asombrados, pero no anonadados, oímos la promesa del Señor: "No temáis, manada pequeña, porque al Padre ha placido daros el Reino" (Luc. 12:22). Sin temor, pero sí con profunda adoración, obedezcamos la exhortación: "Levantad en alto vuestros ojos, y mirad quién creó estas cosas; él saca por cuenta su ejército y a todas llama por sus nombres; ninguna faltará"... "Su nombre es Jehová de los ejércitos" (Isa. 40:26 con 51:15).

LOS EJERCITOS DE LOS ANGELES

Cabe preguntar: ¿Cuál es la finalidad de estos innumerables mundos, diseminados por la vasta extensión del éter? ¿Es posible que Dios se complazca en la abundancia de la materia muerta? ¿No se ha revelado él más bien como "Dios de los vivos"? ¿Podrá la materia inanimada alabar al Señor de toda vida? (Sal. 30:9). Estas preguntas nos hacen meditar sobre la posibilidad de que el universo de las estrellas, obra excelsa de Dios, esté lleno de vida personal.

Si de hecho no existe vida orgánica más que sobre nuestro pequeño globo —que no pasa de ser una partícula de polvo entre los vastos soles que vuelan por el espacio—, entonces, en contraste ininteligible con él, existen millones de astros en estado de muerte, y tendríamos que llegar a la extraña conclusión de que el Universo es un desierto sin límites en el que, como inexplicable excepción, solamente florece una sola flor de vida en los limitadísimos confines de nuestro suelo.

De otra manera se expresan los profetas y apóstoles de la revelación divina, pues la Palabra de Dios habla de "tronos, soberanías, principados y potestades" (Col. 1:16), como también de los "hijos de Dios" en relación con "las estrellas del alba" (Job 38:7). Hay mención de "el ejército sublime de lo alto" (Isa. 24:21), y de querubines y serafines, con ángeles y arcángeles (Apoc. 4:6-8;

5:11; 12:7; Isa. 6:2 y 3; Judas 9). Es notable que se describen estas jerarquías por el mismo término —"los ejércitos del cielo"— que se emplea también al hablar de los astros. Por ejemplo, en Deut. 4:19; Isa. 34:4; Jer. 8:2 se aplica a los astros, mientras que en 1 Reyes 22:19; Luc. 2:13; Apoc. 19:4 quiere decir los ángeles. En otros lugares sirve para describir a la vez tanto los astros como los ángeles: Sal. 148:1-6; Isa. 24:21-23; 40:26; Job 38:7).

Esta visión de las dos esferas bajo una sola designación no deja de encerrar un significado profundo, percibiéndose muy claramente el enlace cuando, según Job 38:7, las "estrellas del alba" alabaron al par que los "hijos de Dios" (ángeles sin duda) se regocijaron. ¿Podrá la esfera estelar adorar por sí sola al Creador? ¿No dice el salmista que el polvo no puede alabarle ni proclamar su verdad? Pero los levitas en Nehe. 9:6 declararon: "Tú, oh Jehová, eres solo; tú hiciste los cielos, y los cielos de los cielos, y toda su milicia (ejército), la tierra y todo lo que está en ella... y *tú vivificas todas estas cosas,* y los ejércitos de los cielos te adoran." Dios les da vida, pues, para que puedan adorarle, y con esto concuerda la exhortación poética del Salmo 148:1-3, que quiere despertar la adoración tanto de ángeles como de astros:
"¡Alabad a Jehová desde los cielos,
alabadle en las alturas!
¡Alabadle todos sus ángeles,
alabadle, vosotros, todos sus ejércitos!
¡Alabadle sol y luna,
alabadle vosotras todas, lucientes estrellas!"
Este cúmulo de indicaciones no puede explicarse por decir que se trata de rapsodias poéticas, sino que nos hace ver que existe entre ángeles y estrellas no sólo una analogía simbólica, sino una conexión real, bien que no se han revelado los detalles de esta relación.

Sea ello como fuere, no cabe duda alguna sobre el hecho de que las innumerables huestes de los ángeles intervienen activamente en la historia de la redención del hombre, a veces individualmente, y a veces colectivamente (Hech. 5:19; Apoc. 12:7; Col. 1:16).

Las Escrituras mencionan los aspectos siguientes de su servicio:
1) Observan el camino del creyente, 1 Cor. 4:9; Efe. 3:10.

2)   Son mensajeros de nuestro Rey, conforme al significado de su nombre, pues "ángel" quiere decir "mensajero", Luc. 1:11; Mat. 1:20; Dan. 9:22; Apoc. 1:1; 22:6; 22:16; Heb. 2:2.

3)   Prestan ayuda a los herederos de la salvación, Heb. 1:14; Hech. 12:7; Dan. 3:25 y 28; 6:22; 2 Reyes 6:17; Luc. 22:43.

4)   Luchan por llevar a su victoria final el plan de Dios, Dan. 12:1; Apoc. 12:7-9; 19:11-14; Dan. 10:13 y 20.

5)   Son los guardianes del orden que Dios ha establecido en el mundo, Dan. 4:13, 17 y 23; 1 Cor. 11:10.

6)   Ejecutan los juicios divinos, Isa. 27:26; Hech. 12:23; Mat. 13:30 y 41; Apoc. 14:19; 15:1, 6 y 7.

7)   Adoran a Dios en vista de sus obras de redención, Luc. 2:13 y 14; 15:10; 1 Ped. 1:12.

EL TRONO DE DIOS

Pero aún hay más, ya que todo lo que es visible es temporal, y sólo lo invisible es eterno (2 Cor. 4:18). Las estrellas, siendo visibles, cesarán de existir: "Ellos perecerán, y tú permanecerás; y todos ellos como un vestido se envejecerán, y como una ropa de vestir los mudarás, y serán mudados" (Sal. 102:26). Por tanto, la esfera eterna de Dios tiene que ser más elevada, muy por encima de las estrellas, en regiones invisibles a los ojos humanos, más allá de todo lo visible, aun con la ayuda de los medios telescópicos más modernos.

Allí se halla el TRONO DE DIOS, la morada de los ángeles, la Jerusalén celestial, madre de todos nosotros (Gál. 4:26). Hasta allí Cristo subió, "más arriba de todos los cielos" (Efe. 4:10), y allí está aquella "Diestra del Padre" donde Cristo está "hecho más sublime que los cielos" (Heb. 7:26). Allí se sitúa la morada del Altísimo, Fuente de luz para todos los mundos, desde donde fluye el río de vida para vivificar toda la creación (Hech. 17:25 y 28).

La mente reflexiva admitirá gustosa el pensamiento de tal "Trono" por encima del Universo, ya que todo lo que vemos en éste está gobernado por una ley jerárquica de progresión. Es verdad que el Dios inmanente está presente en todas partes, y que su vida se infunde en toda la Creación (Col. 1:17; Hech. 17:28), pero Dios no es solamente inmanente en su Creación, sino trascendente, o sea, por encima de todo lo creado, de modo que su gloria ha de manifestarse en su absoluta perfección en una cumbre de esplendor superior por necesidad a toda otra esfera de luz creada.

Vemos evidencia de esta jerarquía en la naturaleza, pues hasta en una piedra se discierne un reflejo de un pensamiento divino; con todo se percibe más claramente en la hermosura de la rosa y aún más perfectamente en la canción del ruiseñor. Si nos fijamos en la raza humana, ¡cuánta diferencia notamos entre los hombres poco desarrollados de mente, alma y cuerpo y aquellos otros donde resplandece la hermosura del cuerpo y la plena capacidad moral e intelectual! ¡Cuán maravillosamente deja atrás a todos los otros aquel HOMBRE en quien mora la plenitud de la divinidad corporalmente!

De forma análoga existen extensiones de desiertos en la Tierra, donde no pueden subsistir habitantes humanos; otras hay inhóspitas, con pocos moradores; en cambio, se hallan otras regiones fructíferas, de gran hermosura natural, capaces de sostener las múltiples actividades de multitudes de hombres. Así pasa también en los "lugares celestiales", que se hallan poblados de astros grandes y pequeños, calientes y fríos, radiantes y oscuros. Algunos hay que conducen a otros por los caminos del espacio, pero otros son "guiados"; hay soles, planetas y satélites. En algunos lugares no hay sino "abismos" de espacio oscuro, pero otros son poblados de "familias" de cuerpos celestes. ¿Nos puede extrañar, pues, que por encima de toda esta gran diversidad exista *un punto central, un lugar donde se manifiesta la presencia inmediata de Dios, una morada donde se concentra en una cumbre de gloria la luz de su presencia, el Templo y el Trono de Dios?*

Esta luz en que Dios mora es superior a toda cosa visible, y tan distinta del brillo de los soles y estrellas que no puede ser contemplada por ojos humanos, siendo infinitamente alejada de las cosas de aquí abajo e inaccesible a los hombres (1 Tim. 6:16; 2 Cor. 12:4; Juan 1:18). La visión plena se reserva para los ángeles del Cielo y para los espíritus de los justos hechos perfectos, siendo el privilegio de los puros y santos, según la norma de la pureza y la santidad de Cristo mismo (Mat. 18:10; 5:8; 1 Juan 3.2; Apoc. 22:4; 1 Juan 3:2 y 3; Heb. 12:14).

Evidentemente, en el curso de la revelación, lo inefable ha de expresarse dentro de los límites del lenguaje figurado, y aun el término "arriba", aplicado el Trono del Eterno, no tiene que entenderse en sentido puramente "local" (Sal. 139), no pasando de señalar la elevación y la trascendencia de la Deidad. Nos vemos precisados a expresar en términos de "espacio", "tiempo" y "materia" aquello que no está limitado por el espacio ni el tiempo, siendo espíritu y no materia, para que la mente humana pueda formarse alguna idea de la sublimidad y la trascendencia del Eterno.

Un ejemplo de ello es el uso simbólico de las piedras preciosas para expresar la perfección del Altísimo. Así el *zafiro* habla de *su naturaleza celestial* (Éx. 24:10; Eze. 1:26); el *jaspe, de su luminosa santidad* (Apoc. 4:3 con 21:11 y 22); el *arco iris de esmeralda de su fidelidad a su pacto y de la renovación de la vida* (recuérdese lo que significaba el arco iris después del Diluvio, Apoc. 4:3; Eze. 1:28).

Pero es hora de cesar de hablar de estas maravillas para inclinarnos a adorar, y bien podríamos hacer uso del Epílogo del libro "La Armonía Universal", del astrónomo Copérnico (1618):

Grande es nuestro Dios, y sublime es su potencia;
de su sabiduría no hay principio ni fin.
¡Alabadle sol, luna y estrellas,
en lenguaje propio, que es como canción
que para siempre resuena!
¡Alabadle, armonías celestes!
como también vosotros, los testigos escogidos
que confirmáis las verdades reveladas.
Y tú, alma mía, ¡canta su honra!
la honra de tu Señor, mientras dure tu vida. Amén.

3

El origen del mal

Sin embargo, en esta maravillosa Creación, preparada para los fines más elevados, y preordinada por el Creador para ser el "vaso" que había de revelar su gloria, se ha abierto una brecha por donde ha entrado el mal. En lo que era la perfecta armonía de las esferas, se ha introducido una discordia; el pecado ha entrado en escena, irguiéndose en actitud de criminal oposición contra los planes santos y amorosos por los cuales Dios había de revelarse. A causa del pecado de la humanidad este suelo terrenal se halla devastado (Gén. 3:17 y 18; Rom. 8:20), deduciéndose de la historia de la Caída que, además, se había producido una caída anterior a la de Adán y Eva, entre los ángeles que habitaban los lugares celestiales (Gén. 3:1-7; 2:15).

Nadie es capaz de explicar por qué Dios permitiera tal catástrofe, constituyendo el origen del mal un misterio indescifrable para la inteligencia humana, pues los pocos indicios que nos dan las Escrituras sobre este asunto son sugestivos más que determinativos.

SATANÁS ANTES DE LA CAÍDA DEL HOMBRE

Parece ser que el Reino universal de Dios se halla dividido en varias "provincias", cada una de ellas ordenada material y espiritualmente bajo la mano de un "príncipe" angélico determinado, quien actúa, por decirlo así, como virrey de Dios. Así leemos de ángeles que actúan a favor de los niños (Mat. 18:10), de adultos (Hech. 12:15), de tierras y naciones, como Persia, Grecia e Israel

(Dan. 10:13, y 20 y 21; 12:1). Esto presupone que tanto en las esferas de luz como en las de las tinieblas, existen *organizaciones angelicales* que ejercen su dominio sobre ciertas regiones, variando el rango de los príncipes según la extensión de estas regiones. Las Escrituras hablan, por ejemplo, del arcángel Miguel y de sus ángeles, como también del Dragón y los suyos (Apoc. 12:7), mientras que Pablo menciona "tronos, soberanías, principados y potestades", no sólo en el mundo visible, sino también en el invisible (Col. 1:16; Efe. 1:21).

Satanás debía ser tal príncipe angélico antes de su caída, infiriéndose la posición de autoridad que aún retiene, que antes gobernaba legalmente importantes esferas. Además, del hecho de que aún opera en el mundo, se puede deducir que éste y su atmósfera se incluían en las regiones que entonces controlaba legítimamente.

Hallamos confirmación de esto en la Palabra de Dios, ya que el mismo Señor Jesús designa a Satanás como el "príncipe de este mundo" (Juan 12:31; 14:30; 16:11) mientras que Pablo emplea el término de "príncipe de la potestad del aire" (Efe. 2:2). En la Tentación, Satanás ofreció al Señor todos los reinos del mundo diciendo: "A Ti te daré toda esta potestad y la gloria de ellos, porque a mí es entregado, y a quien quiero la doy", y el Señor, al no negarle al diablo esta pretendida autoridad, confirmó implícitamente que podía disponer de los reinos del mundo y la gloria de ellos, según su ofrecimiento (Luc. 4:6; Mat. 4:8-10).

En el Apocalipsis, con referencia al fin del orden actual de las cosas, se declara: "El reino del mundo ha venido a ser de nuestro Señor y de su Cristo, y Él reinará por los siglos de los siglos" (Apoc. 11:15, con 19:6). Pero si entonces el reino ha de pasar a las manos del Cristo, es evidente que ahora está bajo el dominio del otro, o sea, del "príncipe de este mundo". En vista de todo ello, podemos comprender mejor por qué el arcángel Miguel no se atreviera a usar de "juicio de maldición" en contra de Satanás, al disputar con él sobre el cuerpo de Moisés, limitándose a decir: "¡El Señor te reprenda!" (Judas 9).

Aun después de los tremendos sucesos del Gólgota y del Día de Pentecostés, continúa la autoridad gubernamental de Satanás sobre esta su región del mundo, testificando el apóstol Juan que "el mundo entero yace en el maligno" (1 Juan 5:19). Pablo hace repetidas referencias a la "potestad" o "autoridad" de Satanás, empleando el mismo término que usa para la autoridad de los gobernantes humanos, o sea, "exousia" (Hech. 26:18; Col. 1:13; Efe. 2:2; Rom. 13:1 y 2). Así indica que este gobierno de Satanás es el de un "reino", como también indica el Señor en Mat. 12:26.

La caída de Satanás

Hubo un momento, pues, en la prehistoria eterna, cuando este príncipe del mundo abjuró su lealtad al Altísimo, convirtiéndose por este hecho de "Lucifer", "portador de la gloria divina", en el "Adversario" de Dios y el "acusador" de sus santos. Entonces se abrió un tremendo cisma en el cosmos, colocándose un reino organizado de mal en oposición al Reino universal de Dios (Mat. 12:26). Satanás, como gobernador de esta esfera, controla jerarquías de príncipes y de autoridades (Dan. 10:13 y 20; Efe. 6:12); desde el momento de la gran rebelión, su oposición al Reino de Dios es el tema dominante de la supra-historia tal como se bosqueja en las Sagradas Escrituras.

La descripción que Isaías nos da de la caída del "rey de Babilonia" (Isa. 1:12-15) parece indicar (como suponían también los rabinos) algo más que el derribo del príncipe humano, pasando a abarcar el de este poderoso príncipe de luz: "¡Cómo caíste de los cielos, oh Lucero, hijo de la aurora! Has sido derribado por tierra, tú que abatiste las naciones. Y tú eres aquél que dijiste en tu corazón: "¡Al cielo subiré; sobre las estrellas de Dios ensalzaré mi trono... seré semejante al Altísimo!" De forma parecida, la visión de Ezequiel remonta hasta la prehistoria cuando describe la caída del príncipe de Tiro en su capítulo 28 (28:12-15 y 17).

Hemos de tener en cuenta, sin embargo, que las Escrituras no dicen nada directamente sobre la caída de Satanás. La Biblia es la historia de la Redención, que tiene por objeto señalar al hombre, por medio de la profecía y la historia, el camino de la salvación, rehusando darle un esquema sistemático del mundo y de la eternidad en forma filosófica, que no cabe aún dentro de la comprensión de nadie. Por eso, el origen del mal se indica tan sólo indirecta y figurativamente, como fondo sobre el cual se desarrolla el plan de la Redención. En ninguna parte se explica en claros términos doctrinales, ni se desarrolla como tema de revelación continuada, pues aún se halla entre las "cosas secretas que pertenecen a Jehová" (Deut. 29:29).

El hecho más importante es que el Maestro mismo y sus Apóstoles creían en la existencia de un diablo personal, como se ve claramente por las referencias anteriores, de modo que personas que no participan en esta creencia primaria cristiana son incapaces para comprender la enseñanza general de Cristo con la de sus mensajeros autorizados (Mat. 4:1-10; 12:27; Luc. 10:18; Rom. 16:21; 2 Cor. 11:14 y 15; Apoc. 12:79; 20:2 y 10). El "hombre moderno" se ha dejado influir por la caricatura medieval de un diablo repulsivo, necio y grotesco, y por eso rechaza de raíz toda idea de un diablo personal. Pero las Escrituras presentan a Satanás como un ser inteligentísimo, que, aun caído, sigue siendo un espíritu sumamente poderoso. No existen razones filosóficas para rechazar su existencia.

El primer pecado y la condición del mundo

Hemos de suponer que la caída de Satanás trajese la ruina sobre sus dominios, pues existe una conexión orgánica entre el espíritu y la naturaleza, siendo evidente la analogía, bien que en escala más reducida, de lo que pasó en la esfera del gobierno del hombre cuando éste cayó (Gén. 3:18). Las catástrofes mundiales surgieron de la operación de la justicia de Dios frente a esta rebelión cósmica, y la "Creación sujeta fue a vanidad" (Rom. 8:20-21).

Nada sabemos de los detalles de la catástrofe prehistórica, pero es cierto que la muerte y la devastación imperaban en la tierra por enormes períodos de tiempo antes de crearse la raza humana, como se prueba palmariamente por el examen de las capas geológicas y las etapas del desarrollo del reino animal. Los estratos terrenales debajo de nuestros pies son sencillamente "un vasto cementerio cercado de piedra". Muchas de las bestias de la prehistoria eran terribles monstruos, dotados de espantosa capacidad de destrucción.

El testimonio del Antiguo Testamento concuerda con el de las rocas, ya que Dios colocó al hombre en el huerto de Edén, no sólo para labrarlo, sino también *para guardarlo*: lo que supone la presencia de enemigos. El mismo hecho de la tentación del hombre es evidencia de la presencia de un poder hostil y engañador, opuesto a Dios y a sus planes. He aquí la prueba de que el mal no tuvo su origen en el hombre, sino que existía anteriormente en otra criatura. Antes de la historia del hombre, antes de su caída y la maldición de la tierra que se asocia con ella, ya existía el cisma en el Universo y la discordia en la Creación.

Tanto en tiempos antiguos como modernos, algunos hombres de Dios han adelantado la sugerencia de que la obra de los "seis días" del primer capítulo del Génesis se podría considerar más exactamente como la de la *restauración* de la creación original del mundo, en cuyo caso, el cometido del hombre en inocencia, como siervo del Señor y gobernador, era el de recobrar para Dios la tierra ya renovada en su forma externa, por medio de la diseminación de su raza, que haría efectivo su señorío sobre ella.

El Prof. Bettex, por ejemplo, dice que el hombre, en su origen, como virrey de Dios, debiera haber reconquistado paulatinamente la Tierra. De igual forma, el Prof. von Heune defiende también la teoría de una "restauración", declarando que "la gran tarea de volver a traer toda la Creación a Dios empieza con el hombre. En él se encuentra materia y espíritu, y el espíritu vino de Dios. El Hombre Cristo Jesús, el Hijo de Dios, ha llevado adelante el conflicto con Satanás hasta conseguir una victoria decisiva, y las consecuencias de esta victoria han de realizarse plenamente. Por lo tanto, la Cruz se halla en el centro de la historia universal".

En cuanto a la historia de la Creación en Gén. 1, existen, por lo tanto, dos posibilidades: 1) Las edades geológicas existían con anterioridad a la obra de los "seis días", que en este caso pueden ser de veinticuatro horas; 2) o los "días" significan largos períodos de tiempo, coincidiendo aproximadamente con las edades geológicas del desarrollo de la Tierra. De las dos formas es posible reconciliar la narración bíblica con los postulados de la filosofía natural moderna. Indicios de la hipótesis de "catástrofe y restauración" se hallan en la literatura cristiana, remontando hasta el tiempo de San Agustín (c. 400 d. C.), pero fue desarrollada ampliamente por el erudito escocés Chalmers, en 1814, y sostenida por otros escriturarios más modernos, tanto católicos como protestantes.

Naturalmente, las explicaciones individuales varían en detalles, especialmente en lo que se refiere a la duración de los "días", si son de veinticuatro horas o largos períodos.

Volviendo a la segunda hipótesis, muchos creen que todo el desarrollo se produjo por medio de un solo proceso uniforme, sin que hubiera una destrucción de la tierra seguida por una restauración. El proceso se produjo a través de inmensos períodos creadores, con un ascenso gradual de las formas de vida bajo la mano del Creador, hasta llegar al hombre, quien, sin relación por descendencia con el mundo animal, fue colocado en el escenario del mundo con el fin de seguir su curso predeterminado, empezando en el Paraíso terrenal, expresamente preparado para ser su habitación. Es legítimo que la Ciencia investigue la cuestión del método de la creación, con tal que se reconozca siempre la guía del Creador. En tal proceso, tendríamos que pensar que hubo también "cortapisas" satánicas desde la caída de Lucifer, ya que, como consideramos arriba, abunda evidencia del mal en el mundo animal anteriormente a la Caída del hombre.

En ningún caso podremos llegar a conocimientos absolutamente seguros, ya que este hecho primordial de la entrada del mal en el mundo, con su secuela de desórdenes —que se producen en un mundo que como obra de Dios era puro y bueno— es precisamente el factor que afecta la totalidad de nuestro propio ser, ¡incluso la capacidad de pensar que necesitamos para meditar sobre el hecho mismo! Pero bien que no podemos llegar a formular·conceptos adecuados sobre el hecho y el momento, es nuestro deber reconocer los distintos aspectos del misterio del mal, obrando, en consecuencia, con buena conciencia y pleno sentido de responsabilidad.

Resta que tengamos la humildad necesaria para dejar a un lado problemas insolubles, y el valor para confesar francamente nuestra ignorancia, pues el pensamiento terrenal nunca podrá percibir y comprender la supra-historia universal. Las cosas eternas parecen contradictorias para nuestra inteligencia, precisamente porque está esclavizada al pecado, hallándose en oposición a las leyes del mundo superior. El que desee escudriñar los secretos de Dios tiene forzosamente que revestirse del triple adorno de humildad, reverencia y fe, y donde éste se halle, el alma aprende a encomendar todo asunto no revelado al Aitísimo (Rom. 11:33-35; Job. 38:4-7). Solamente en la eternidad se aclararán todos los problemas, y únicamente cuando el Señor venga se han de rasgar todos los velos (1 Cor. 13:9-12).

Hasta entonces "somos salvos en esperanza".

1

La vocación del hombre en el paraíso terrenal

La esfera del hombre, según el plan de Dios, fue la Tierra, en la cual Dios preparó un vergel, en el distrito general del Edén, que había de constituir las delicias de sus dueños según el significado de la palabra "Edén": "tierra de placer y de hermosura". Es digno de notar que Dios dio principio a sus relaciones con el hombre en la tierra en un *paraíso terrenal.*

El mismo Señor garantizó que los tres primeros capítulos de la Biblia presentan hechos históricos, abundando todo el Nuevo Testamento en lo mismo. El Maestro y sus Apóstoles siempre hacían referencia a aquellos acontecimientos como a hechos reales de los cuales sacaban conclusiones dogmáticas como se ve en los pasajes siguientes: Mat. 19:4-9; Rom. 5:12 a 21; 1 Cor. 15:21 y 22; 1 Tim. 2:13 y 14; Sant. 3:9; 1 Juan 3:12; Apoc. 20:2.

Es evidente, pues, que si el Nuevo Testamento es verdad, entonces los capítulos 1 a 3 del Génesis son históricos, deduciéndose que el que rechaza esta historia de los "principios", o el que la desvirtúa por medio de "explicaciones" racionalistas, se opone a la autoridad fundamental del Señor Jesús y de sus Apóstoles. Se puede ver más sobre este tema en el Apéndice II.

Trataremos del significado del Paraíso terrenal según el análisis siguiente:

   I.   *Un hogar lleno de una bienaventuranza indescriptible.*
  II.   *El punto de partida de una tarea ingente.*
 III.   *La esfera donde se desarrolló un conflicto terrible.*
 IV.   *El escenario de una trágica derrota.*
  V.   *La meta anhelada de una humanidad que espera.*

UN HOGAR LLENO DE UNA BIENAVENTURANZA INDESCRIPTIBLE

El señor de la creación terrenal gobernaba el vergel con autoridad real, y todas las obras de sus manos prosperaban. Las flores radiaban una hermosura tal como el ojo humano no ha vuelto a contemplar jamás después de la Caída; los árboles sostenían abundantes cargas de sazonado fruto y por todo el reino animal y vegetal se respiraba una paz celestial. Para colmo de felicidad, el mismo Dios Creador mantenía libre comunión con el hombre, otorgándole la dicha de su propia presencia (Gén. 3:8).

No podemos determinar con exactitud la situación geográfica del Paraíso terrenal, pero lo más probable es que ocupaba la región de las altas aguas de los ríos Eúfrates y Tigris (identificado éste con Hiddekel) que se nombran en Gén. 2:10-14. El Huerto no era en sí el Edén, sino que se hallaba en la región de este nombre, pero más tarde, por una transferencia de conceptos muy fácil de comprender, se aplicó el nombre de Edén al Huerto mismo (Gén. 2:8 y 10; con Eze. 28:13). Los ríos Pisón y Gihón no pueden ser identificados ahora, y, al leer la versión Reina-Valera, hemos de tener en cuenta que "Etiopía" es una falsa traducción de la voz hebrea "Cus" que nada tiene que ver con lo que ahora se llama "Etiopía". Es probable que el Diluvio produjera importantes cambios geográficos en la región.

La palabra "paraíso" se deriva de una voz persa y significaba originalmente el "parque" o "floresta" que solía rodear los palacios reales. Así se habla de un tal Asaph (Neh. 2:8) quien era "guarda del bosque del rey" (heb. "pardes"). Análogamente, Salomón describe su propia obra al hacer "huertos y jardines (paraísos)" en Ecle. 2:5. encontrándose el mismo vocablo también en el Cantar 4:12. La versión griega del A. T., llamada la "Alejandrina", emplea "paraíso" como traducción normal de las voces hebreas que significan "huerto" o "Edén". En el N. T. "paraíso" se halla solamente tres veces: Luc. 23:43; 2 Cor. 12:4; Apoc. 2:7.

EL PUNTO DE PARTIDA DE UNA TAREA INGENTE

La personalidad del hombre

Dios no sólo hizo provisión para la felicidad del hombre en el Paraíso terrenal, sino que dispuso que fuera activo, con el fin de aumentar la fertilidad de la esfera que le fue encomendada. He aquí un indicio que señala el cometido que debiera haber llevado a cabo.

Desde el punto de vista de la historia de la Redención se destacan tres elementos esenciales en todo cuanto existe: *Dios, el mundo y el hombre;* la primera tarea de la inteligencia es la de enjuiciar estos factores en su debida perspectiva. Para eso Dios ha provisto al hombre de una triple consciencia que hace posible la comprensión por medios de ciertos órganos o poderes adecuados.

El hombre percibe *el mundo* por medio de *los sentidos físicos;* el tacto, el olfato, el gusto, el oído y la vista, que operan por medio de los órganos corporales de los nervios, la nariz, el paladar, el oído y los ojos. De modo que llegamos a nuestra comprensión del mundo por medio del *cuerpo.*

Tenemos consciencia del *"ego"* o el *"yo"* por medio del *alma,* puesto que el hombre es mucho más que un miembro sensible de la naturaleza externa, constituyendo una entidad dotada de "voluntad" y de personalidad propias. Llega a esta consciencia de sí mismo por medio de su propio ser interior, o sea, su alma le lleva a distinguirse a sí mismo como el "ego".

Con el fin de que hiciera contacto con su Creador, el hombre fue dotado de *un espíritu:* la parte de su ser que le capacita para conocer a Dios.

Así, el hombre también es una "trinidad" en una "unidad", pues la parte interna e invisible de su ser consiste de dos elementos que hemos de distinguir cuidadosamente. El autor de "Hebreos "dice: "La Palabra de Dios... penetra hasta partir alma y espíritu..." (Heb. 4:12) y Pablo testifica claramente en cuanto a la naturaleza tripartita del hombre en 1 Tes. 5:23: "Y el mismo Dios de paz os santifique completamente; y vuestro espíritu, alma y cuerpo sea guardado entero, irreprensible, para la venida del Señor nuestro Jesucristo."

El espíritu es la parte de nuestra personalidad que, por su consciencia superior, se dirige hacia Dios y lo suprasensorio, mientras que el alma, como componente inferior del ser interior, responde a lo terrenal y lo humano. El adjetivo traducido por "animal" o "carnal" en las versiones españoles de 1 Cor. 2:14; 15:44 y 46; Judas v. 19, y Sant. 3:15, es "psuchikos", de donde se deriva nuestro vocablo "psíquico". Con todo, el significado es diferente en el original, y quiere decir "controlado por el alma", o sea, limitado a la comprensión de lo terreno y lo humano, mientras que el adjetivo contrastado, "pneumatikos" (que se aplica al cuerpo de resurrección) quiere decir "controlado por el espíritu, o sea, lo que se adapta a lo celestial y lo comprende.

El alma constituye el eslabón que une el espíritu al cuerpo, de modo que el espíritu puede actuar sobre el cuerpo tan sólo por mediación del alma. El espíritu está entretejido con el alma con enlaces internos y celestiales, mientras que el cuerpo lo es en lo externo y terreno. De la forma en que el cuerpo encierra el alma, ésta, a su vez, encierra el espíritu, siendo el enlace indispensable entre ambos.

Las Escrituras declaran que el cuerpo humano debiera ser: a) *un templo del Espíritu Santo* (1 Cor. 6:19); b) *un "sacrificio vivo"* para poder servir en verdad a Dios (Rom. 12:1); c) *un instrumento para obrar la justicia (rectitud)* (Rom. 6:13); d) *un instrumento para glorificar a Dios* (1 Cor. 6:20); e) *la "semilla" de la cual brotará el cuerpo glorificado y espiritual* (1 Cor. 15:45-47).

Por contraste, aparte de la redención en Cristo, el cuerpo humano ha llegado a ser en verdad: a) *el camino por donde nos ataca el enemigo* (Gén. 3:6; Mat. 5:28-30); b) *el "cuerpo de pecado"* (Rom. 6:6); c) *el "cuerpo de nuestra humillación"* (Fil. 3:21); *un "tabernáculo" o "tienda" que se deshace* (2. Cor. 5:1-4); e) *la "semilla" de un cuerpo de resurrección arruinado* por la operación de Satanás (Dan. 12:2; Juan 5:29; Apoc. 11:15).

El Tabernáculo que levantó Moisés puede servir de figura de

esta "triunidad" de la personalidad humana, y con respecto a eso citaremos unas palabras de Lutero:

"En la misma figura hallamos el retrato del cristiano, siendo su espíritu el "Sanctum Sanctorum", el lugar santísimo, la morada de Dios, donde el cristiano, en la oscuridad de la fe, sin más luz, cree lo que no ve ni palpa ni maneja. El alma es el "sanctum", o "lugar santo", donde se hallan las "siete lámparas", que pueden corresponder a toda clase de comprensión, discernimiento, conocimiento y la percepción de lo corporal y visible. El cuerpo es el atrio, manifiesto a todos, que revela lo que hace y como vive". Los conceptos precedentes, pues, podrían expresarse por medio del esquema siguiente:

Atrio	*Lugar santo*	*Lugar santísimo*
cuerpo	alma	espíritu
conciencia	conciencia	conciencia
del mundo	del "yo"	de Dios

Desde el "lugar santísimo" del espíritu, Dios gobierna el alma y el cuerpo de los suyos. Aquí, en el sagrario de la conciencia, se guarda la inmutable ley divina de la forma en que las Tablas de la Ley se escondían en el Arca del Pacto; aquí el Altísimo se revela a nosotros de la forma en que cubría los querubines en el Tabernáculo. Entonces la nube de gloria, la "Shekinah", envolvía el trono de la gracia, que, en nuestra experiencia, corresponde a la permanencia del Espíritu divino en nuestro espíritu, trayéndonos la conciencia de su paz y de su gozo (Rom. 8:16). Para nosotros, el Trono de Dios no es ya un tribunal de justicia, sino Trono de Gracia, habiéndose convertido el cetro de su soberanía en símbolo de salvación. De la manera en que el Tabernáculo viajaba por el desierto hacia Canaán, nosotros, habitando este "tabernáculo" de Dios, caminamos por el desierto de este mundo hasta que lleguemos a la meta: la eternidad y la Canaán celestial (2 Cor. 5:1-4).

Habiendo visto algo de esta gloriosa vocación del hombre, no nos extrañará que la Palabra de Dios entone un cántico de alegría en forma poética por primera vez al relatar la creación del hombre como corona de cuanto la había precedido. La poesía hebrea no depende de la rima, que coloca sonidos parecidos al final de ciertos versos, ni siquiera de un exacto sistema métrico, sino que se expresa por el paralelismo (sea de contraste o de comparación) de los *conceptos* de los versos. El primer ejemplo de "poesía" de este tipo en la Biblia celebra la creación de la triunidad del hombre por el Trino Dios mediante una estrofa de tres versos, que son variaciones paralelas sobre el tema de "Y Dios creó".

> "Y creó al hombre a su imagen,
> A imagen de Dios lo creó;
> Varón y hembra los creó."
>
> Gén. 1:27.

EL HOMBRE, IMAGEN DE DIOS

Hemos visto que el hombre es una triunidad compuesta de espíritu, alma y cuerpo, que refleja en esta parte (y con todas las limitaciones propias del caso) el trino ser de su Creador. Se le prepara además una "casa no hecha de manos, eterna en los cielos", según el padrón del glorioso cuerpo de resurreción del Dios-Hombre, y siguiendo un plan eterno de Dios (Fil. 3:21). Pero el verdadero reflejo de Dios en el hombre es más aún que todo eso, consistiendo en que él, por su ser espiritual y moral, expresa en términos humanos las características internas de Dios.

Hemos de tomar en consideración dos aspectos de la enseñanza bíblica sobre la semejanza divina en el hombre, pues algo hubo que podía perderse, juntamente con algo que era permanente. Por una parte se señala una "semejanza" que se perdió por la Caída y que no puede recobrarse sino por la Redención (Col. 3:10; Efe. 4:24; Rom. 8:29; 1 Cor. 15:49; 2 Cor. 3:18); por otra, se reconoce en otros pasajes una "imagen" de Dios que persiste aún en el hombre caído (Gén. 9:6; 1 Cor. 11:7; Hech. 17:28; Sant. 3:9). Esta última serie de referencias trata de la "imagen" en sentido amplio, considerando que el hombre es una personalidad moral e indestructible, relacionado con la eternidad, dotado, además de un conocimiento de sí mismo, de comprensión, de razón; tiene una conciencia, o sea, la capacidad de hacer distinciones morales, gobernada por su libre albedrío. Hay que añadir, además, su vocación como gobernador de la Tierra, que refleja el dominio total del Señor del Universo (Gén. 1:26-28). He aquí la "imagen" según el plan de Dios, quien la constituyó factor esencial de la naturaleza humana, y sin la cual el hombre dejaría de ser "hombre".

Pero la "imagen" se realiza de una forma interna y real tan sólo en el caso del hombre que refleja verdaderamente la naturaleza espiritual y moral de Dios a través de una manifestación práctica de santidad y de amor; he aquí la "imagen" de Dios en su sentido restringido que depende de una verdadera "condición" y "posesión". Si nos limitamos, pues, a pensar en la forma externa, la imagen de Dios no se perdió por la Caída, pero sí fue perdida si nos atenemos a la posesión interna y real de la misma. Los engranajes del mecanismo quedan, pero el motor no marcha como es debido. Las hojas y el cáliz de la flor se ven aún, pero falta el fino colorido y el delicado aroma. Por todo ello queda patente la necesidad de la Redención.

Las dotes del hombre. Siendo Dios mismo el Prototipo del hombre, las tres características fundamentales de su naturaleza santa han de verse en el hombre: *la espiritualidad, la libertad y la felicidad.* Dios quiere ser glorificado por medio de la "copia" del Prototipo en el hombre que creó. Por lo tanto, le dotó en su ser interno (alma, espíritu) con las tres "facultades" de la voluntad, la inteligencia y los sentimientos: *voluntad* para que participara en la libertad del amor santo; *inteligencia* para que reflejara la espiritualidad divina por medio de una verdadera ciencia; *sentimientos* para poder gozarse en la bienaventuranza del ser divino.

La santificación del hombre. La meta de toda santificación se describe en el N. T. en términos de estas dotes que el hombre recibió de su Creador. Así Pablo tiene en cuenta el poder espiritual del *pensamiento* cuando, hablando del "nuevo hombre", declara: "Por el *conocimiento* es renovado conforme a la imagen del que lo creó" (Col. 3:10). En cambio, en la porción análoga de Efe. 4:24, la referencia es a la condición moral de la *voluntad*: "el nuevo hombre es creado conforme a Dios en justicia y en santidad de verdad". Finalmente, la bendita experiencia de la gloria de Dios incluye no sólo el pensamiento y la voluntad, sino también el gozo de *los sentimientos;* "Nosotros todos, mirando a cara descubierta, como en un espejo, la gloria del Señor, somos transformados de gloria en gloria en la misma semejanza como por el Espíritu del Señor" (2 Cor. 3:18).

El Mediador y la "imagen".   Pero todos estos rayos se combinan en la radiante imagen de Jesucristo, el Hijo de Dios, nuestro Señor, según las palabras de Rom. 8:29: "Porque a los que de antemano conoció, también los preordinó para que fuesen hechos conformes a la imagen de su Hijo, para que Él sea el primogénito entre muchos hermanos". Esta "imagen" de su Hijo fue la norma cuando Dios creó al hombre según su propia imagen, de la manera en que somos hechos hijos en el Hijo; en otras palabras, nuestra semejanza a Dios se media a través de la imagen del Hijo (1 Juan 3:2). Cristo, el Centro histórico de la obra de la salvación, es también el Prototipo de la consumación de la perfección del Universo.

La conformidad con Cristo, como meta final de la Redención, no se producirá únicamente en la esfera moral, sino también en lo que se refiere a nuestro futuro cuerpo espiritual. Cristo ha entrado en la gloria con un cuerpo humano glorificado, y, por lo tanto, esperamos su retorno del Cielo como el Salvador que "transformará el cuerpo de nuestra humillación para ser semejante a su cuerpo de gloria" (Juan 20:14-29; Hech. 1:11; Fil. 3:21). En las palabras de 1 Cor. 15:47-49: "El primer hombre es de la tierra, terreno; el segundo hombre es del Cielo; y cual el celestial, tales también serán los celestiales. Y así como hemos llevado la imagen del (hombre) terreno, llevaremos también la imagen del celestial."

La meta del hombre.   Cuando se manifieste este cuerpo espiritual se habrá llegado en perfección a la meta de todo el proceso de la salvación (Rom. 8:23). La naturaleza intrínseca del Reino de Dios —la verdad, la justicia y la paz (Rom. 14:7)— se revelará progresivamente y aquellos que entonces se despierten a la imagen de Dios serán radiantes de gloria. La *voluntad* de los glorificados será santa, sus *conocimientos* administrados en sabiduría y sus *sentimientos* imbuidos de bienaventuranza. Esta triple consumación de los redimidos reflejará perfectamente *la libertad, la espiritualidad* y *la bienaventuranza* del Creador, de modo que las tres facultades del alma de los glorificados —la "triunidad" de la criatura— serán el instrumento para glorificar por toda la eternidad la Trinidad no creada del Dios eterno.

Tenemos que recordar un factor especial y adicional: Dios, al crear el hombre, no sólo propuso que fuese un ser puro y feliz, como los ángeles, sino que le confió la Tierra de la cual fue hecho señor, lo que indica un cometido único con referencia a ésta su morada.

El hombre, gobernador de la Tierra

La comisión real que fue encomendada a la raza humana se destaca perfectamente en el mandato original del Gén. 1:28: "Fructificad y multiplicad, y henchid la tierra y sojuzgadla, y señoread..." La capacidad para el ejercicio de este señorío se halla en el espíritu del hombre y se manifiesta, sobre todo, en el don del habla.

La *palabra* es aparentemente un sonido que sale de la boca, pero tras el fenómeno físico se halla algo muy profundo: la palabra es el medio que sirve para comunicar un movimiento del espíritu y para manifestar la inteligencia, llegando a ser signo y símbolo de la actividad del alma. El hombre no sería realmente "hombre" aparte de estar dotado de "espíritu" y de "habla", que sólo hacen posible un desarrollo interior.

Por su habla, Adán pudo empezar a ejercer su autoridad en el Paraíso terrenal, pues en el mismo principio de su existencia, antes de la creación de la mujer, Dios mismo hizo que llegasen a él las criaturas del aire y de la tierra con el fin de que les diese los nombres que correspondiesen a su naturaleza: aquella naturaleza que el hombre era capaz de discernir. Se ha dicho que el habla llegó a ser el "cetro" del monarca que Dios había coronado por rey sobre las demás criaturas humanas (Gén. 2:20).

No podemos admitir la hipótesis de algunos filósofos materialistas cuando afirman que la facultad del habla iba desarrollándose paulatinamente gracias al esfuerzo que realizara el hombre mismo con el fin de lograr un medio de intercambio dentro de la sociedad humana, ya que, según la revelación bíblica, Dios habló al hombre antes de darle a Eva como "ayuda idónea". Notemos también que Adán hizo uso de la facultad del habla al dar nombres a los animales antes de la creación de la mujer. Preferimos pensar, con Platón, que el habla es "una emanación instintiva del espíritu, que, pasando por la boca, es una revelación audible de la inteligencia". De igual forma Bettex llama al habla "espíritu audible".

Esta capacidad del espíritu formaba parte integrante del hombre desde el principio, pero necesitaba "librarse" por el uso: lo que explica por qué Dios confiara al hombre el cometido de dar sus nombres a los animales. ¡Desde luego es inútil hacer conjeturas sobre cuál sería el idioma original del paraíso terrenal!

La finalidad del gobierno humano. Al momento de la creación del hombre, la Tierra —por lo menos la parte de ella que no estaba incluida en el paraíso terrenal— no había llegado a la meta determinada, a pesar de haber sido creada por el Altísimo y hallarse bajo sus providencias. Aparentemente, la discordia que surgió de la caída de Satanás había invadido la Tierra en todas sus partes, excepción hecha del Edén (Rom. 8:20 y 21). Podemos deducir del primer relato bíblico que la Tierra misma, no obstante el nuevo principio que fue inaugurado por la creación del hombre, no se había librado aún de la operación de potencias demoníacas.

Fijémonos, por ejemplo, en el mandato divino a Adán, quien no sólo tenía que labrar el Huerto, sino también *guardarlo*. Notemos, además, que la tentación se efectuó por medio de un ser opuesto a Dios que apareció sobre la Tierra, utilizando para sus fines una de las criaturas de esta esfera. Desde luego, si toda la Tierra, en todas sus partes, hubiera sido una región de vida en su manifestación más perfecta, no habría existido necesidad alguna de preparar el Paraíso como lugar apartado y especial. Lo que se deduce claramente del relato es que el primer hombre creado, tanto en su capacidad como en su nombramiento, ocupaba una jerarquía muy superior a la de la Tierra misma; y por eso mismo fue preciso prepararle una región especial como residencia que correspondiera tanto a su rango como a la dignidad de su vocación. Bíblicamente, pues, el mismo hecho de la preparación del Paraíso terrenal da testimonio a la condición aún imperfecta de la tierra circundante.

La geología atestigua lo mismo, pues la investigación científica demuestra que muchas de las formas actuales de vida vegetal y animal se parecen mucho —o son idénticas en algunos casos— a las formas que ya existían en la remota edad geológica llamada "terciaria", admitiéndose que existe un enlace orgánico entre aquellas antiquísimas formas y las de hoy. Si alguno enseña que en la época de la creación del hombre toda la Tierra se hallaba libre de toda muerte y discordia —cosa que no se declara expresamente en la Biblia—, entonces tendríamos que suponer que las fieras carnívoras de antes fueron primeramente destruidas —o transformadas en la totalidad de su estructura anatómica y fisiológica— y más tarde, después de la Caída del hombre, recreadas, o totalmente modificadas, para ser otra vez idénticas a las formas conocidas de la edad terciaria. Es muy difícil aceptar tal idea, siendo mucho más probable que exista realmente una continuidad orgánica entre las fieras de hoy en día y los restos fósiles de antes. En este caso, en la época de la creación de Adán, los animales fuera del Edén retenían aún, por lo menos en parte, su naturaleza salvaje, pero es de suponer que si el hombre, como señor, hubiera ejercido de forma progresiva sus funciones según el plan de Dios, entonces el mundo animal habría llegado por fin a ser liberado de la sujeción a la muerte y a sus instintos sanguinarios.

La extensión del dominio del hombre sobre la Tierra —siempre que él mismo se mantuviera en sumisión a la voluntad de Dios— habría atraído las cosas terrenas dentro de la esfera de las finalidades morales, según el plan universal de Dios, aumentándose así el dominio del Creador sobre la Tierra y apuntándose una progresión hacia la redención y la perfección de ella.

El Paraíso terrenal había de ser punto de partida para la elevación de la naturaleza a la esfera del espíritu, y, según el plan de Dios, empezando desde allí, toda la Tierra había de convertirse en Paraíso. El Huerto pudo haber sido el "lugar santísimo", Edén el "lugar santo", con el fin de que toda la tierra circundante se transformara en "vestíbulo y patio" de un Templo de Dios, llegando luego a la gran consumación: la transformación de toda la Creación en la semejanza glorificada del Santísimo.

Bajo este punto de vista se ha de considerar a Adán no sólo como un individuo, sino como antecesor y representante orgánico de toda la raza, que ya se hallaba "en él" (1 Cor. 15:22;

Rom. 5:12-21). La importancia de su descendencia en este plan de Dios se echa de ver por la forma del mandato divino: "Fructificad y multiplicad y henchid la Tierra"... y como consecuencia de este orden: "sojuzgadla y señoread..." (Gén. 1:28).

Según estas consideraciones, el Huerto es principio y fin de la misión total del hombre sobre la Tierra, como también su punto de partida y meta, su base, su programa y arquetipo.

Pero no se podía llegar a la meta sin que el hombre pasase por un conflicto moral que encerraba la posibilidad de ceder ante el mal. Sólo por medio del conflicto podía vencer con la posibilidad de ceñirse la corona del vencedor. Por otra parte, Satanás, el adversario de Dios, no había de permitir que aquella criatura pura y buena realizara su obra sin oposición de su parte. Por consiguiente, en el mismo umbral de la historia del hombre se desencadenó una lucha, de tal forma que el Paraíso terrenal llegó a ser el campo de batalla donde se desarrolló un conflicto terrible.

EL PARAISO COMO LA ESFERA DONDE SE DESARROLLO UN CONFLICTO TERRIBLE

Como escenario de la lucha entre el bien y el mal, el Paraíso terrenal llega a formar parte del cuadro cósmico de la suprahistoria universal, percibiéndose en el fondo la creación estelar de Dios y el desarrollo de la rebelión más portentosa que jamás levantó cabeza: la de Satanás en contra de su Dios.

A muchos les extraña que la lucha entrara en el mundo mediante el mandato a la pareja humana de no comer el fruto del árbol del bien y del mal, pero, según la norma del desarrollo progresivo de las posibilidades humanas, la prueba (con la tentación consiguiente) se ajustó a la inteligencia infantil de la humanidad naciente. Es necia la objeción que alega que el comer del fruto del árbol no pasaba del "pecadillo" de querer probar a hurtadillas un manjar exquisito, puesto que el significado del acto es espiritual, ya que por él el hombre y la mujer volvieron las espaldas a Dios y desecharon su voluntad claramente expresada, con el fin de ser igual a quien les había creado (Gén. 3:5). La prohibición, pues, estableció la autoridad absoluta de Dios sobre el hombre, que era el verdadero bien de éste y la misma condición fundamental de su ser.

Si Adán, venciendo la tentación, no hubiera comido del fruto, su conciencia moral, gracias al debido ejercicio de su libre albedrío, habría adquirido su debida autoridad en libertad y poder, haciéndose efectivo de aquel modo su servicio como gobernador de la Tierra, al par que cada victoria sobre la tentación habría madurado y profundizado su vida interior. Por tal proceso habría llegado a reconocer el bien y discernir donde estaba el mal sin participar en él, con el resultado de sobrepasar la condición de mera inocencia, adquiriendo la madurez del adulto, con la santidad que surge de la victoria. En fin, habría llegado a la verdadera percepción del bien y del mal, reflejo de la de Dios, sin haberse metido en el catastrófico "atajo" de comer del árbol. Lutero resumió este pensamiento en características palabras: "Este árbol del conocimiento del bien y del mal debía haber sido tanto el altar como el púlpito de Adán, desde los cuales debía rendir obediencia a Dios, reconociendo tanto su palabra como su voluntad, para luego ofrecerle alabanzas; y si Adán no hubiera caído, el árbol se habría convertido en su templo y catedral."

El árbol, pues, fue señal del dominio de Dios sobre el hombre, con la sujeción de éste a Dios; aun por medio de la prohibición el Creador deseaba otorgar el bien al hombre, y no retraérselo. Expresaba un doble propósito divino, siendo el medio para la educación del hombre por la operación de Dios, con el fin de que esta educación sirviera luego para la transformación de la Tierra.

Pero, en lugar de la consumación de una gloriosa realidad, el pecado hizo su entrada: y en Edén el hombre perdió su Edén y su Paraíso, de modo que este vergel fue hecho el escenario de una trágica derrota.

EL EDEN, ESCENARIO DE UNA TRAGICA DERROTA

La serpiente había prometido al hombre el conocimiento del bien y del mal, y, de una forma torcida y trágica, cumplió su palabra. Pero, por haber prestado oído al diablo, el hombre, en lugar de percibir el mal desde las libres alturas del bien, vislumbró el bien desde los profundos abismos del mal. Según el plan de Dios el hombre debía haber percibido el bien y el mal por medio de las victorias ganadas en la tentación, pero, por haber caído en el pecado, llegó a saber demasiado bien lo que era el mal, pero sólo pudo vislumbrar lo que podría haber sido el bien. Surgió en seguida otro funesto resultado de la Caída, ya que, por haber participado pecaminosa y voluntariamente del árbol del conocimiento, fue excluido de la participación del árbol de la vida (Gén. 3:22 y 23). La muerte se cebó en la raza y el infierno del hombre empezó en el lugar que había sido su Paraíso.

Pero el recuerdo del hogar original de la raza permanece en la subconsciencia del hombre, de modo que todos los pueblos han añorado en diversos cánticos su "Paraíso perdido", anhelando a través de los siglos su retorno a la edad de oro. Por tanto, el Paraíso llega a ser también la meta anhelada de una humanidad que espera.

EL PARAISO, LA META ANHELADA DE UNA HUMANIDAD QUE ESPERA

La esperanza no ha de quedar defraudada, puesto que, en la consumación de la historia de la raza se producirá una recapitulación de sus primeras etapas, y, a la analogía del Paraíso terrenal de la Tierra antigua, se manifestará un Paraíso celestial en la nueva Tierra (Apoc. 22:1-5). Aun después de la Caída, el Señor no retiró la alta vocación del hombre, de modo que, aun ahora, se hallan indisolublemente enlazadas la perfección de la raza y la glorificación de la Tierra.

Las Escrituras, al desarrollar la historia de la Redención, señalan repetidamente que existe un enlace fundamental entre la Tierra y la raza humana; por ende, de la manera en que el Paraíso terrenal correspondía al hombre en su estado de inocencia, ahora la Tierra bajo maldición le corresponde en su condición caída. Percibimos aquí una analogía con el pueblo de Israel y su tierra, pues la Tierra de Promisión —tipo del Paraíso futuro— correspondía al pueblo redimido, pero a cada período de degeneración moral del pueblo correspondía también una tierra entenebrecida y desolada (Deut. 29:15 y ss.; Joel cap. 2; Sof. 1:14 y ss.); de igual forma, los períodos de avivamiento espiritual se reflejaban en el resurgir de la naturaleza (Deut. 28:8 y ss.; Sal. 72:16 y 17). Recordemos que cuando Cristo murió el sol se oscureció y la tierra se estremeció.

En el terreno de la profecía se verá también que cuando el pecado llegue a su colmo durante el reinado del Anticristo, se producirán disturbios crecientes en la naturaleza (Apoc. 16.1 y ss.); en cambio, en el Reino milenial del Mesías habrá abundantes bendiciones tanto para el hombre como para la naturaleza (Isa. cap. 11, etcétera). Luego, cuando la historia de la raza humana llegue a su término en esta esfera material, el antiguo Universo también perecerá en cuanto a su forma actual, para que, al manifestarse una humanidad redimida y glorificada, se saque a luz una Tierra nueva, también glorificada (2 Ped. 3:10; Apoc. cap. 21). Por lo tanto, "el continuo anhelar de la creación espera la manifestación de los hijos de Dios" y la creación gozará de su libertad sólo cuando los hijos de Dios alcancen su estado de gloria (Rom. 8: 19-22).

Es *en Cristo* que la humanidad hallará por fin su meta de bienaventuranza. Él se manifestó *en la Tierra* para consumar su obra, humillándose con el fin de ir a la cruz donde llevó los pecados *de la Humanidad*. Después de haber realizado su obra, ascendió *al Cielo* para tomar su asiento a la diestra del Padre, donde ha de permanecer hasta que llegue la hora de inaugurar el día de la presentación a sí mismo y al Padre de su propio pueblo glorificado (Efe. 5:27).

Como Hijo del Hombre consumó la obra que su Padre le entregó, lo que le costó ser coronado de las espinas que brotaron de la tierra aún bajo maldición. Por el mismo simbolismo indica que vendrá *como Hombre* y como la Cabeza de su Iglesia para reinar sobre la Tierra que redimió y libró de la maldición por medio de la obra que realizó cuando le coronaron de espinas (Efe. 1:22). El Redentor *divino* se hizo *hombre* para redimir al gobernador humano de la Tierra, uniéndose luego a sí mismo en una unidad eterna e indisoluble, llevando a cabo, a la vez, la redención de la Tierra. ¡He aquí el camino que halló la gracia de Dios! Permanece, pues, la antigua vocación del hombre, pero henchida ahora de un contenido completamente nuevo, puesto que en Cristo, nueva Cabeza de la raza, realizará el propósito de su llamamiento. Cristo, como postrer Adán, ha llegado a ser el centro, corona y estrella de la raza

(1 Cor. 15:45, 21 y 22; Rom. 5:12-21). Si se considera a la raza como un círculo, el desarrollo del plan de la salvación enfoca una luz creciente sobre la Persona de Cristo como su Centro absoluto.

Uno de los más profundos arcanos del consejo de la gracia de Dios es este sorprendente hecho: que al procurar la realización de su gran objetivo universal no rechazó al hombre como instrumento cuando éste, por su pecado y caída, se mostró indigno de su alta vocación: "Porque Dios no se arrepiente de sus dones ni de su llamamiento" (Rom. 11:29). El caso es análogo al de Israel en la esfera más limitada de este pueblo, resonando en la historia de ambos la nota de la salvación aun a través de toda manifestación de pecado, de tristeza y de destrucción. Así que, a pesar de todo, la perfección de la Creación queda enlazada con el hombre, pues bien que el proceso es distinto de lo que habría sido si el hombre no hubiera pecado, la meta final es la misma. La meta que Dios ha propuesto, por el camino que él ha determinado— es que el hombre ha de ser el instrumento para la bendición de la Tierra, y, por lo tanto, el juicio del Gran Trono Blanco, que trae a su fin la historia revelada de la redención de la raza humana, coincide con el lanzamiento del diablo al lago de fuego y precede la manifestación del nuevo Cielo y la nueva Tierra (Apoc. 20:11-15 con 20:10 y 21:1).

2

El pecado y la gracia

El hombre era grande, aun en su caída, pero la grandeza de Dios se destacó mucho más en su misericordia para con él, puesto que el hombre pecador no dejó de ser objeto del amor divino (Rom. 5:20; Juan 3:16). Sin embargo, la caída del hombre motivó profundos cambios en la condición del mundo que requerían nuevos principios que desde entonces habían de gobernar la historia de la raza.

EL PRINCIPIO DE REDENCION

Podemos suponer que, aparte la Caída, el hombre habría progresado continuamente por un camino ascendente, registrando su historia crecientes bendiciones, pero no habría sido una historia de Redención. Pero, con la Caída, en lugar de una capacidad para el desarrollo, se destaca la posibilidad y la necesidad de una redención y desde entonces no se trataría de la *evolución* de sus facultades dormidas, sino de la *revolución* de su espíritu por medio de hechos motivados por el amor divino, encaminados hacia una nueva Creación. Así es que el significado de la Caída se halla en este cambio de los principios fundamentales que determinan todo desarrollo humano.

De hecho el hombre no había caído a profundidades más allá de toda esperanza, pues aún era posible su redención, y Dios quiso ser su Redentor. Esta posibilidad surge de dos hechos: el hombre no había inventado el pecado, pues su caída no obedeció a un impulso interior que brotara de una inspiración interna y propia de él, sino a un embate desde fuera. De otra manera habría sido él mismo el autor del pecado, y por ende, un diablo. Tampoco se identificó completamente con el pecado que había sido inducido desde afuera, sino que sintió que era algo extraño a sí mismo, lo que le llevó a hacer una diferencia entre sí mismo y el mal. Este sentimiento se evidenció por la vergüenza que sintió y el intento de cubrir su desnudez con hojas de higuera (Gén. 3:7 y 10). Desde luego este primer intento de vencer el mal era vano, pero no dejó de ser una señal inconfundible de que el hombre no quiso sin más ni más sucumbir ante la degradación moral; en otras palabras, bien que había obrado contra su conciencia, no añadió a su pecado el crimen de apagar deliberadamente la luz interior.

Las hojas de higuera, pues, llegaron a ser el símbolo de su huida del mal, y el sentido de vergüenza que surgió de la comprensión de su culpabilidad e impotencia, llegó a ser una defensa (insconsciente entonces) contra la servidumbre de la carne; o sea, la primera reacción contra la potencia del pecado, puesto que el hombre, bien que incapaz para vencer el mal, por lo menos intentó huir de él.

EL PRINCIPIO DE LA JUSTIFICACION DE DIOS

Pero el pecado resulta en la ceguera, de modo que el hombre caído no puede discernir su propia naturaleza (Efe. 4:18; Apoc. 3:17). Cree en su bondad interna, procediendo a deificar su propia naturaleza (2 Tes. 2:3 y 4); mientras se afirma en esta posición nunca podrá echar mano de la Redención que Dios le ofrece (Mat. 9:12).

De ahí surge la necesidad de darle oportunidades para poner a prueba sus fuerzas en todos sentidos a fin de llevarle al reconocimiento de su propia impotencia. El método de la reconstrucción divina, por lo tanto, ha de fundarse sobre el colapso del hombre, necesitando los miles de años del plan de Salvación y las múltiples formas de la revelación histórica a través de las épocas y siglos. Como cada período del plan tiene por objeto revelar el fracaso del hombre, los varios rasgos distintos de cada uno, con el progreso total de todos, encierran este propósito educativo precisamente: la manifestación desde distintos puntos de vista de la bancarrota del hombre natural.

Así se evidenciará por fin la insuficiencia de toda la facultad moral del individuo y de toda la estructura social de la comunidad, para que el plan de Dios, al proveer la salvación en Cristo, se vea como el único posible, el que responde a la esencia del problema. El fin será que Dios se manifestará ante toda la Creación, en los Cielos y en la Tierra como justificado en sus obras, ya que ordenó este camino de salvación a la exclusión de todo otro. La historia de la salvación será, por lo tanto, la justificación de Dios y el curso de la revelación constituirá la prueba de su propia necesidad, según está escrito: "Para que seas justificado en tus palabras y venzas cuando vayas a juicio" (Rom. 3:4).

EL PRINCIPIO DEL FRACASO DEL HOMBRE

La historia del hombre, pasada y futura, pone de manifiesto de la forma más contundente que el hombre caído fracasa en todas sus obras y durante todas las épocas de prueba.

En la época en que su libertad se puso a prueba, Dios le concedió auto-determinación, y cayó en el libertinaje, siendo ejemplo de ello Lamech (Gén. 4:23 y 24).

En la época de los patriarcas y de los principios de la historia de Israel, Dios dio promesas al hombre, pero él respondió con incredulidad, como en las murmuraciones de Israel en Egipto y en el desierto.

En la época de la Ley, Dios hizo ver al hombre su injusticia, pero reaccionó por exaltar su propia justicia (Rom. 3:20, 7:7 con Rom. 2:17-21 y 10:3).

En la época del Evangelio, Dios le ofrece a Cristo, pero el hombre procede a escoger al Anticristo (Juan 5:43; Apoc. cap. 13).

En la época del Reino milenial, Dios le dará un Rey, pero él preferirá seguir al Rebelde (Apoc. 21:7-10).

En cada época, pues, se revela la persistente rebelión del hombre contra Dios. Israel ilustra en proporciones reducidas lo que es verdad en cuanto a la raza en escala mayor, siendo "pueblo que divaga de corazón, y no han conocido mis caminos" (Sal. 95:10). Por eso, cada dispensación ha de finalizar con los juicios divinos.

El Período del Paraíso terminó con la expulsión del hombre del Huerto.

El período de la prueba en condiciones de libertad terminó con el Diluvio.

El período post-diluviano terminó con Babel y el rechazamiento de las naciones como tales.

El período de la Ley terminó con la dispersión de Israel.

El período de la Iglesia terminará con la tribulación bajo el Anticristo.

El período del Reino en gloria terminará con la destrucción de los rebeldes por fuego (Apoc. 20:9).

Pero cuando el hombre haya agotado todos los recursos concebibles, habiendo gastado el reino de este mundo sus últimas fuerzas, entonces el Reino de Dios aparecerá triunfalmente y la justicia morará eternamente en los nuevos Cielos y la nueva Tierra (Apoc. 11:5; 2 Ped. 3:13).

EL PRINCIPIO DEL RESIDUO SANTO

Pero si el hombre ha de llegar a la meta, los juicios catastróficos que terminan sus períodos de prueba no pueden ser totalmente destructivos, pues de otra forma se perdería la conexión entre lo pasado y el porvenir, manifestando lo nuevo como algo independente y desligado de lo antiguo, con una falta completa de continuidad y de progreso. Tal interrupción habría notificado ante el Universo la bancarrota evidente de los planes de Dios con el colapso de sus normas anteriores para la educación de la humanidad.

Por ende, un "resto" se salva siempre de los juicios para que pueda ser el fundamento de un desarrollo posterior (Isa. 10:21 y 22; 11:11; Eze. 5:1-4 —nótese especialmente el v. 3—; 1 Reyes 19:18; Rom. 11:1-10). En medio del juicio de muerte se establece siempre una vida nueva, superior al mal, pues sólo así puede mantenerse la unidad del conjunto con el fin de que el futuro quede enlazado orgánicamente con el pasado y el presente.

He aquí el significado de la presencia de los fieles en el mundo. En medio de los juicios ellos llegan a ser los agentes que inician cada nuevo "principio", obrando así la unidad total del plan de Salvación. Es únicamente por medio de la "manada pequeña", pues, que el sublime plan de Redención adquiere su firme consistencia y su continuidad orgánica. Solamente estos fieles, los "insignificantes" a los ojos del mundo, constituyen el fundamento humano que hace posible la realización de la Redención, de modo que aquellos que aparentan ser un factor nulo en la política del mundo son de hecho los colaboradores escogidos de Dios por medio de los cuales la continuación y la organización del mundo se determinan. Su "caminar con Dios" salva el porvenir del mundo, siendo los verdaderos continuadores de la historia de la humanidad. Ante los ojos de Dios no existe "historia" aparte de la "manada pequeña".

La línea piadosa de Seth y la carnal de Caín se disciernen a través de todos los siglos, y al par que el gran "mundo" se está madurando para las tormentas del juicio, la "manada pequeña" se prepara como instrumento de liberación de toda la tristeza y turbación.

Este pueblo de Dios se mantiene entre los pueblos del mundo como una roca en el océano, pues ni aun las puertas del Hades prevalecerán contra él; de su estabilidad depende toda esperanza para el mundo, teniendo como base de eterna potencia la fidelidad pactada del Redentor (Mat. 16:18).

Por lo tanto, a pesar de que el roble de la civilización humana se derrumba una y otra vez por el hacha del juicio de Dios, con todo, este "tallo" sobrevive, siendo una simiente santa de la cual brota una vida nueva, de tal forma que es la "manada pequeña" que por fin recibe el Reino (Isa. 6:13; 11:1; Luc. 12:32). De este modo, tras cada noche de juicio se encienden los delicados colores de una nueva aurora, y sobre el fondo de las nubes de la tormenta de ira se destaca el brillo del arco iris esperanzador (Gén. 9:13).

EL PRINCIPIO DE QUE EL SEGUNDO ADELANTA AL PRIMERO

En la realización de este principo Dios escoge "lo que no es para deshacer lo que es" (1 Cor. 1:26 y 27), destruyendo así la jactancia del pecador en sí mismo. Según esta norma, como una característica que informa todo el curso del plan de Redención, Dios suele escoger al hermano menor antes que al mayor, dando prioridad al más pequeño al elegir el segundo en lugar del primero.

Los ejemplos de ello son muy numerosos, y entresacamos los siguientes:

Abel en lugar de Caín (Set sustituyó a Abel).
Sem en lugar de Jafet.
Isaac en lugar de Ismael.
Jacob en lugar de Esaú.
Efraím en lugar de Manasés (Gén. 48:14).
Moisés en lugar de Aarón (Ex. 7:7).
David en lugar de Eliab.
David (el segundo rey) en lugar de Saúl (el primer rey).
El Nuevo Pacto en lugar del Antiguo (Heb. 8:13).
La Iglesia en lugar de Israel en esta dispensación.
El Postrer Adam en lugar del primero (1 Cor. 15:45).

En todo ello vemos que constantemente Dios "quita lo primero para establecer lo postrero" (Heb. 10:9), escogiendo lo flaco del mundo para avergonzar lo fuerte (1 Cor. 1:27), convirtiendo lo último en lo primero y lo primero en lo último (Mat. 19:30). Así hace imposible que "ninguna carne se jacte en su presencia", pues el que se gloría, ha de gloriarse en el Señor (1 Cor. 1:29 y 31).

EL PRINCIPIO DE UNA REFORMACION CONTINUA

A primera vista podríamos sacar conclusiones pesimistas del curso posterior de las nuevas líneas y dinastías que Dios inaugura por medio de sus escogidos, corroborados estos por su gracia y revestidos de vida y de potencia, ya que siempre se corrompen y llegan a la apostasía. Lo que los padres ganaron por su fe solía perderse no más tarde que la tercera generación (Jue. 2:7) y la misma Jerusalén se convirtió en "Babel", cayendo sobre ella por fin el juicio de la destrucción, exactamente de la manera en que cayó sobre el mundo prediluviano.

Pero el plan divino no ha de fallar, viéndose que, al extentenderse y debilitarse el primer círculo de bendición, Dios vuelve a crear dentro de él otro más pequeño, por medio también de sus escogidos, quienes recogen la antorcha de la revelación, renovándose y vitalizándose en ellos la reforma antigua. En el transcurso de los siglos este fenómeno se repite, de modo que discernimos lo que hemos llamado "el principio de una reforma continua" en el desarrollo del plan de Redención. Pero si bien la curva zigzaguea en su detalle, la tendencia total es hacia arriba, sin interrupción.

EL PRINCIPIO DEL PROGRESO HACIA LA META

Cuando Dios determina un nuevo principio por medio de los instrumentos que escoge, no vuelve meramente a lo antiguo, pues en cada nueva reforma, nacida del fracaso de lo anterior, se discierne el germen de un programa más amplio para el porvenir, que enriquece el propósito anterior sin anularlo. Los detalles del desarrollo histórico no son antagónicos a la revelación total, sino que se unen en la perspectiva de la meta final. En el ámbito bíblico se nota el ascenso de lo inferior a lo superior, de la media luz hasta la plena claridad (Mat. 13:16 y 17; 1 Ped. 1:10 y 11; Juan 16:12). Al llamar a Abraham, Dios escogió a una sola persona, cuyo nieto, Jacob, fundó una familia. Al pie del Sinaí se vio la familia convertida en una nación. En esta dispensación, Dios toma para sí, de entre todas las naciones, un pueblo supranacional (Hech. 15:14). En el Reino futuro sobre la Tierra habrá una comunión universal de los pueblos todos (Isa. 2:2-4; 19:25) y por fin Dios sacará a luz nuevos Cielos y nueva Tierra (Apoc. 21:1).

Pero hemos de fijarnos bien en que esta ascensión es obra de Dios en su totalidad, y en manera alguna indica que la criatura puede subir por sus esfuerzos de los abismos hasta las alturas. Dios, en su gracia, se dignó bajar de las alturas en la Persona de su Hijo con tal de subir a su pueblo hasta la esfera celestial (Rom. 10:6-9; Efe. 4:9 y 10). No se trata, pues, del desarrollo de los poderes humanos hasta conseguir el ideal de una humanidad elevadísima, sino de Dios mismo quien va llevando a los suyos a la Meta divina y eterna por medio de intervenciones divinas, efectuadas por su amor y su poder. El ser terrenal será conducido desde abajo hasta arriba por las operaciones divinas que actúan siempre desde arriba hacia abajo, hasta que, en el Fin determinado la gloria de Dios irradiará mediante todo lo creado, pues lo terrenal habrá sido transformado en lo celestial (Mat. 27:51; Juan 3:13; Efe. 2:7, Apoc. 21:3 y 22).

3

La aurora de la salvación

Se ha comparado el principio de la humanidad con una hermosa mañana soleada, ya que el tiempo brotó de la eternidad con bellas promesas de felicidad, uniendo Dios, en la bienaventuranza del Paraíso terrenal, el Cielo con la Tierra. Pero la entrada del pecado fue como una tempestad devastadora que borró la gloria matutina de la historia, dejando la Tierra bajo la sombra de la muerte.

EL JUICIO DIVINO

Las manifestaciones del juicio de Dios eran severísimas, surgiendo del mismo hecho de que el hombre, por su desobediencia, había negado la soberanía de Dios, destronando al Señor Omnipotente del lugar que le correspondía en su corazón. El pecado consiste en una sublevación contra Dios, en la rebeldía frente al Altísimo, en la insurrección de la criatura contra el orden divino y universal, por todo lo cual el "yo" humano se coloca como rey en el corazón que se debe a Dios. Puede ilustrarse el funesto cambio por pensar en las cosmogonías de Copérnico (la verdadera) y de Ptolomeo (la falsa). Según la primera, los planetas (incluyendo la Tierra, desde luego) giran en órbita alrededor del Sol, que es el centro de su sistema y fuente de luz y energía. Así ordenó Dios que el hombre dependiera de él en todo, hallando su bien y su felicidad en la órbita natural de su voluntad. En cambio, Ptolomeo imaginaba que la Tierra fuese el centro del sistema, girando los planetas y el mismo Sol alrededor de tan minúsculo centro. Tal cosmogonía nos parece ahora una verdadera locura, e ilustra la necedad del hombre al creer que todas las cosas habían de girar alrededor de su propio "yo".

Se ha dicho, con razón, que "Dios, en juicio, entregó al hombre rebelde al "yo" que escogió por rey, al cual se halla ahora totalmente sujeto, esperando hallar su felicidad y su redención de fuente tan ruín. Por lo tanto, no puede hacer más que justificar y alabar al "yo", alrededor del cual giran todos sus pensamientos".

Enlazado con el "yo" se halla el "mundo", que el hombre engañado ha escogido en lugar de Dios. El mundo también sube al trono de su corazón, de modo que Dios en juicio le entrega igualmente al dominio del mundo. Pero el "yo" y el "mundo" son incapaces de llenar el vacío en el centro del ser humano que ya no se ocupa por Dios, de donde tiene su origen el hambre desesperada del alma humana, que se atormenta a sí misma, procurando en vano satisfacer sus anhelos por afirmar sus propios "derechos" y buscar afanosamente las cosas del mundo, con sus posesiones y sus placeres. Esta hambre insaciable, sin límites, queda como prueba de que en algún momento *Dios* había satisfecho el corazón humano, siendo hecho el hombre para Dios.

ASPECTOS DEL JUICIO

El principio general del juicio halla su aplicación en los detalles de la vida del pecador. Por ejemplo, la noble vocación de la mujer, como esposa y madre, se halla bajo la presión de toda suerte de cuidados y trabajos (Gén. 3:16), al par que el castigo alcanza al hombre en el círculo más amplio de su trabajo, mientras gana el pan de cada día con el sudor de su frente (Gén. 3:17-19). Pero Adán era cabeza de la mujer y de la raza toda, de modo que en él se resienten los efectos del juicio todas las generaciones. Desde aquel momento en adelante penosos trabajos, enfermedades, padecimientos y la muerte, llegaron a ser la triste suerte de todos los hombres. En el momento de caer el hombre bajo sentencia de muerte espiritual, su cuerpo también perdió la inmunidad anterior en cuanto a la muerte física (Gén. 2:17 y 3:19). Por el pecado el espíritu del hombre fue separado de su centro, Dios, y, por consiguiente, las potencias vitales del cuerpo y alma —he aquí un aspecto del juicio de Dios— se arrancaron de su centro, que era el espíritu del hombre, resultando de esta separación del cuerpo, alma y espíritu la muerte corporal (Rom. 6:23). Desde entonces en adelante la vida natural del hombre no pasaba de ser una "muerte lenta", siendo su nacimiento el principio del fin.

Antes de la Caída, el cuerpo humano no podía ser llamado "inmortal" en el sentido exacto de la palabra, pero al mismo tiempo hemos de entender que tampoco era "mortal" de necesidad, pues sólo existía la posibilidad de su disolución. Es decir, el morir no era imposible, pero tampoco era inevitable. Según las expresiones de S. Agustín, se encerraba en el hombre tanto la posibilidad de no pecar y, por ende, no morir ("posse non peccare et mori") como también la posibilidad de pecar y morir ("posse peccare et mori"). Por medio de la victoria en la tentación habría podido ascender al punto de la imposibilidad de pecar y morir ("non posse peccare et mori"), pero a causa de su Caída se halla en la imposibilidad de no pecar y de no morir, es decir, tiene que pecar y morir ("non posse non peccare y non mori").

Adán no sólo era el progenitor de la raza humana, sino también su representante a causa de su unión orgánica con todos sus descendientes, de modo que, como resultado de su pecado, la muerte echó su yugo sobre todos sus descendientes. Todos cayeron "en Adán", de modo que la Caída en sí llega a ser universal (Rom. 5:12-21; 1 Cor. 15:21).

La raza humana se propaga como espíritu, alma y cuerpo, lo que establece un enlace misteroso, pero orgánico y real, entre cada individuo y toda la raza, como también entre todos y Adán, como progenitor y prototipo de la humanidad entera. Cada persona participa tanto en la vida de sus progenitores como en la de su prole, constituyendo ella misma un cauce por donde pasa la sangre de sus padres y antepasados: "La vida de la carne en la sangre está" (Lev. 17:11 y 14). Por eso las genealogías ocupan un lugar importante en las Escrituras (Gén. cap. 5; 1 Cron. caps. 1-9, etc.) como también las leyes de herencias dentro de las familias y los pueblos. De esta solidaridad racial, juntamente con las leyes de la herencia, surgen las semejanzas y diferencias que distinguen las naciones y las razas, discerniéndose la herencia característica, tanto intelectual como emocional, de cada pueblo y de cada alma. Como consecuencia de lo mismo notamos la transmisión de las imperfecciones del carácter de los antepasados, que, a su vez, da lugar al avance del mal de generación en generación. La corrupción radical y total de todos, la enfermedad básica del alma humana, el estado perdido de cada persona y la condición envenenada de todo el ser humano quedan resumidos en el término: *el pecado original*: "No hay quien haga bien; no hay siquiera uno" (Sal. 14:3; comp. Sal. 51:7; Juan 3:6; Gén. 8:21).

El número total de todos los hombres constituye un organismo coordinado racialmente, del cual cada persona que nace llega a ser un miembro por necesidad, puesto que está "en Adán" (1 Cor. 15:22). La humanidad no ha de considerarse como una suma de individuos, sino como un "cuerpo" gigantesco, que explaya de mil maneras, según el origen directo de cada parte y las variantes de cada rama, la naturaleza y las potencialidades de Adán. Por consiguiente, la Caída incluye a todos y el pecado es un hecho universal (Rom. 5:12; 3:10-12 y 23). Por lo tanto, cada persona ha de nacer de nuevo si quiere entrar en el Reino (Juan 3:3), siendo una necesidad la encarnación de Cristo como Postrer Adán, con la misión de salvar y redimir la raza perdida (Rom. 5:12-21).

EL JUICIO Y LA NATURALEZA

Cuando Adán, por su desobediencia, rechazó el señorío del Creador sobre su propia persona, vulneró su propio dominio sobre la creación. Si bien es cierto que su señorío existe aún —siendo parte de su vocación primordial y de su semejanza a Dios— también es verdad que el ejercicio y el adelanto de su dominio se hallan envueltos en serias y continuas dificultades por el hecho de hallarse separado del Dios Creador. Hasta tal punto es ello así que lo que había de ser una bendición se convierte en un peligro de destrucción racial, como es evidente por el poder aniquilador de muchos descubrimientos científicos en nuestros días. A causa del pecado, pues, la misma sublimidad de su vocación le precipita a abismos más profundos de ruina.

No sólo eso, sino que la naturaleza misma se halla envuelta

en las consecuencias de la Caída, como alguien ha dicho: "Si la cabeza de la Creación anda con Dios, los miembros también serán bendecidos; pero si la corona de la Creación se halla en el polvo, los súbditos no pueden por menos que hallarse en la ruina." Tal situación es el corolario inevitable de la solidaridad que existe entre el espíritu y la naturaleza, notándose, después de la Caída, "una asociación inevitable entre la angustia espiritual y corporal, entre las heridas internas y externas, entre la culpabilidad del mundo y el dolor del mundo, entre el pecado del hombre y los gemidos de la creación" (Rom. 8:20-23).

He aquí la base bíblica de los postulados de la ciencia médica moderna que no sabe separar los males del cuerpo de las condiciones psicológicas del paciente. Un daño grave en la esfera psíquica (es decir, en el alma) produce condiciones correspondientes en la parte orgánica como también un alivio psicológico ayuda a librar el cuerpo de ciertos impedimentos.

El objeto material de la tentación era el fruto de un árbol, o sea, pertenecía al reino vegetal, mientras que el instrumento que utilizara el tentador correspondía al reino animal. Ambos reinos se hallan bajo la maldición a causa del hombre (Gén. 3:17), de tal forma que la Creación, que debiera haber avanzado a la Redención y a la perfección por el esfuerzo del hombre, queda bajo el yugo de la vanidad, o sea, la frustración, no llegando nada a la perfección. Por ello, en la Creación que contemplamos hoy, hallamos condiciones paradójicas y discordes, en las que están en pugna la felicidad con la tristeza, la sabiduría con lo anómalo, procesos que revelan maravillosos designios con confusiones inexplicables, siendo tan lógico el conjunto que dificulta tanto la fe en Dios como la negación de Dios.

Como alguien ha dicho: "El mundo es tan hermoso que por un momento podemos olvidarnos de Dios y de nuestra culpabilidad delante de él; pero luego se presenta bajo formas tan espantosas que podríamos desesperarnos de hallar a Dios." "Si bien nos habla el mundo en los acentos de Dios, por otra parte se presenta a nuestra vista con la rigidez de la esfinge con su eterno enigma." De esta antigüedad se derivan las fluctuaciones que experimentan los hombres al contemplar la naturaleza, ora gloriándose en ella, ora despreciándola; ora hallando en ella su felicidad, ora considerándola como enemiga; ora adorándola, ora desdeñándola.

Al aceptar el Evangelio notamos que estas tensiones de orden natural se alivian, ya que esperamos el día de la transformación de la naturaleza cuando las discordias que ahora vibran en la Creación se resolverán en las armonías de la consumación de los designios de Dios en la esfera material, conjuntamente con la manifestación del cuerpo espiritual del creyente.

Por ahora todo el organismo mundial se estremece bajo los variados impactos de la jubilación y de la lamentación, de la bondad y la crueldad, del gozo de vivir y del dolor de morir. La naturaleza puede compararse a un templo arruinado, cuyas inscripciones —ahora tan significativas— se han convertido en la caricatura de sí mismas por la obra de una mano hostil. El hombre, el señor de la Tierra, manifiesta su degeneración de dos maneras opuestas: o se rebaja a un nivel inferior al de las bestias, haciéndose otro Satán frente a las criaturas; o, lleno de miedo servil, se arrodilla ante las criaturas en adoración. Cuando desaparece el conocimiento de Dios, empieza la deificación de la criatura, y aquel que fue nombrado "señor" se convierte a veces en esclavo y a veces en tirano.

LA ESPERANZA DE LA NATURALEZA

Los penosos gemidos que resuenan a través de la Creación se convierten en suave oración. El encanto melancólico de la naturaleza puede compararse al de una novia quien, adornada ya para las bodas, vio morir su novio en el día señalado para su unión. Lleva aún las galas de la boda, pero las lágrimas corren por sus mejillas (Schelling). Pero no está sujeta al yugo de vanidad sin esperanza (Rom. 8:19 y 20), de modo que, con cambio de la figura se halla en la playa, la cabeza elevada, la mirada fija, anhelando con "intensa expectación" (así la palabra "apokaradokia" del original) la Redención prometida: "Porque sabemos que la Creación entera gime juntamente con nosotros, y a una está en dolores de parto hasta ahora... aguardando la redención" (Rom. 8:22 y 23). Bajo la buena mano de Dios el fruto de sus dolores será el nuevo Cielo y la nueva Tierra, y entonces quedarán satisfechos todos sus anhelos y la muda oración recibirá su contestación: "Sucederá también en aquel día que yo responderé, dice Jehová; *yo responderé* a los cielos, y *ellos responderán* a la tierra; y la tierra responderá al trigo y al vino y al aceite; y ellos responderán a Jezreel" (Os. 2: 21 y 22).

El mismo dolor de la Creación es un elemento en la Redención del hombre, pues hallando que no puede satisfacer sus deseos aquí abajo, se liberta de falsas esperanzas fijándolas en el Paraíso perdido. Las delusiones que sufre frente a lo terreno dejan al hombre libre para buscar lo celestial, de modo que, al fin, podrá confesar: "¡He aquí que se ha cambiado en paz mi amarga aflicción!" (Isa. 38: 17).

EL JUICIO SOBRE LA SERPIENTE

La aurora de la salvación se exhibe claramente en la sentencia pronunciada contra la serpiente (Gén. 3: 15). Esta primera promesa del Evangelio traspasa los nubarrones de la ira como un rayo de luz —la luz de la gracia— convirtiendo la maldición contra el enemigo en esperanza para el hombre. Adán estuvo delante de Dios como reo que espera sentencia, de modo que no pudo recibir ninguna promesa directa en aquel momento, pero al escuchar con temblor el fallo que anunció la destrucción de quien quería destruirle a él, recibió indirectamente el rayo de esperanza. La "fachada" de este primer mensaje del Evangelio era de juicio, pero el anverso otorgaba la promesa de bendición para la humanidad.

No es fácil discernir todo el significado de esta profecía a primera vista, pues si la serpiente representa Satanás, entonces por su "simiente" hemos de entender todos los seres demoníacos y humanos que resisten a Dios como "generación de víboras", formándose en torno al diablo; es decir, una pluralidad de seres y no un individuo (Mat. 3: 7; 12: 34; 23: 33). Ahora bien, el paralelismo del pensamiento y de las cláusulas exige que hemos de entender "la simiente de la mujer" de igual forma; es decir, como una pluralidad de seres y no una sola Persona, en cuyo caso corresponde al conjunto de todos los creyentes que basan su fe en la promesa hecha a la mujer.

Los primeros hombres no podían colegir directamente que la posteridad de la mujer había de resumirse algún día en una sola Persona, pero es significativo que las frases finales de la profecía subrayan que la simiente de la mujer no sólo quebraría la simiente (que podría ser plural) de la serpiente, sino la misma cabeza de ésta. La singularidad del enemigo derrotado que se indica por "la cabeza" nos permite pensar también en la singularidad de la Simiente (el Cristo) que ganaría la victoria.

A la luz de profecías posteriores y su cumplimiento en Cristo (véase Isa. 7:14; Mat. 1:21-23; Miqueas 5:2; Gál. 4:4) comprendemos claramente que aquí, por primera vez, Dios habló del Cristo, su hijo, bien que las palabras pueden abarcar al Hijo y a los suyos (Rom. 16:20; 1 Juan 3:8). Cristo, como centro de la humanidad, es necesariamente centro de la simiente de la mujer; y porque él había de ser nacido de mujer fue más propio hablar de la "simiente de la mujer" que no de "la simiente del hombre" (Mat. 1:18). Al mismo tiempo esta palabra profética sobre la herida del calcañar y el quebrantamiento de la cabeza de la serpiente inaugura la maravillosa serie de oráculos divinos que "prenunciaban las aflicciones que habían de venir al Cristo y las glorias después de ellas" (1 Ped. 1:11). Por tanto, hallamos aquí, tan tempranamente, un indicio del carácter doble de toda la perspectiva profética: los rasgos tanto del primer advenimiento de Cristo como del segundo unidos en un solo cuadro (comp. Isa. 61:1-3, con Luc. 4:17-20). Por eso el protoevangelio constituye no sólo la raíz de todas las profecías mesiánicas, sino también el molde original de todas ellas.

Toda la historia de la Salvación se esconde en esta primera palabra de promesa, tan amplia y profunda. Se alza misteriosa en aquella remota antigüedad, como una esfinge delante de un templo en ruinas al umbral del Paraíso perdido. Empieza a despuntar la solución del misterio al pronunciarse la profecía de "Emanuel", en las épocas avanzadas de la profecía de Israel (Isa. caps. 7 a 9), pero el enigma no halló su solución final sino por medio del Hijo de María la Virgen, quien soportó la herida al aplastar la cabeza de la Serpiente, declarando la profecía por medio de su cumplimiento. Hasta entonces el enigma había sido demasiado difícil para los santos y los profetas (Mat. 13:17; 1 Ped. 1:10-12). Sólo la culminación de la promesa —la manifestación de Emanuel— ha enfocado plena luz sobre su alcance total. Unicamente el Nuevo Testamento proveyó la clave para descifrar el jeroglífico del Antiguo Testamento, siendo el Evangelio mismo la exposición del protoevangelio.

ADAN Y EVA

Vestidos de pieles de animales

No puede carecer de significado simbólico el hecho de que Dios proveyera vestidos de pieles de animales para cubrir la desnudez de la pareja pecadora, y comprendemos que por vez primera la muerte sangrienta de una criatura inocente se efectuó en beneficio del hombre caído, estableciéndose el `principio del sacrificio (Gén. 3:21). De la manera en que Adán y Eva, revestidos de las pobres hojas de higuera, simbolizaron el principio de todo esfuerzo humano para conseguir su propia redención, así los mismos dos seres humanos, después de creer la Palabra divina y estar vestidos por Dios mismo al precio de sangre inocente, son tipo y figura de cuantos habían de ser cubiertos por vestidos de salvación y del adorno de la santidad eterna por su fe en el Sacrificio del Cordero de Dios (Juan 1:29; Isa. 61:10; Mat. 22:11 y 12; Col. 3:12; Gál. 3:27).

Aquel acto de revestir a Adán y Eva en la inauguración de la historia humana llegó a ser una profecía simbólica del punto culminante de la historia de la salvación: la Cruz del Gólgota; al mismo tiempo señala hacia el bendito *fin* cuando Dios revestirá a sus escogidos tanto de su cuerpo de resurrección como del vestido glorioso de las Bodas del Cordero (Fil. 3:20 y 21; 2 Cor. 5:2-4; Apoc. 19:8).

La expulsión de la pareja del Paraíso

Desde la expulsión del hombre del Paraíso terrenal, se ve obligado a buscar "su paraíso" desde afuera. El pecado significa la separación de Dios, Fuente de vida, de modo que el pecado también separa de la vida, lo que trae la muerte del espíritu, alma y cuerpo (Rom. 6:23).

Si ha de ser posible la Redención, tiene que efectuarse antes un acto de expiación por el pecado, y para que tal expiación descanse sobre una base justa, tiene que consistir también en una separación del Creador y de la vida; o sea, puede consumarse tan sólo mediante la muerte (Heb. 9:22). Sólo así puede ser restaurada la vida verdadera. Redención, de necesidad, ha de consistir en esto: que la misma muerte, el gran enemigo del hombre, llegue a ser el medio de su liberación; así aquello que es el castigo del pecado viene a ser el camino de escape que libra del pecado. Sólo por medio de la muerte es posible que muera la muerte (Núm. 21:6 y 9; Juan 3:14). Así, Cristo destruyó "por la muerte al que tenía el imperio de la muerte, es, a saber, al diablo" (Heb. 2:14).

En vista de la consumación determinada, era preciso que los hombres pudiesen morir físicamente, lo que explica la necesidad de la expulsión de Adán y Eva del Paraíso terrenal, puesto que la humanidad pecadora fue separada del árbol de la vida (Gén. 3:13 y 24). Si el hombre caído hubiese podido permanecer en el Paraíso, con la posibilidad de renovar continuamente su vida externa, tal "privilegio" no le habría significado otra cosa que la perpetuación de su pecado y, por ende, la condenación irremisible a una condición que habría hecho imposible la Redención, desembocando en la destrucción eterna. La inmortalidad del cuerpo del pecador habría resultado en la muerte eterna de su alma, lo que convertiría el Paraíso en un infierno. El efecto de la expulsión se presenta a primera vista como algo enteramente negativo, pero, por fin, halla su lugar en el plan positivo de la Redención, pues al quitar lo temporal, Dios otorgaba la posibilidad de la bendición eternal. El pecador se hallaba bajo sentencia de la muerte corporal, pero la finalidad era la de salvarle de la muerte eternal, trocándose el acto de juicio en una manifestación de amor redentor.

Así, la puerta del Paraíso fue cerrada en un sentido triple: para el juicio del hombre, de la mujer y de la Creación. Pero a la par se abre la puerta de la Redención con una triple bendición: el primer "evangelio" encierra la promesa de la salvación; los vestidos de Adán y Eva llegan a ser una predicción simbólica de la Redención; su expulsión del Paraíso les coloca en un terreno donde llegará a ser posible la salvación.

Desde el nuevo punto de vista, el hombre podía echar una triple mirada a su triste condición que le orientaría en su camino terrenal:

Al mirar al *pasado,* añoraría el Paraíso perdido, que permanecería durante los milenios en el folklore de las naciones como "la edad de oro". Al considerar el *presente,* podría estar confiado, ya que Dios había señalado una roca de salvación y una estrella de promesa en el protoevangelio. Al echar la mirada hacia el *porvenir,* anhelaría la bendición prometida, naciendo tan santo deseo del recuerdo y de la fe. Este anhelo, de quien busca el mundo mejor, guía al hombre caído a través del desierto, señalándole los oasis en los arenales y, a la vez, corroborándole y animando su paso mientras fija su mirada en la meta. Bienaventurados son los hijos extraviados que añoran el hogar celestial, pues la misma añoranza es la garantía de que les espera la bienvenida del Padre.

LA FE DE ADÁN Y EVA

Desde el principio, Adán creyó la promesa de la victoria de la simiente de la mujer, como es evidente por el nuevo nombre que le da: "Eva" (heb. "Chava"), que equivale a "vida". Del lugar de la muerte dio tan sublime nombre a su mujer (así Calvino, Delitzsch, etc.). Podemos pensar que Eva también recibiera con fe la promesa, ya que llamó a su hijo "Caín", diciendo, "Adquirido he hombre de Jehová."

Dos caminos en la historia de los hombres

El período que siguió la Caída llevó un sello especial, ya que subraya los efectos del pecado en la naturaleza humana. Hasta terminar su curso fue controlado por tres principios fundamentales: *a*) Dios no impuso reglamentos básicos que ordenaran la conducta humana, según podemos deducir de Gén. 3: 14-19; *b*) la revelación divina al hombre se restringió casi por completo al testimonio de la naturaleza, de la conciencia y del desarrollo de la historia; *c*) no se hizo provisión en la Tierra para la supervisión del pecador y el castigo de sus desvaríos.

A causa de la característica *b*) este período se ha denominado "la dispensación de la conciencia humana", pero, teniendo en cuenta que la operación de la conciencia no se limita a esta época la designación no es perfecta (Rom. 2: 15; 1 Ped. 3: 16). En vista de la ausencia de ordenanzas específicas y de la manifestación de principios básicos que regularan la supervisión y el castigo del hombre de parte de Dios, el período se ha descrito como "el de la libertad". Esta designación se apoya en razones más válidas, pero, con todo, el concepto de la libertad encierra un idealismo que no es propio aquí, y la descripción debe sustituirse por "el de la autodeterminación humana". Fijándonos en que la revelación que Dios dio de sí mismo abarcaba no sólo la conciencia, sino también la naturaleza y el desarrollo de la historia, llegamos a otra descripción más adecuada desde este punto de vista: "el período de la revelación general".

En el período paradisíaco hubo una clara prohibición, amén de ciertos mandatos (Gén. 2: 16 y 17), no faltando tampoco un orden revelado en otras dispensaciones posteriores. Sólo en la época que media entre Adán y Noé, en contraste con todos los demás períodos del desarrollo del plan divino de la salvación, Dios concedió al hombre una libertad esencial de "hacer" o de "dejar de hacer" según su arbitrio, ya que no estableció ni autoridad ni gobierno que impusieran trabas al pecador en la autorrevelación de su propia maldad. El hombre se hallaba libre para dar a conocer lo que podía lograr por sí mismo, como también lo que sería la libre "evolución" de sus posibilidades. Por eso esta segunda etapa del plan de la redención llegó a ser la de la "autodeterminación humana", o, según una frase de Delitszch, "la prueba de la libertad de la raza". El fin de la prueba fue el Diluvio.

Caín se presenta como el fundador de la civilización antediluviana, siendo a la vez el prototipo y origen de toda la historia humana en cuanto ésta se desarrolla en independencia de Dios, divorciada de la comunión con el Altísimo.

LA NATURALEZA ESPIRITUAL Y RELIGIOSA DE CAIN

Caín no representa ni la indiferencia ante Dios ni el ateísmo escueto, puesto que trajo a Dios su ofrenda, encendiéndose en él la envidia (así la traducción literal del Gén. 4: 5) al ver que el sacrificio de Abel fue aceptado y el suyo rechazado. Pero, a pesar de esta piedad externa, llegó a ser el primer hombre "que era del Maligno", o según el sentido literal, "el que derivó su naturaleza del Maligno" (1 Juan 3: 12).

El elemento falso que se discierne en su ofrenda surge inevitablemente de la perversión del carácter del adorador. Abel trajo un primogénito de sus rebaños y de su grosura ("los sebos" según la V. Mod., como la porción más apreciada), mientras que Caín ofreció lo que halló a mano. Abel, sin duda, fundó su acto de adoración en la institución divina del sacrificio por la que Dios revistió la primera pareja de pieles de animales. Por eso hemos de entender que fue sacrificio de sangre que reconoció el hecho del pecado: pecado que merecía la muerte y que no podía ser expiado delante de Dios aparte de la muerte vicaria de una víctima sin mancha. No así Caín, cuya ofrenda no pasaba de ser una manifestación de agradecimiento a Dios y de su dependencia del Creador, siendo la sustancia de ella algo que él mismo había cultivado por sus propios esfuerzos. Se destaca, pues, como el prototipo de cuantos se atreven a acercarse al santuario de Dios sin derramamiento de sangre (Heb. 9:22). En esta línea no falta la comprensión de que las criaturas necesitan el auxilio divino, pero los miembros de ella rehuyen la necesidad de confesar su estado de pecadores bajo sentencia de muerte.

Arrancan, por tanto, del episodio de Gén. 4:1-23, dos caminos que son religiosos, pero a la vez antagónicos. Por una parte discernimos "el camino de Caín" (Judas 11), que es la religión carnal, el culto que brota de la voluntad propia, la justificación que halla su satisfacción en obras humanas, la "autoadoración" que descansa en el "yo" y rechaza el concepto de la sustitución. La teología del primer homicida idealizó la potencia propia y no pasó de la fe que, forzosamente, tienen los demonios (Sant. 2:19).

Por otra parte, empezamos a trazar el "camino de Abel", caracterizado por la humilde confesión de que el pecado trae como consecuencia la muerte, apoyándose la fe de los fieles en el sacrificio que Dios ordenó, siendo dispuestos, por tanto, a soportar la persecución, ya que perciben en lontananza la meta del triunfo de la Redención divina, efectuada por la Simiente de la mujer, y que desemboca en la gloria eterna.

Hay correspondencia entre el fin de los dos caminos, pero, por la providencia de Dios, los términos se trastruecan, pues la línea de Abel, el hombre fiel asesinado por su hermano, consigue la vida eterna, pereciendo, en cambio, el camino de Caín (Heb. 11:4 y 40). La consumación de Abel, como tipo, se halla en Cristo, Dios encarnado, en dramático contraste con lo que simboliza Caín, que halla su desarrollo final en el Anticristo, quien intentará la autodeificación del pecador, procurando evadir la maldición que le corresponde (2 Tes. 2:4). El fin del camino de Abel es la Jerusalén celestial, pero el de Caín termina en el lago de fuego (Heb. 12:22-24; Apoc. 19:20).

De la manera en que la primera guerra humana surgió de la religión, así también la última, tanto antes como después del Reino milenial (Gén. 4:1-15; Apoc. 16:16; 19:19; 20:8 y 9). Pero en el tiempo del Fin la paciencia divina habrá ordenado la victoria que se exaltará sobre el mal, triunfando la fe de Abel sobre la religión de Caín.

EL SIGNIFICADO DE CAIN EN EL DESARROLLO DE LA CIVILIZACION

Al establecer su norma de autorredención, Caín inició el desarrollo de todo esfuerzo humano en independencia de Dios. Según el fallo divino, el homicida había de ser "fugitivo y errante en la tierra", pero por un acto de su propia voluntad resistió la condena, desafiando la Palabra de Dios, llegando a ser él precisamente quien primeramente edificara una ciudad, estableciendo una base fija para sí mismo y los suyos (Gén. 4: 12 y 17).

El hecho delata la constante tendencia de todo desarrollo humano posterior, en cuanto se trata de apartarse de Dios. Según el pensamiento del rebelde, el hombre mismo había de vencer la maldición que pesaba sobre la tierra por el esfuerzo propio de volver a ganar el Paraíso sin someterse al plan de la Redención, oponiendo la energía de la carne a la soberanía de Dios, intentado salvar la raza sin tomar en cuenta a Dios.

Hasta el nombre de la primera ciudad que levantó el hombre es significativo, pues "Enoc" quiere decir "inauguración", o sea, un nuevo principio que hiciera caso omiso de cuanto había sucedido anteriormente, por el cual se había de levantar una civilización coordinada según la voluntad humana en franca rebeldía contra Dios (Gén. 4: 12-17). Por ende, la primera ciudad representa la oposición humana a la primera presentación del Evangelio. Por ambas partes se echa de ver un nuevo principio después del colapso del sistema anterior, pero mientras Dios inicia el camino de la Redención, la raza humana funda una civilización que excluye a Dios.

Los logros de la civilización no son en sí contrarios a la voluntad de Dios, siendo más bien brotes de la nobleza paradisíaca del hombre. Las invenciones y descubrimientos de la ciencia, el arte, los refinamientos y mejoras en la sociedad, representan en sí el desarrollo de la inteligencia humana, no saliendo, como tal, del ámbito de la voluntad divina. Por medio de estos adelantos la raza humana, revestida de realeza en sus principios, toma posesión de la Tierra (Gén. 1:28), cumple su deber para con el Creador como siervo ennoblecido de Dios, ejerce el dominio y realiza el servicio que Dios ordenó para la bendición de esta esfera terrestre. Solamente las personas que tergiversan totalmente las leyes más elementales de la revelación divina pueden acusar a las Escrituras de inculcar modos retrógrados de pensar, o de una hostilidad frente a la cultura. La Bíblia no rechaza la civilización como tal, sino condena la mentalidad de Caín, que procura apartar las multitudes de Dios, llevándolas a religiones falsas, trastornando la ley del amor al prójimo al par que inculca un espíritu de arrogante rebelión frente al Altísimo.

Por una parte, la mentalidad de Caín se caracteriza por su obstinada rebeldía que desafía al Altísimo, mientras que por otra se dirige a los hombres con ademanes de violenta opresión. Así Caín, el fratricida, inició las guerras, y la guerra religiosa en particular, siendo prototipo de todos los tiranos y otros déspotas sanguinarios del curso de la historia. En él encuentra su origen el espíritu que produce el crimen del genocidio, amén de toda suerte de brutalidad y de barbarie. Su ciudad, por lo tanto, es piedra fundamental de todos los imperios que rechazan a Dios para regirse por el espíritu de las fieras, según el simbolismo de Dan. 7:2-8; 8:3-7; Apoc. 13:1 y 2. Allí se impuso un rumbo nefasto a la historia del mundo que de otra forma sería sublime en sus múltiples riquezas. Con todo, las aguas de la historia de la revelación divina no cesan de fluir mansamente a través del caótico panorama, como las de Siloé en Jerusalén (Isa. 8:6). La historia de la Redención halla su fuente en las lágrimas de contrición, pero la humana se jacta mientras derrama la sangre del hermano; la potencia de Dios exhibe y confirma la bendición prometida, mientras que el poder humano lucha tenazmente, pero en vano, contra la maldición que Dios pronunció.

LAS CARACTERISTICAS PREDOMINANTES DE LA CIVILIZACION CAINITA

"Mas como los días de Noé, así será la venida del Hijo del Hombre" (Mat. 24:37). Este texto subraya el movimiento giratorio, no sólo del plan de la Redención, sino también del curso de la civilización humana, ya que las etapas finales se asemejan a las primeras. Por esta razón la investigación del pasado remoto de la raza encierra mensajes para tiempos posteriores, notándose especialmente que el germen de las características del tiempo del fin se encierra ya en la civilización cainita. Notemos los rasgos siguientes.

EL RÁPIDO AVANCE DE LAS ARTES MECÁNICAS

El sesgo más notable de la mentalidad humana antes del Diluvio fue el esfuerzo por remplazar las maravillas del Paraíso perdido por las amenidades de otro artificial, obra éste de las manos de los hombres. El progreso aparente de la raza de Caín fue más rápido que el de los hijos de Set, según la norma que señaló el Señor: "los hijos de este siglo son más sagaces en su generación que los hijos de luz" (Luc. 16:8). Fue Caín quien edificó una ciudad, principando así el desarrollo de una vida humana estable, mientras que Jabal ("fluir") desarrolló la civilización nómada. Tubalcaín, el "martillador", organizó el oficio de los herreros, mientras que Jubal ("ondulante") era el primer músico. Los tres últimos eran todos hijos de Lamec.

Vemos, pues, el rápido desarrollo de las tres principales ocupaciones humanas que se centran en el suministro de alimentos, la defensa y la cultura, a las cuales corresponden la obra de los comerciantes, los guerreros y los intelectuales. Jabal, pues, representa el aspecto material de la vida; Tubalcaín, el de fuerza; Jubal, el de las artes. Lamec, padre de los tres, compuso una poesía en alabanza de la espada, por lo que viene a ser el primer poeta de quien tenemos noticia (Gén. 4:23 y 24).

EL ARCA DE NOÉ

El Arca de Noé se destaca como el testimonio más significativo a la capacidad de la civilización prediluviana si tomamos en cuenta sus gigantescas dimensiones y la manera en que sus dimensiones se ajustaban a la finalidad específica de tan extraña embarcación. Medía 150 m. por 50. por 15 m., aproximadamente, lo que da una capacidad cúbica de 112.500 metros cúbicos, comparable con la de nuestros transatlánticos modernos. Podemos suponer que los antediluvianos eran capaces de levantar enormes estructuras, pasando este gusto y capacidad a la remota antigüedad postdiluviana, como se ve por las pirámides y esfinges de Egipto y también en los ziguratis de Mesopotamia. En el año 1609 un menonita holandés hizo construir una embarcación de las mismas proporciones que el Arca, bien que en escala reducida a la tercera parte. Halló que tal barco se manejaba pesadamente, pero que podía llevar el 33 por 100 más de carga que un barco normal de igual eslora. Ya sabemos que el Arca se construyó para llevar mucho peso de carga y no para navegar.

El gran aumento de población

"Comenzaron los hombres a multiplicarse sobre la faz de la tierra" (Gén. 6:1). Ya hemos visto que Caín pudo edificar una ciudad —probablemente una colonia que hacía posible una vida estable en su primera fase—, lo que supone un aumento considerable de habitantes en la Tierra. Esto no debe sorprendernos, puesto que la raza era joven, sin que se hubiese menguado la plenitud de sus fuerzas vitales. Las largas vidas de los padres, que mantenían su vitalidad hasta una edad muy avanzada, les permitían engendrar muchos más hijos que en tiempos posteriores, conviviendo muchas generaciones juntamente. Calculando un promedio de seis hijos de cada pareja —que es cifra muy baja— Caín podría tener más de cien mil descendientes al alcanzar la edad de cuatrocientos años. Después de milenios en que la población del mundo apenas avanzaba, llegamos al mismo fenómeno de multiplicación en nuestros días, hasta constituirse en un verdadero problema, calculando el Prof. Hennig que la población se ha duplicado desde los principios del siglo XIX, pasando de 900 millones hasta 2.000 millones, pensando los peritos en la materia que pronto podrá llegar a los 3.000 millones. (Nota del traductor: Ya se ha alcanzado esta cifra y los especialistas en la materia se alarman ante la probabilidad de un aumento que la rebase ampliamente en un porvenir próximo.)

No hay por qué pensar que Enoc, el hijo que Caín engendró mientras edificaba su ciudad (Gén. 4:17), fuese su primogénito, pues en las genealogías de los hijos de Set hay buenas razones para creer que las Escrituras no hacen mención del primer nacido, sino del personaje que adelantara más eficazmente la historia típica de la raza: en este caso los antepasados de Noé. La prueba de ello se halla en la edad del progenitor al nacer el hijo que se destaca en la genealogía, pues de la manera en que Set no era el primer hijo de Adán cuando éste tenía ciento treinta años, tampoco Set habrá llevado ciento cinco años sin casarse y sin engendrar hijos cuando nació Enos, ni Matusalén ciento ochenta y nueve años cuando nació Lamec, ni Noé quinientos años antes de engendrar Sem, Cam y Jafet (Gén. 5:3, 6, 25 y 32).

La mujer de Caín sería una de las "hijas" (entiéndase "descendientes de sexo femenino") de Adán, que ya se mencionan en Gén. 5:4. Caín la "conoció" en la tierra de Nod, sin que ello indique que la había hallado allí. Tales uniones entre parientes cercanos se hacían necesarias al principio, y no es correcto hablar de ellas como de "hermano con hermana", ya que, en aquella primera época de la historia de la raza no se habían formado aún "familias" que se distinguían de otras. La familia supone un enlace de amor especial entre los hermanos, que diferencia sus relaciones de las que rigen entre ellos y personas ajenas a esta intimidad, pero al principio todos se hallaban dentro del mismo grado de parentesco, que era igualmente "cercano" y "distante" en todos los casos. No hay base, por lo tanto, para reprochar aquellas primeras uniones de "inmorales", aplicando a ellas las normas y conceptos que corresponden al desarrollo posterior de la raza.

EL DESPRECIO POR LA LEY DIVINA DEL MATRIMONIO

Es quizá significativo que se halle mención de tres mujeres entre los descendientes de Caín, sin que ninguna figure en la genealogía de Set. Los nombres de las mujeres cainitas son los siguientes: Ada ("adorno" o "alba", "hermosura"); Zilla ("sombreada" o "umbrosa", quizá con referencia a su abundante cabellera); Naama ("encanto"). Podemos pensar que estos datos indiquen que la mujer ocupaba un lugar más prominente en la línea de Caín que en la de Set, siendo apreciada mayormente a causa de su atractivo físico.

Al llegar a Lamec, séptimo desde Caín, se da el caso de un hombre que transgredió abiertamente la ley original del matrimonio, llegando a ser (por lo que revelan los anales bíblicos) el primer polígamo (Gén. 4:19, com. Mat. 19:3-9).

EL RECHAZAMIENTO DEL LLAMAMIENTO AL ARREPENTIMIENTO Y A LA FE

Dios no se dejó sin testigos en aquel mundo apóstata de antes del Diluvio, sino que envió varios mensajeros que levantaron su voz, avisando a todos que debían arrepentirse y volver a Dios. Lo trágico es comprobar que nadie prestó atención a ninguno de los siervos de Dios.

Cuando *Set* dio el nombre de Enos a su hijo, hombres piadosos se reunían para invocar el nombre de Jehová, como Dios del Pacto y de la Redención (Gén. 4:26. Véase Apéndice I, "Los Nombres de Dios"). Pero los demás no hacían caso.

Enoc predijo el juicio que había de venir sobre el mundo, pero sin que sus palabras hicieran mella en las masas (Judas 14 y 15; Gén. 5:21-24; Heb. 11:5 y 6).

Lamec (el de la línea de Set) dio el nombre de Noé a su hijo, que significa "el que conforta" o "el que da descanso", pero nadie paraba mientes en ello (Gén. 5:29).

Noé mismo llegó a ser "predicador de justicia", quien testificaba contra la maldad de los hombres durante ciento veinte años, pero nadie fuera de su familia inmediata acudió arrepentido para refugiarse en el Arca (Gén. 6:3; 2 Ped. 2:5).

No sólo se mantenían endurecidos y rebeldes los cainitas, sino que, poco a poco el espíritu de aquel siglo se iba infiltrando en la línea de Set, venciéndoles hasta el punto que se produjo la situación que a continuación se describe.

LA UNIÓN DE QUIENES PROFESABAN SER PUEBLO DE DIOS CON LOS DEL MUNDO

Después de la referencia a Lamec, las Escrituras no hacen más mención de los cainitas como raza aparte, deduciéndose que los setitas, en su gran mayoría, perdieron su carácter de pueblo separado. Así, al sobrevenir el Diluvio, los setitas perecieron juntamente con los cainitas, salvándose tan sólo Noé, el décimo desde Adán, su mujer, los tres hijos y sus mujeres, ocho almas en total (1 Ped. 3:20).

Fijémonos en que aquel mundo antediluviano, que se hallaba bajo sentencia de muerte, lejos de percatarse del peligro, estaba lleno de jactancia carnal.

LA HUMANIDAD SE ENSALZA A SÍ MISMA

La piedad de los setitas llegó a su apogeo en Enoc, séptimo desde Adán (Judas 14), mientras que la rebelión de la línea de Caín alcanzó su cénit en Lamec, séptimo desde Caín. Las breves notas de Gén. 4:19-24 señalan el pleno desarrollo de la línea, la consumación de la glorificación propia, y por eso mismo los anales bíblicos cierran la historia de los cainitas con la mención de su persona, de sus hijos y de sus obras. Ya hemos subrayado que los adelantos de la civilización no son en sí ajenos a los propósitos de Dios, pero la narración nos muestra que en este caso los cainitas los utilizaban sólo para adormecer la conciencia.

El poema de Lamec se ha llamado "un cántico de victoria que celebraba la invención de la espada" (Gén. 4:23 y 24), añadiéndose que "la historia de los cainitas empieza con un homicidio y termina con un cántico que llega hasta ensalzar el homicidio. En Lamec, séptimo de la línea de Caín, toda revelación divina queda olvidada, mientras que la conciencia queda adormecida por la influencia de la música, las amenidades sociales y la ostentación. Notamos el intento de disolver la maldición de la soledad en el movimiento y la agitación de la vida urbana, y la de la vida vagabunda en el afán por viajar; una mala conciencia se ahoga por convertir el crimen en una hazaña heróica. Así, la maldición que Dios pronunció sobre el fundador de la raza se trasmuta en un punto de apoyo para la "consciencia propia", dispuesta a blasfemar a Dios. El cuadro revela una preocupación total con el placer y la gloria, entreverados éstos con la flor del ingenio humano, el arte poético, que trenzó una corona que adornase la potencia creadora del alma humana.

Los hijos de Dios (Gén. 6:1 y 2)

Algunos expositores creen que los "hijos de Dios" son ángeles caídos, citando Job 1:6; 2:1; 38:7; Dan. 3:25; 2 Ped. 2:4; Judas 6 y 7, en cuyo caso se discierne el ocultismo y el espiritismo como rasgos significativos de la civilización cainita. Esta explicación halla el apoyo de Filón, Josefo, la mayoría de los rabinos judíos, la traducción alejandrina, Kurtz, Delitzsch, Gunkel, Konig, Pember. Por otra parte, comentadores como Agustín, Calvino, P. J. Lange y la mayoría de los modernos, no ven más que la mezcla en matrimonio de los varones de la piadosa línea de Set con las hijas de la línea impía de Caín. No hay lugar aquí para tratar más ampliamente de esta cuestión difícil.

El Diluvio

Por fin el Altísimo dio cumplida réplica al desafío de los antediluvianos por medio del juicio del Diluvio. La paciencia de Dios había durado por más de mil quinientos años, llegando a su fin en la décima generación; número que indica la consumación de un proceso de desarrollo (comp. Abraham, que era el décimo desde Noé, Gén. 11:10-26).

En el año 1925 el Prof. Riem disertó sobre las tradiciones que varias naciones conservan sobre el Diluvio, mencionando 268 narraciones detalladas, además de indicios del recuerdo del mismo hecho en 35 otras leyendas. Llegó a decir: "Entre estas 268 narraciones se hallan 77 que nombran "el Diluvio por antonomasía; hay 80 más que lo llaman una "inundación"; en tres hay referencias a una nevada, y en 58 a lluvias abundantes... Entre todas las narraciones se hallan 21 referencias al arco iris, llevando casi todas la noción explícita de su poder reconciliador".

"Y como aconteció en los días de Noé, así también será en los días del Hijo del Hombre."

Luc. 17:26-33.

5

El pacto noético

(Que regula la naturaleza y la historia del mundo)

Al acabarse el Diluvio había desaparecido el mundo de antes, inaugurándose una nueva era para la humanidad (2 Ped. 3:6). Desde el umbral del período Dios señaló los principios que habían de ordenar los asuntos del mundo en el porvenir, otorgando el pacto noético que vino a ser la fundación de toda la historia futura, tanto de la naturaleza como de la humanidad y la redención de ésta.

EL ORDEN DE LA NATURALEZA

"Mientras dure la tierra, siembra y siega, frío y calor, nunca cesarán de ser" (Gén. 8:22 comp. 9:11 y 15). La razón que motivó la promesa nos parece extraña: "porque la imaginación del corazón del hombre es mala desde su niñez" (Gén. 8:21), que es la misma que anteriormente había dado lugar a la catástrofe del Diluvio (Gén. 6:5), o sea, la base para su destrucción llega a ser ahora la de su protección. Notamos un cambio de dispensación, el principio del período de "la paciencia de Dios" cuando "pasó por alto" los pecados (Hech. 14:15-17; 17-30; Rom. 3:25). Noé significa "el que trae descanso", ya que introduce un período de mil años de "descanso" en cuanto a manifestaciones judiciales de la ira de Dios.

(Nota del trad. Es significativo que la nueva promesa se otorga inmediatamente después de ofrendar Noé el holocausto, percibiendo Jehová "el olor grato", que habla de la satisfacción de las demandas de su justicia que habían de surgir de la Cruz del Calvario. Por la Obra de la Cruz el motivo del juicio se convierte en base de bendición para las almas contritas, haciendo posible la "paciencia" que soporta la raza a través de los siglos, Gén. 8:20-22.)

Por las promesas del pacto noético se confirman los derechos reales del hombre sobre la Tierra, a pesar de su pecado.

EL ESTABLECIMIENTO DE LA AUTORIDAD HUMANA

El hombre ha de dirigir los asuntos del mundo, pero ya se ha perdido la armonía original de sus relaciones con la naturaleza, lo que le lleva al empleo de la fuerza y la opresión, de donde surge el conflicto. En el Paraíso terrenal la manifestación de la majestad espiritual del rey de la Tierra había bastado para sujetar el reino animal, pero desde ahora el señorío se mantendrá mediante el terror. El hombre tiene derecho de matar a los animales y de servirse de su carne —no de su sangre— según una costumbre anterior que ahora recibe la autorización divina (Gén. 9:2-5).

De los artículos de este pacto los rabinos judíos sacaban "los siete mandamientos noéticos" tradicionales, que, según su criterio, obligaban a todos los hombres, incluso, a los gentiles: no blasfemar, no incurrir en la *idolatría,* no matar, no hurtar, no cometer *incesto,* obedecer a la autoridad establecida, *no comer sangre.* Estos mandamientos, con referencia especial a aquellos que se señalan por la letra cursiva, formaron la base de las consultas en Jerusalén (el mal llamado "concilio") y de los fraternales consejos que los Apóstoles y Ancianos comunicaron entonces a los creyentes gentiles (Hech. cap. 15, notándose especialmente los vs. 20 y 21).

EL ORDEN DE LA VIDA CIVIL

El precepto de Gén. 9:6: "El que derramare la sangre del hombre, por el hombre será derramado su sangre; porque a la imagen de Dios hizo Jehová al hombre", establece la pena de muerte para el homicida, que, a su vez, significa que el individuo había de estar sujeto a provisiones hechas por la comunidad dentro de la cual vivía. Aquí hallamos en germen la formulación de leyes, la operación de tribunales y la autoridad de gobiernos que forman la base de los estados que habían de surgir en el curso de la historia (Rom. 13:1-6; 1 Ped. 2:13-17). Pero la pena de muerte para el homicida dependía del hecho de verse la imagen de Dios en el hombre, o sea, su nobleza intelectual y espiritual. Por ende, la autoridad no ha de mantenerse por la fuerza bruta, sino por el reconocimiento del derecho natural del hombre en la sociedad, que Dios le ha otorgado. Unicamente cuando las autoridades observan estas condiciones pueden ser verdaderamente los representantes de la justicia y "siervos de Dios" para el bien de sus súbditos (Rom. 13:4).

El establecimiento de la autoridad humana forma el corolario obligado de la promesa de preservar la humanidad de otro juicio universal por inundación, pues las tendencias pecaminosas del hombre persisten, y de alguna manera hay que eregir una barrera contra las manifestaciones anárquicas del pecado. Es preciso, pues, que la introducción del orden y de la justicia sirvan como fundamento firme del desarrollo civil y político de la sociedad, armonizándose los aspectos naturales, gubernamentales y civiles. Con todo, el orden humano depende en último término del plan de salvación.

EL ORDEN DE SALVACION

"Noé edificó un altar a Jehová... y ofreció holocaustos sobre el altar... y dijo Jehová: No volveré más a maldecir la tierra por causa del hombre" (Gén. 8:20 y 21). Sin lugar a duda el pacto en cuanto a la naturaleza se relaciona íntimamente con el sacrificio, hasta tal punto de poder considerar el sacrificio como el fundamento del pacto.

El relato subraya tres elementos: el Nombre de Jehová, el altar y el holocausto. Jehová es el Nombre del Altísimo que se relaciona con el pacto y con la historia de la Redención (véase Apéndice I, "Los Nombres de Dios"). Es preciso, pues, que los piadosos eleven hacia él sus corazones. Las ofrendas y las oraciones de los píos han de ascender a las alturas del Trono, de modo que, desde este momento en adelante, se erigen los "altos" y los "altares" desde donde las ofrendas quemadas ascenderán hacia el Cielo.

Si bien es cierto que Dios es omnipresente, sin que su Ser pueda ser restringido por conceptos de "arriba" o "abajo" (Sal. 139), no lo es menos que en el lenguaje de la adoración la transcendencia de Dios tiene que ilustrarse forzosamente por simbolismos relacionados con el espacio, de modo que se conceptúa como Aquel que está "por encima" de toda la obra suya que se limita por el tiempo y el espacio.

Es en este lugar, por primera vez en la Biblia, que hallamos mención de un "altar", sobre el cual se sacrifica el "olah", o sea, la ofrenda que "asciende". El término aplicado al sacrificio de Abel había sido "minchah", un "don" u "ofrenda" (Gén. 4: 3). Noé entendía la diferencia entre animales "limpios", o sea, aquellos que podían ofrecerse en sacrificio, y los otros que no se prestaban a ello. Aquellos seres inocentes y "limpios", igual que todos los sacrificios desde el principio de la historia, señalaban hacia el sacrificio del Cordero del Gólgota, sin mancha y sin contaminación, fundamento estable de todo bien, hasta de la conservación y salvación de este mundo (1 Ped. 1:19 y 20).

La relación existente entre el orden de la naturaleza y el de la salvación se destaca con mayor brillo aún en *la señal del pacto*, o sea, el arco iris que el Señor colocó en las nubes como prenda de su fidelidad inquebrantable. A juzgar por los términos de Gén. 9: 12-17, el fenómeno del arco iris era desconocido antes del Diluvio, que podría haber alterado considerablemente las condiciones meteorológicas del globo.

(Nota del trad. Los más de los expositores creen que el arco iris se producía anteriormente como el resultado inevitable del paso de la luz a través de las lluvias, pero que Dios estableció tan hermosa manifestación como *señal* en el lugar de referencia, que era algo completamente nuevo.)

LA SEÑAL DEL PACTO

Según el lenguaje poético de J. P. Lange, el arco iris es "el brillo multicolor del sol que rasga los tenebrosos nubarrones de la tempestad en su retirada, manifestando el triunfo del Sol sobre el Diluvio.'' Aparenta ser un puente celestial que une la esfera superior con la inferior, sirviendo la gloria de sus siete colores para testificar del pacto ya hecho entre el Creador y la Creación. El color verde (de la esmeralda) significa la vida (Apoc. 4:3), mientras que "tres" es el número que corresponde a Dios y "cuatro" al del mundo. "Siete", pues, es la unión de ambos.

Al extender su estela de gloria sobre el mundo ensombrecido, que hacía poco temblaba bajo los truenos y los rayos, el arco iris iluminó la victoria del amor divino sobre la tormenta de la ira. Siendo el resultado del paso de los rayos del Sol a través de la lluvia, y destacándose sobre el negro telón de las nubes, ilustró la buena voluntad del Cielo de intervenir benéficamente en lo terrenal. Al extenderse sobre el Cielo y la Tierra, proclamó la reconciliación entre Dios y el hombre. Al abarcar el cielo total de la visión del hombre, dio su testimonio simbólico y mudo a la universalidad del pacto de la gracia.

En vista de lo que antecede, el arco iris llegó a ser símbolo de la salvación y de la redención en general, rodeando el Trono del Señor, visto como Guía y Consumador de nuestra salvación (Ez. 1:28; Apoc. 4:3). Aquí abajo nunca vemos más que el arco —la mitad del círculo— dibujado en las nubes, pues no es pecfecta aún nuestra experiencia de la redención (1 Cor. 13:9-12; 1: Juan 3:2); más tarde veremos el Trono rodeado por el luminoso círculo completo, pues entonces alabaremos la fidelidad del Dios del pacto con la perfecta inteligencia de los santos glorificados. El arco iris, pues, fenómeno de esta naturaleza sirve como símbolo y anticipo de nuestra redención eterna.

EL SIMBOLISMO DEL ARCO IRIS

a) La ocasión de su apariencia: al salirse el Sol para traspasar las lluvias ... ...   Ez. 11:28

b) La manera de su manifestación: sobre el fondo de la nube
Gén. 9:14

c) El significado de la suma de sus colores: "siete" es el número que corresponde al pacto ...   Lev. 16:14
y muchas veces

d) El predominio del color verde: color que habla de la vida
Apoc. 4:3

e) La forma del arco: representa el "puente" que une el Cielo con la Tierra y el Creador con la Creación
Gén. 9:12-17

f) Abraza una vasta perspectiva semicircular: que habla del carácter universal del pacto de gracia
Gén. 9:12 y 15

g) Llega a ser un círculo completo en el Cielo: siendo así símbolo de la perfección de Dios y de su obra de gracia
Ez. 1:28; Apoc. 4:3

6

La bendición pronunciada por Noé

(El papel de las tres razas en el desarrollo del plan de salvación)

Génesis 9:18-29

LA BENDICION Y LA MALDICION PROFETICAS

La bendición que Noé pronunció sobre Jafet y Sem, juntamente con la maldición sobre Canaán, hijo de Cam, señalan un importante hito en el desarrollo del plan de la Redención. El pacto que Dios concedió a Noé determina la historia subsiguiente de la Naturaleza y del mundo como escenario de la salvación, pero la bendición y la maldición que ahora consideramos señalan proféticamente el programa divino para las razas que habían de surgir de los hijos de Noé, con sus respectivos papeles en el desarrollo providencial de la historia, con referencia especial a la de la Redención.

Los canaanitas caen bajo la maldición y los camitas no son bendecidos

"¡Maldito sea Canaán! Siervo de siervos será a sus hermanos." La maldición surge del pecado vergonzoso de Cam en contra del honor de su padre (Gén. 9: 22-24) y recae con fuerza especial contra los descendientes de Canaán, hijo de Cam, mientras que todos los hijos de éste pierden una bendición especial.

La historia señala clarísimamente el cumplimiento de esta profecía. Los canaanitas de Palestina fueron subyugados primeramente por Josué (Jos. 9 : 20-27; Jue. 1 : 28-30, 33 y 35) y más tarde por David y Salomón (1 Rey. 9 : 20 y 21). Los fenicios y cartagineses, canaanitas radicados en Siria y en el Norte de Africa, fueron vencidos por los persas, los griegos y los romanos, todos hijos de Jafet. Los otros camitas que no fueron maldecidos directamente, pero que carecían de una bendición directa, tuvieron prósperos principios, pero más tarde cayeron bajo el yugo de la opresión humana. Así, Nimrod, prototipo de los emperadores, como también los egipcios, famosos por sus muchas dinastías, eran camitas; pero su día pasó, cayendo las razas negras bajo penosa vejación, como en los Estados Unidos, por ejemplo, durante los largos años de esclavitud, que duró hasta la guerra civil de 1860-65. Aún se hallan vestigios del sistema de la esclavitud en partes de Africa y en ciertos Estados árabes.

LOS SEMITAS HAN DE SER INSTRUMENTOS PROVIDENCIALES EN EL PLAN DE LA REDENCIÓN

Cuán diferente había de ser la suerte de la raza semita! Sem recibió la bendición más cumplida: "¡Bendito sea Jehová, el Dios de Sem!" o "¡Bendito por Jehová, mi Dios, sea Sem!": Esta "bendición" es más bien una expresión de alabanza al Dios que bendice, hallando su base en la amplitud de la promesa que se concede a Sem. Jehová es el Dios de Sem, o sea, la raza semita había de ser portadora de su revelación especial. Al referirse a Jafet, Dios se presenta como Elohim, el Creador, el Sustentador, el Gobernador universal (Gén. 9 : 26), pero con respecto a Sem se revela como Jehová, el Dios del Pacto, el Redentor (véase Apéndice "Los Nombres de Dios"). Gracias a esta relación especial, Sem llega a ser el cauce escogido por donde ha de fluir la gracia redentora de Dios, otorgándose a algunos de sus descendientes la promesa de la salvación espiritual que había de universalizarse en el Mesías.

Cristo, el Redentor, es hijo de David y descendiente de Abraham, quien, a su vez, era de la raza de Sem (Luc. 3 : 26). Por eso el Maestro mismo declaró que "la salvación viene por (medio de) los judíos" (Juan 4:22). De igual forma, Pablo, el mayor de sus Apóstoles, testificó que el noble "olivo", figura del Reino de Dios, es el olivo de Israel (Rom. 11:24; comp. Efe. 2:11-22; Rom. 15:27; Gál. 3:9 y 14). Por consiguiente, el Templo de la revelación novotestamentaria de Dios descansa sobre la roca de la revelación del A. T. que fue dada a través de los profetas (Mat. 5:17 y 18; Juan 10:35; Hech. 24:14; 26:22). En Cristo la bendición de Sem se hace extensiva a todos, ya que el Evangelio se predica por todo el mundo.

Los jafetitas extenderían ampliamente su influencia política e intelectual

Discernimos tres fases en la bendición pronunciada sobre Jafet.

1. Dios concede ensanchamiento a Jafet (= "el que se ensancha"), Gén. 9:27. Aquí hay un juego de palabras, ya que la frase "dará ensanche" traduce el hebreo "jaft", mientras que el nombre Jafet ha de entenderse según la traducción que ya notamos. Jafet era padre de los medos (= madai, Gén. 10:2), como también de los griegos, según el nombre hebreo "Javán" (Gén. 10:2), del cual hallamos un eco en los "jonios", o sea, los griegos de la costa occidental de Asia Menor. De Jafet, pues, descienden los romanos, los griegos y los persas, o sea las naciones que componen el grupo étnico indoeuropeo. Los indios pertenecen al mismo grupo, como también los eslavos, bien que el parentesco de éstos sea más distante.

Según el testimonio de esta profecía del A. T., corresponde a los pueblos jaféticos el privilegio de extender ampliamente por el mundo su influencia política e intelectual, hallándose en la historia universal abundante evidencia del cumplimiento de esta predicción.

Con todo, el sesgo del desarrollo de la historia de las naciones no se manifestó al principio, ya que el hombre se halla en perpetua rebelión contra Dios, quien, por otra parte, permite que lo inferior preceda lo superior.

En el escenario del Oriente antiguo los camitas y no los jafetitas dominan los demás pueblos, imponiéndoles su civilización peculiar, y eso a través de los milenios. También gobernaban los egipcios camitas en el Valle del Nilo. Los egipcios son idénticos con los hijos de Mizraim (Gén. 10:6, 13 y 14, con Sal. 78:51; 105:23 y 27), y se llamaban "kemet". La raza nubia-fula señala la transición entre los egipcios y los camitas negros más al Sur.

La cuna de nuestra civilización se halla en los valles del Eufrates y del Tigris, destacándose tempranamente las ciudades de Acad, Sinar, Babel y Nínive. Sobre los restos de una civilización anterior en Sumer, el "poderoso cazador", Nimrod, llegó a establecer el primer imperio del cual tenemos noticia (Gén. 10:8-12), adelantándose un miembro de la raza sujeta a una posición de preeminencia. El sentido exacto de Gén. 10:8-12 no es que Nimrod edificara la ciudad de Babel, que corresponde al momento que se señala en Gén. 11:1-4, sino que, sobre la base de las ciudades ya existentes (Babel, Erec, Acad y Calne), extendió su reino desde su "principio" en Babilonia hasta el norte, o sea, Asiria. Más tarde el poderío de estos camitas sufrió eclipse, pero aun así no les sucedieron los jafetitas en seguida, sino pueblos semitas, según consta tanto en las Escrituras como en la historia profana.

En el Valle del Nilo el dominio de los camitas egipcios duró por largos siglos (Gén. 14:1-4; 10:22), pero en Mesopotamia los elamitas (semitas) lograron el poder, siendo reemplazados a su vez por los babilonios bajo Hamurabi (c. 1900 a. C.), y más tarde por los casitas. En Egipto, durante algún tiempo, los hiksos (semitas) desplazaron la dinastía indígena hasta los tiempos del faraón Amasis (c. 1600 a. C.). En Mesopotamia los asirios establecieron un imperio fuerte por los años 1750-602 a. C., levantándose luego el nuevo imperio babilónico bajo Nabopolasar y Nabucodonosor. Pero todos éstos eran o semitas o camitas, de modo que no entran en escena los jafetitas hasta casi dos mil años después de la profecía de Noé.

Por fin llegó la hora del dominio profetizado, pues Ciro el Persa era de la raza "que se extendía y que, bajo su dirección, adquirió preponderancia y victoria. La Babilonia semita cayó en el año 538 a. C., perdiendo su vida Belsasar, hijo y representante de Nabonido. En aquel momento los hijos de Jafet llegaron a ser los señores del Oriente, y desde entonces ninguna raza semita o camita ha podido desplazar a los jafetitas de su supremacía mundial. Así, la sencilla declaración de Dan. 5:20: "En aquella misma noche fue muerto Belsasar, rey de los Caldeos", señala un acontecimiento de gran significado en la historia del mundo, o sea, el colapso de la soberanía de las potencias camita-semíticas para dar lugar al dominio profetizado de las razas jaféticas. Ciro, el vencedor, se llama el "pastor y el "ungido" de Jehová en Isa. 45:1 y 44:28, tanto por ser el instrumento de Dios en este sentido como por abrir la puerta para el retorno de un resto de judíos a Judea.

Unos pocos años más tarde, Cambises, sucesor de Ciro, conquistó el Egipto camita, estableciendo allí también el dominio jafético (525 a. C.), Es cierto que no fue permanente el dominio de los persas en Egipto, pero sus sucesores (los griegos en 333 a. C., los romanos en el segundo siglo a. C., los germanos (476 d. C.) y los latinos, eran todos de ascendencia jafética. Desde la victoria de Ciro la raza jafética ha producido los adalides de la cultura, señalando pautas intelectuales al par que han regido la tierra geográfica y políticamente. Notamos el contraste con la raza semita, en la que se encontraron las potencias espirituales y redentoras, mientras que la bendición de Jafet consistía en la extensión de potencias intelectuales y mundanas. La bendición de Sem le hizo el depositario de luz celestial, mientras que la de Jafet le capacitó para el éxito terrenal.

El vigor de los pueblos indoeuropeos brota de sus ideales que determinan las características de la civilización occidental: los griegos se esforzaban por conseguir la meta de la hermosura perfecta en su arte y de la verdad en su filosofía; los romanos amaban el orden y la justicia en la estructura de su estado; los germanos se adherían a la libertad individual y a la fidelidad al caudillo. He aquí los factores que, conjuntamente, capacitaron a los jafetitas para acaudillar la humanidad en cuanto a su cultura.

2.   Pero había también una fase espiritual en la bendición de Jafet, ya que se le dice: "que habite en las tiendas de Sem" (Gén. 9:27). Sem había sido designado ya como instrumento de la revelación, de modo que "habitar en las tiendas de Sem" no puede indicar otra cosa que una participación en su fe, siendo recibidos los jafetitas en la comunión de la salvación espiritual. De hecho la bendición concedida a Sem ha repercutido mucho más en los pueblos jaféticos que no en los camitas (Gál. 3:14).

El punto de partida para esta bendición espiritual se halla en la visión de Pedro en Joppe (Hech. 10:9-17) que dio a conocer el hecho, ya realizado en la Cruz, de que la pared intermedia de separación entre los judíos y los gentiles se había quitado (Efe. 2:14). Así, Cornelio, gentil y romano, se destaca en la historia como el primero que recibió la plenitud de la salvación, y a un hijo de Jafet le fue permitido habitar en las tiendas de Sem sin hacerse judío.

Se señaló otro paso en este mismo sentido cuando Pablo vio en visión al hombre de Macedonia que le suplicaba: "Pasa a Macedonia y ayúdanos" (Hech. 16:9 y 10). ¿Quién sabe lo que habría sido el desarrollo de la historia del mundo y de la Iglesia si el Apóstol de las gentes hubiera sido enviado al Este (a la India o a la China, por ejemplo) en lugar de ser dirigido hacia Occidente? Sobre aquella misma época un emperador chino, Ming-ti, amante de la verdad, envió una embajada a la India, lo que dio ocasión a la entrada del budismo en la China (61-67 d. C.): este hecho subraya el hondo significado de la visión de Troas que señaló la hora para la introducción del mensaje de salvación en la Europa jafética, que había de ser el escenario principal para explayar las maravillas del Evangelio, además de la ciudadela que guardaría y extendería la proclamación del Reino de los Cielos. Una hora nocturna en el puerto de Troas se convirtió en la aurora espiritual de los pueblos occidentales.

3. La tercera fase de la bendición de Jafet se halla en las palabras: "y que sea Canaán su siervo" (Gén. 9:27). Se ha llegado al cumplimiento de esta profecía únicamente a través de gigantescos conflictos. Los fenicios y los sidonios son de origen camita, a pesar de que su lengua y su cultura fuesen semitas, pues relaciones lingüísticas no constituyen jamás una prueba final de parentesco de sangre, ni viceversa. La confusión de las lenguas como consecuencia del intento de levantar la torre de Babel es un hecho histórico, y, además, la historia conoce muchos casos de pueblos que, a causa de migraciones y otros motivos, han cambiado su idioma original. Ejemplos de ello son los normandos, los lombardos y los francos de la Edad Media. Según Herodoto, los fenicios declaraban ser oriundos de las tierras del Océano Indio, y si ello es así, tenían que haber llegado al litoral de Siria después de pasar a través del área central de la cultura semítica, adquiriendo así

su idioma. Los fenicios, pues, eran descendientes de Canaán, y hallando estrecha su franja de territorio (ahora Líbano), muy superpoblada, se convirtieron en los aventureros y comerciantes del Mediterráneo durante largos siglos, fundando colonias en el Oeste. Una de éstas, Cartago, llegó a ser una gran ciudad aristocrática y capitalista, cabeza de un imperio.

Por la misma época el estado romano se afirmaba en la península italiana, llegando a ser inevitable el choque entre las dos potencias que querían controlar el Mediterráneo. Las guerras consiguientes habían de desembocar necesariamente en la destrucción de uno u otro rival. La primera guerra (264-241 a. C.) dio el dominio de Sicilia a los romanos. La segunda (218-201 a. C.) llegó a alturas dramáticas, puesto que los cartagineses, bajo el mando del brillante y heroico Aníbal, irrumpieron en la misma Italia después de haber cruzado los Alpes, ganando señaladas victorias en Ticino (218), Trebia (218), el lago Trasimeno (217) y Cannas (216). Aníbal logró destrozar los ejércitos romanos en la Península, llegando casi a las puertas de Roma. Parecía que había de falsearse la antigua predicción sobre la sujeción de los canaanitas a los hijos de Jafet, pues la conquista de Roma por Cartago habría implantado un imperio mundial camita y no jafetita.

Pero Roma no se rindió; al contrario, pasó al contraataque dentro de los mismos territorios de Cartago, ganando Publio Cornelio Escipión una victoria decisiva en Zama, al sur de Cartago, en 202 a. C. Si Aníbal hubiese logrado la victoria completa en Italia, el Imperio Romano no habría llegado a existir. La lucha entre él y Escipión tipifica el choque racial entre la civilización jafetita, por una parte, y la camita-semita, por otra, pero la rerrota de Aníbal decidió para siempre el resultado de la rivalidad en todas las esferas. Fuerzas no jafetitas han lanzado grandes ataques contra europa a través de los siglos, pero jamás lograron cambiar permanentemente la situación. Los hunos, bajo Atila, llevaron la muerte y la devastación a extensas regiones de Europa, pero fueron vencidos en los Campos Cataláunicos por Meroveo y otros (451 d. C.); los árabes subyugaron casi toda España e invadieron el sur de Francia, pero sufrieron una derrota decisiva a manos de Carlos Martel cerca de Tours en 732 d. C.; los mogoles, bajo Gengiskán, constituyeron una seria amenaza a Europa durante muchos años, pero su avance fue parado en la batalla de Liegnitz en 1241 d. C. El auge del imperio turco renovó el peligro, cayendo Constantinopla en el año 1453 d. C., pero, con todo, la ola invasora se contuvo por la victoria de Mohace en Hungría, juntamente con la resistencia de Viena en 1683.

El imperio mundial camita tuvo su comienzo con las conquistas de Nimrod y su fin en Zama. La victoria de Escipión llevó a su consumación la obra de Ciro, quien inició el imperio de la raza jafética. La condenación "que Canaán sea su siervo" se destaca en letras de fuego sobre el campo de batalla de Zama.

La historia mundial ha justificado plenamente la profecía de Gén. 9:25-27, ajustándose su curso a un plan ya determinado. Todas las actividades del hombre que obraron en contra del plan han sufrido colapso, cumpliéndose el plan providencial de Dios. Noé habló como el profeta de Dios frente a los pueblos del mundo, encerrando los nombres de los tres progenitores de las razas un simbolismo que se ilumina por la historia de sus descendientes. Los descendientes de Cam (= calor) fueron a habitar las tierras tropicales; los hijos de Jafet (= extensión o ensanchamiento) se derramaron sobre la faz de la tierra; los descendientes de Canaán tuvieron que someterse a los hijos de Jafet y de Sem. En la línea de Sem (= Nombre) se dio a conocer el Nombre y la naturaleza del Redentor, Jesucristo el Señor, quien lleva el "Nombre que es sobre todo nombre" (Fil. 2:9). Por su medio el Nombre del Padre se ha glorificado eternamente (Juan 12:28; 17:4; Fil. 2:9-11).

7

El juicio divino sobre la humanidad en Babel

El juicio que Dios pronunció al pie de la torre de Babel pesa todavía sobre todas las naciones. La catástrofe judicial de aquella época tan remota ha dejado su huella en todo el curso de la historia espiritual y cultural de la raza, luchando los hombres en vano para librarse de la maldición de la desunión por sus propios esfuerzos.

LA DISPERSION ORIGINAL DE LA HUMANIDAD

Según Gén. 11:1-9, tres móviles principales indujeron a los hombres a intentar la edificación de la ciudad y de la torre de Babel: el orgullo, el intento de impedir la dispersión y la vanagloria humana. El triple juicio divino corresponde a estos tres móviles. El orgullo que quiso subir violentamente hacia arriba fue frustrado por el descenso del Señor en juicio (Gén. 11:4 y 5); el intento de mantener una unión propia fue juzgado por la confusión de lenguas y la dispersión; la vanagloria que buscaba un "nombre" fue abatida por el vergonzoso nombre de "Babel" que equivale a "confusión". Tal nombre es en sí la prueba tanto de la impotencia del pecador como de la inutilidad de toda rebelión en contra de Dios.

De paso podemos recordar que las elevadas torres, llamadas "ziguratis", son típicas de las ciudades que se edificaban dentro del área cultural de Mesopotamia. En el código de Hamurabi (c. 1900 a. C.) leemos: "Levantó en alto la cima de la torre del templo de Anna (Erec)... era el protector de su tierra; reunió los habitantes esparcidos de Isín". Hasta el día de hoy las ruinas de un enorme zigurati pueden verse cerca de Babilonia (Biis Nimrod), y notas en escritura cuneiforme sobre las frecuentes reparaciones de dicha torre indican que su cima había de "alcanzar los cielos". El relato de Gén. 11:1-9 se sitúa perfectamente dentro del escenario de la primitiva cultura sumeriana.

LA CONFUSION DE LAS LENGUAS SUPONE TAMBIEN LA DE LOS CONCEPTOS

En primer término, la confusión de las lenguas tenía que ver con el vocabulario, la gramática, la pronunciación y la fraseología, resultando en los mil quinientos idiomas que los filólogos distinguen hoy en día. Pero es imposible separar la expresión del concepto.

Sea lo que fuere el idioma original (para los rabinos era el hebreo, pero lo más probable es que no coincidió con ninguna lengua conocida posteriormente), es cierto que la comunidad del habla supone también la de la vida intelectual. Un idioma es la expresión fonética de un estado mental, de modo que la parte intelectiva del hombre tenía que mantenerse dentro de una uniformidad fundamental, mientras que no hubiese variación en su lengua. Por ende, la confusión de las lenguas suponía el principio del desorden en los conceptos de la humanidad, ya que un acto de la potencia de Dios había roto la unidad primordial del pensamiento, la emoción y la ideación. Es evidente que cada idioma está dotado de su "genio" peculiar que se diferencia de el de todos los demás, lo que implica una multiplicidad de pensamientos y conceptos.

Podemos pensar en la lengua original (aquella que aprovechara Adán para dar los nombres adecuados a todos los animales) como si fuera un hermoso espejo que reflejara perfectamente toda la Naturaleza. Después del orgulloso designio de Babel Dios quebró el espejo de tal forma que no quedó para cada pueblo más que un fragmento, más o menos grande, del instrumento lingüístico original. Por eso, los conceptos sobre la religión, la filosofía, el arte, la ciencia y la historia, varía marcadamente de un pueblo a otro, llegando frecuentemente a ser contradictorios.

El juicio lingüístico no sólo desordenó la conciencia que los hombres tuviesen frente al mundo en general, sino afectó además su conocimiento de Dios.

LA DEGENERACION DE LA FE Y DE LA RELIGION

Al comienzo de la historia humana se halla fe en un solo Dios que se revelaba por medio de la Naturaleza (Rom. 1:19 y 20), la conciencia (Rom. 2:2-15) y la historia (Gén. caps. 1 a 11). El paganismo posterior es la perversión de esta triple revelación original. El recuerdo de la revelación sufre una distorsión, con el resultado de que el hombre interpreta mal las lecciones de la Naturaleza (Rom. 1:23), produciéndose un conflicto interno a causa del funcionamiento defectuoso de la conciencia. Todos estos elementos se encuentran en toda religión pagana.

Sin embargo persiste la influencia de Dios sobre el hombre por medio de la revelación universal, como si fuera un imán que no deja de atraerle, lo que permitió que Pablo declarara delante del Areópago: "No está lejos de ninguno de nosotros" (Hech. 17:27). Dios mismo obra de tal forma que no cesa de producirse entre los pueblos una marcada búsqueda de su Persona, no cesando el hombre de preguntar sobre el misterio de Dios. Pero surge la tragedia, ya que Satanás, el engañador por excelencia, desvía la investigación, señalando caminos equivocados de tal forma que, paradójicamente, el hombre busca a Dios y al mismo tiempo huye de su presencia; quisiera tenerle y a la vez rechazarle; desea recibir sus bendiciones, pero evita estar en su presencia; quisiera prescindir de él, pero no logra escapar de su influencia.

La raíz original de esta discordia religiosa (en cuanto al hombre se refiere) es la *ingratitud* como demuestra el apóstol Pablo en Rom. 1:21: "Por cuanto, habiendo conocido a Dios, no le glorificaron a Dios, ni le dieron gracias; antes se envanecieron en sus razonamientos y su corazón insensato fue entenebrecido". De esta raíz original brotan, por influencia demoníaca, varias ramas que constituyen igualmente una transposición de valores esenciales en la esfera de la vida religiosa. Recordemos, antes de pasar a la consideración de ellos, que el hombre recibió como una herencia de la revelación primaria el concepto de Dios como tal, además de la realidad del espíritu, de modo que tales postulados no necesitaron un proceso de desarrollo en el curso de la historia de las religiones. El problema que hemos de investigar es otro; de qué forma el concepto primordial llegará a relacionarse con elementos de la naturaleza.

FACTORES EN EL DESARROLLO
DEL ANIMISMO Y DEL POLITEISMO

a) En primer término hemos de tomar en cuenta la influencia de los *sueños,* por los que el hombre, aparentemente, "oía" y "veía" a sí mismo, como también a otras personas y cosas que "se movían" a pesar de que los miembros de su cuerpo se hallaban sumidos en la inactividad. Además, en el curso de los sueños, personas ya muertas podían "aparecérsele" en aparente actividad, que se consideraba como la "prueba" de que continuaban viviendo en forma de "espíritus".

b) El hombre también consideraba el hecho de *la muerte física,* pues cuando el cuerpo llegaba a inmobilizarse, ¿no era evidente que el "alma", aquel "algo" invisible e interno, se retiraba del cuerpo, como si fuera un soplo? ¿No llegaba a ser la prueba de que no había movimiento sin la voluntad de un "yo" que habitaba el cuerpo, hasta el momento de la muerte, como un "ánima" activa que respiraba vida?

c) También en *la Naturaleza,* exterior al hombre, se halla toda suerte de movimientos, sea los de las plantas y animales, sea los de los astros. El hombre se fijaba además en los violentos movimientos de las tempestades, en el rápido curso de los torrentes embravecidos, en la misteriosa atracción que ejerce el imán y en la chispa que salta de la piedra herida. Razonando en independencia de la revelación original, todo ello parecía al hombre como evidencia irrefutable de la existencia de poderosos seres que habitaban "las cosas", imponiéndolas los movimientos que se observaban. Así surgió la filosofía animista (ánima = alma) que considera que los elementos de la naturaleza se "animan" por las "almas" que los habitan.

d) Pero el hombre que así "razonaba" no conocía otra "alma" más que la suya propia, de modo que investía los espíritus de la naturaleza de las características del alma humana. Pero en vista de la potencia abrumadora de los movimientos que se observaban, el hombre tenía que forjarse la idea de espíritus poseídos de una forma de vida más elevada e intensificada que la suya, de donde resultaba el concepto de un "héroe" o "demonio", teniendo en cuenta que "demonio", entre los paganos, significaba un espíritu sobrehumano que podía actuar o para bien o para mal. Un paso más y el "ánima" superior y potente adquiría personalidad, unida a la potencia "demoníaca" del héroe, llegando a la categoría de un ser sobrehumano, o sea, un "dios" creado según la imagen del hombre, y así se trastrocó completamente el designio de Dios de hacer al hombre en su imagen (Gén. 1:27), pasando el animismo al politeísmo, la creencia en una pluralidad de "dioses".

e) Las potencias lingüísticas, innatas en el hombre, trabajaron sobre los conceptos ya descritos, desarrollándolos en sentido religioso y poético. Es característico de la mente humana que halle analogías entre asuntos materiales y espirituales, llegando por fin a confundirlos, como se hace en la metáfora. Así, el hombre humaniza cosas externas a sí mismo al hablar del sol "sonriente", del arroyo "alegre", etc. Por el proceso inverso aplica características externas a fases de la vida humana, hablando de una hermosura "fría", de un temperamento "luminoso" o de un gozo "radiante". La imaginación lingüística llega a mayores alturas poéticas aun cuando hace referencia a "las flechas" del sol, a las "heridas" de la luna, a las "ventanas" del cielo y a los "párpados" de la aurora (Sal. 121:6; Mal. 3:10; Job 3:9).

En sí estas metáforas no son peligrosas, sino, al contrario, enriquecen el espíritu del hombre; pero cuando la ilustración implícita llegaba a concebirse como si fuera la realidad misma, por el entenebrecimiento de su espíritu y la influencia demoníaca (Efe. 4:18; Rom. 7:21 y 22), los poderes lingüísticos se ponían al servicio de conceptos divinizadores llegando a ser uno de los factores más importantes en el desarrollo de las religiones paganas. La elaboración continua del concepto de muchos "dioses", que ya tenían su "historia" (la mitología), además de ideas paganas sobre el mundo más allá, debía mucho a los móviles del temor y del deseo, como también a la necesidad de la retribución que ya se suponía. Hemos de añadir el factor de la constante meditación sobre los orígenes del mundo, en los que ya intervenían los "dioses", como también los vagos recuerdos de las leyendas heróicas del folklore.

Otro factor significativo en la complicada elaboración de los sistemas paganos es el del *género gramatical* que se daba aún a las cosas, lo que determinaba a menudo si la "divinidad" había de conceptuarse como masculina o femenina.

Las consideraciones antecedentes nos llevan a pensar que los tipos nacionales de idolatría no podían haberse desarrollado con anterioridad a la confusión de las lenguas. Es probable que antes del Diluvio el desvarío humano se expresara por conceptos individuales sobre divinidades que hallaban su origen en la Naturaleza, pero el tipo posterior es esencialmente nacionalista, y, como tal, sólo pudo hallar su origen después del rechazamiento de la raza humana como una unidad y posteriormente a su división en una multiplicidad de naciones (Deut. 4:19; Rom. 1:18-32).

Los razonamientos que el hombre iba sacando de su mente entenebrecida no excluyen la colaboración de la influencia demoníaca. Desde este punto de vista las divinidades paganas son algo más que imaginaciones vacías. Según el testimonio apostólico del N. T., "dioses" tales como Apolo, Diana, Afrodita, Istar, sea lo que sea la nomenclatura, pasan más allá de meras personificaciones intelectuales de las fuerzas de la naturaleza o de cuadros idealistas surgidos de las fantasías de quienes veían a "dioses" en elementos naturales, pues hay indicios de que, en el fondo oscuro de la mitología, existe una relación real entre potencias demoníacas y las formas de la idolatría. Tales potencias inspiran los conceptos que se presentan bajo la forma de tipos nacionales idolátricos —a veces luminosos y poéticos y otras veces sombríos y horripilantes— de tal forma que constituyen una revelación de sí mismas. De otra forma, el gran Apóstol a los gentiles no habría podido echar fuera a un espíritu pitónico por medio de una invocación directa del Nombre del Señor Jesús (Hech. 16:16), ya que el "Pitón" era, entre otras cosas, el que declaraba los oráculos del santuario de Apolo en Delfos, llamándose la sacerdotisa principal "Pitia" (un médium). (Comp. también 1 Sam. 28:7 y 8; Lev. 20:27).

Aún más clara es la declaración de Pablo en 1 Cor. 10:19 y

20: "¿Qué, pues, digo? ¿Que lo sacrificado a ídolos es algo? ¿o que un ídolo es algo? Al contrario, digo que lo que sacrifican a demonios lo sacrifican y no a Dios (Deut. 32:17). Y no quiero que vosotros seáis partícipes con los demonios". Mas evidencia sobre lo mismo nos ofrecen las referencias a los "príncipes angelicales" de Persia y de Grecia (Dan. 10:13 y 20) y llegamos a la conclusión de que el paganismo, en su conjunto, descansa no sólo sobre el error y el engaño, sino también sobre las operaciones de espíritus.

DISTINTAS FACETAS DEL PAGANISMO

Los paganos, pues, llevados por influencias demoníacas, llegaron a ser los creadores de sus propios "dioses", correspondiendo las múltiples y diversas características de los sistemas al genio nacional que determina sus peculiares máximas religiosas y sus conceptos básicos de la moralidad. Así:

El griego dice: "Hombre, conócete a ti mismo".
El romano dice: "Hombre, gobiérnate a ti mismo".
El chino dice: "Hombre, mejórate a tí mismo".
El budista dice: "Hombre, aniquílate a ti mismo".
El brahmán dice: "Hombre, fúndete en la sustancia del universo".
El musulmán dice: "Hombre, sométete a los decretos de Alá".
En cambio,
Cristo dice: "Sin mí, nada podéis hacer".
y el cristiano dice: "Todo lo puedo en Cristo que me fortalece" (Fil. 4:13).

Por medio de su religión el pagano da expresión a su *impiedad*, llegando a ser su religión la raíz de todo pecado, ya que contraviene el primer mandamiento, reemplazando los muchos "dioses" al Dios único. La religión idolátrica es la expresión más descarada de la rebelión del hombre en contra de Dios y la mayor evidencia de la contradicción que cada idólatra lleva dentro de sí.

Persiste el concepto de Dios

No hemos de olvidar, sin embargo, que el concepto de muchos diosos (ídolos) lleva implícita en sí la idea de *Dios,* siendo el dios falso la caricatura del Dios único y verdadero. El hombre huye de Dios por medio de su religión, pero aun así no se escapa de la mano de Dios ni puede librarse de la idea del Dios soberano. En el paganismo existe en repugnante combinación tanto la verdad como el error, tanto un valor real como la más completa inutilidad; por ende, notamos una doble operación cuando la revelación divina hace impacto en la religión humana: por una parte, el Evangelio quebranta las religiones, pronunciando juicio sobre sus mentiras y pecados; por otra parte, el Evangelio redime y cumple las religiones por encaminar al hombre a la verdad original de la cual se derivaron y de la cual, muy oscuramente, daban testimonio.

Sin embargo, las religiones, en su totalidad, constituyen el camino del error de innumerables multitudes de seres humanos, dominando el pensamiento y las vidas de quienes "jactándose de sabios, se volvieron necios" (Rom. 1:22). Vemos, pues, los ingentes resultados del juicio de Babel, ya que la confusión del pensamiento y del intercambio intelectual que surgió de la dispersión de la raza humana, juntamente con la anulación de su unidad, tuvo por consecuencia una confusión religiosa que sobrepujó por mucho las consecuencias de la confusión de las lenguas en sí.

TENSION INTERNACIONAL Y UNIVERSAL

De la crisis de Babel surgen también importantes resultados en la esfera política, puesto que desde entonces la historia mundial ha sido la resultante de dos fuerzas contrapuestas: la centrípeta de los grandes imperios y la centrífuga del anhelo de la independencia de los pueblos. De los emperadores que han luchado por agrupar gran número de pueblos alrededor de sí mismos y del poder central son ejemplos los siguientes: Nimrod, Nabucodonosor, Ciro, Alejandro el Magno, César Augusto y Napoleón. Nunca han faltado líderes de movimientos en pro de la independencia, como los guerreros griegos de la batalla de Maratón; Arminio, caudillo de las tribus germanas en su lucha contra los romanos, y modernamente, Gandhi, de la India. Todas las guerras nacionales, que tienen por objeto la libertad nacional, son manifestaciones de la fuerza centrífuga en el área de la política internacional. Pensando en términos muy ámplios, la fuerza centrípeta de los conquistadores se ha visto frustrada una y otra vez por la centrífuga de los nacionalismos, dando lugar estas tensiones a las guerras y rumores de guerras que han de continuar hasta que el mismo Señor venga para imponer su paz (Mat. 24:6).

El juicio de la dispersión resultó en la formación de naciones que se separaban las unas de las otras tanto en el genio de cada pueblo como en su religión, su lenguaje y el curso de su política, determinando las tendencias el genio peculiar de cada uno. La estructura racial de la humanidad tuvo su principio inmediatamente después del Diluvio, a causa de las ramificaciones de los descendientes de Sem, Cam y Jafet, lo que no constituyó juicio alguno. Parece ser que el designio de Dios abarca la variedad dentro de la unidad esencial, o sea, una familia de naciones, pues se habla de *naciones* aun sobre la nueva tierra (Apoc. 21:24; 22:2).

No perdamos de vista que el conflicto que surge de las fuerzas contrapuestas de la historia se halla bajo el control del Señor de la historia (Amós 9:7; Isa. 45:1-3), quien, en sus providencias, bendice o juzga en vista de las obras de las naciones y de sus gobernantes, según el principio de Prov. 14:34: "La justicia ensalza la nación, mas el pecado es la afrenta de los pueblos." Fue Goethe quien dijera: "Todas las épocas de la historia en las que ha imperado la fe han sido brillantes y fructíferas." En cambio, las civilizaciones que degeneran moralmente se precipitan inevitablemente a la ruina total. La medida en que los pueblos reciben bendición depende en gran parte de su fidelidad a las ordenanzas de Dios para la creación y la historia, produciéndose a veces un espíritu nacional de arrepentimiento según el principio que Dios anuncia en Jer. 18:7 y 8, y que se ilustra en el caso de Nínive (véase el Libro de Jonás).

Una nación debe considerarse como un *organismo* (Os. 11:1), lo que hace posible que sea responsable y que tenga que rendir cuentas a Dios. Sobre este hecho se fundan los llamamientos que los profetas dirigieron a pueblos como tales, según vemos en Amós 1:2; Isa. caps. 13-23; Jer. caps. 46-51.

A veces las naciones mantienen una vida bastante uniforme durante varias generaciones, lo que da por resultado su participación o en las bendiciones o en los juicios sembrados por los hechos y actitudes de sus antepasados (Ez. 35:5 y 6). La dramática tensión del mundo en su totalidad se explica por consideraciones como las antecedentes, obedeciendo a las mismas razones el levantamiento y el decaimiento de las civilizaciones en medio del movimiento fluctuante de las razas y naciones. Desde luego, no podemos pretender una capacidad para descifrar todos los enigmas de tan complicado tema, ya que quedan secretos en el gobierno providencial de Dios, sobre los cuales es imposible echar luz, y pensamos, por ejemplo, en los sufrimientos y suerte del pueblo armenio.

LAS DIVINAS ORDENANZAS PARA
LA CREACIÓN Y LA HISTORIA

a)　El matrimonio y la familia constituyen el núcleo primordial de la sociedad.

b)　Las categorías sociales existentes han de reconocerse según 1 Ped. 2:13, 14 y 18; Efe. 6:5-9; Col. 3:22; 4:1; 1 Cor. 7:20.

c)　Hay comunidad de sangre (Rom. 9:3), como también de historia, de mentalidad, de idioma, de cultura y de costumbres (Hech. 17:26).

d)　Se han establecido gobernantes desde el pacto noético, revestidos de autoridad, a los cuales se debe obediencia (Rom. 18:1-7; 1 Ped. 2:13-17; Gén. 9:6).

e)　Las ordenanzas señaladas por *d)* suponen también una vida comunal ordenada, en la que se administra la justicia, que incluye la pena de muerte (Gén. 9:6; Rom. 13:4).

f)　Fronteras determinadas por Dios.

g)　El amor patrio, que reconoce los enlaces con el pueblo propio (Rom. 9:3).

h)　El respeto por otras naciones (Gén. 15:16; Núm. 20:14-21).

LA META DE LA REDENCION EN LA HISTORIA DE LA SALVACION

No hemos de deducir de la confusión de las lenguas que Dios se opone a toda clase de unión de las naciones de la raza humana. Muy al contrario, pues su propósito final es precisamente una amplia comunión de la humanidad en los más estrechos lazos espirituales (Miq. 4: 1-4). Pero la verdadera unidad puede producirse tan sólo en torno a Dios mismo, y se efectúa "en Cristo", su Hijo Amado, a quien nombró como Rey (Efe. 1: 10; Juan 10: 16; 17: 21 y 22; Sal. 2: 6; Zac. 14: 9).

Lo malo de las uniones que planea el hombre es que éste desea destronar al Creador, arrogando para sí mismo el gobierno. Esta loca pretensión de la energía carnal se erigió como fuerte bastión en contra de la consecución del plan redentor de Dios. La crisis de Babel manifiesta que el pensamiento del hombre se desmorona por la operación del brazo de Jehová, que esparce los pueblos. Sólo por medio de la destrucción de la pretendida unidad carnal y demoníaca llegó a ser posible la verdadera unidad espiritual y divina, de modo que la abrogación del universalismo de la primera revelación tuvo como finalidad y meta la consecución del universalismo final, basado sobre la Obra de la Cruz, y desde este punto de vista aun el juicio de Babel es una manifestación de la gracia de Dios.

EL TRIUNFO DE DIOS EN LA CONSUMACION DE LA HISTORIA

La humanidad no acepta el fallo de Babel, sino que lucha persistentemente contra el plan de Dios y en pro de su ideal de la unidad carnal. El espíritu de los pueblos de Babel, rebeldes y derrotados, se manifiesta constantemente a través de los siglos de la historia, llegando a renovados esfuerzos en nuestros tiempos, tanto en la esfera política (la Sociedad de Naciones, la O. N. U.) como en la religiosa (Concilio Ecuménico, Consejo Mundial de Iglesias), sin olvidar los esfuerzos educativos y sociales de la U. N. E. S. C. O. En el tiempo del Fin llegará a su apogeo y triunfo aparente en el sistema universal del Anticristo, quien completará la obra iniciada por Nimrod (Apoc. 13: 7 y 8).

LA HISTORIA DE LA CIUDAD DE BABILONIA

La ciudad de Babilonia, que continúa las tendencias de Babel, es el remedo satánico de la ciudad de Jerusalén, figura a su vez de la ciudad santa de la Nueva Creación, hallándose las dos en constante oposición.

El modelo de Babilonia se halla en la ciudad de Caín	Gén. 4 : 17
Su símbolo es la torre de Babel	Gén. 11 : 1-9
Su afirmación se logró en el reinado de Nabucodonosor	Dan. 2 : 37 y 38
Su importancia en la historia universal consiste en que inicia los tiempos de los gentiles	Dan. cap. 2 y 7 con Luc. 21 : 24
Su consumación se efectuará bajo el Anticristo	Apoc. caps. 13 y 17
Su fin se señalará con el triunfo de Cristo	Apoc. caps. 18 y 19

Después del auge del Anticristo aparecerá Cristo mismo, quien triunfará completamente tanto sobre el poder civil (Apoc. 19:11-21) como sobre la "ramera", la potencia religiosa (Apoc. 14:8; 17:1-8). Babilonia, la "ramera", quiso forzar una subida hacia el Cielo y en contra de Dios, pero la "esposa" descenderá del Cielo en triunfo, como la ciudad de Dios, la nueva Jerusalén (Apoc. 21:9 y 10).

A. Las promesas constituyen la base del Evangelio

1

■ ■

La salvación según la revelación del Antiguo Testamento

LA NATURALEZA DE LA FE DE ABRAHAM

El juicio que se pronunció en Babel cerró el ciclo de la revelación original dejando lugar para una nueva época que fue iniciada por Abraham. Recordemos que el progenitor de Israel es a la vez el "padre de todos los creyentes" (Rom. 4:11 y 12), recibiendo la "bendición de Abraham" aquellos que se sacan de entre las naciones en nuestra dispensación (Gál. 3:9 y 14). Así la Iglesia de este siglo (Rom. 15:27; Efe. 3:6; 2:11-19; Rom. 11:24), el Reino futuro de Dios (Luc. 1:23 y 73) y hasta la Nueva Jerusalém (Apoc. 21:10; comp. Heb. 11:16) descansan sobre la base de las promesas hechas a Abraham. Vemos, pues, que todo cuanto precedió a Abraham era introductorio y preparatorio, empezándose la revelación detallada de la salvación y la redención con el llamamiento del patriarca.

Desde luego, Abraham no era el primer creyente, pues antes de él Abel, Enoc, Noe, y la multitud que representaban, habían puesto su confianza en Dios. Contemporáneo suyo era Melquisedec, también hombre de fe (Heb. 11:4-7; Gén. 14:18). Lo importante, pues, no es el hecho de que Abraham creyera a Dios, sino la naturaleza de esta fe. La de sus predecesores se había limitado en su mayor parte a ellos mismos, o a su círculo inmediato, pudiendo representarse por *un punto o un círculo*. En cambio, los efectos de la fe de Abraham rebasaban su propia experiencia, revistiéndose de profundo significado para toda la historia de la salvación. Esta fe, que se proyectaba hacia el porvenir, ha de representarse por *una línea ascendente*. La fe de Abraham abarcaba promesas que se referían no sólo a sí mismo, sino a toda su descendencia, tanto natural como espiritual. Al principio él era el llamado solitario que salió de su ciudad y nación (Mal. 2:15; Eze. 33:24; Heb. 11:12), pero llegó a ser el antecesor de "muchos" y el padre de todos los creyentes (Eze. 33:24; Rom. 4:11). Abraham era la cantera, la roca, de cuya sustancia fue cortado el pueblo de Dios (Isa. 51:1 y 2), el que primeramente recibió el pacto preparatorio, con quien se inició la revelación especial del A. T., señalando ambos directamente hacia Cristo. En otras palabras, es la "raíz santa" de la cual surge el noble olivo que es el Reino de Dios (Rom. 11:16-24).

EL PLAN DE LA SALVACION

El punto de partida del plan

Por el alzamiento de Babel la raza humana había intentado confederarse para resistir los designios del Altísimo. Por lo tanto, Dios estableció un principio de separación y de división para deshacer su impía federación. Los hombres procuraron conquistar los cielos por aunar sus esfuerzos pecaminosos, pero Dios se valió del principio opuesto —el de la dispersión— como contrapartida para abrir el Reino de los cielos ante los creyentes. La dispersión dio por resultado la fragmentación de la raza en naciones, tribus, familias e individuos, y por el llamamiento de Abraham Dios escogió a un solo hombre para iniciar la historia de la salvación que había de crear una nueva raza. Así la historia de la salvación se contrasta con la construcción de la torre, siendo a la vez su obligada consecuencia.

La base del plan

La soberanía de Dios. El hecho de que Dios escogiera a Abraham como su instrumento, dejando a un lado a los demás creyentes de la época —como Melquisedec, por ejemplo— es una manifestación de la soberanía de Dios, o sea, su derecho incontrovertible de hacer lo que quiere con lo suyo. Él es el Señor que gobierna todas las cosas desde el Trono del universo, moviendo las piezas del tablero de ajedrez de la historia humana según su buena voluntad (Rom. 9:20). Es cierto que no obliga al creyente a ejercer la fe ni al incrédulo a sumirse en la desconfianza, dejando a cada ser humano su libre albedrío (Mat. 23:37; Apoc. 22:17); pero también es cierto que del número total de los inicuos él escoge a ciertos hombres rebeldes (Faraón de Egipto, por ejemplo, Rom. 9:17) para demostrar sus justos juicios; de igual manera, del número total de los creyentes, elige individuos que han de ser sus agentes para el adelanto del plan de la salvación (1 Cor. 12:4-11, 29, 30). He aquí el significado del llamamiento de Abraham con el fin de cumplir una función oficial como el responsable bajo la mano de Dios para iniciar el plan de redención.

La gracia de Dios. Por consiguiente, la elección de Israel no se basaba sobre ninguna superioridad que alcanzara en el porvenir y que discerniera la presciencia divina. Al contrario, se ajusta a la norma que exige que el tesoro ha de llevarse en vasos de barro: norma que halla su ilustración en María Magdalena, antes poseída por siete demonios, pero después designada por el Señor para ser la primera mensajera que anunciara la Resurreción (Mar. 16:9, Juan 20:11-18). Pensamos también en Mateo, el publicano escogido para ser el primer testigo del Señor en las páginas del Nuevo Testamento, pues Dios condesciende siempre para bendecir a los humildes y a los despreciados de este mundo (1 Ped. 5:5; Luc. 1:52). En cuanto a su naturaleza, Israel se describe como una zarza (Ex. 3:2 y 3; Miq. 7:4), de modo que Dios excluye expresamente la idea de haber elegido a Israel por ser más que otros pueblos: "No por ser vosotros más numerosos que todos los pueblos os ha amado Jehová y os ha escogido, porque vosotros érais el más pequeño de todos los pueblos (Deut. 7:7). Así, la elección de Israel se conforma a la norma según la cual Dios se revela a través de las apariencias humildes en lo externo. En ninguna parte del A. T. hallamos la aprobación del judío sin regenerar o la exaltación del israelita sólo a causa de su raza. Al contrario, abundan claros pronunciamientos de ardiente juicio y manifestaciones de la ira santa de Dios en contra de los israelitas apóstatas. En el A. T. la frase "pueblo elegido" (1 Crón. 16:13; Ex. 19:5; Amós 3:2; Sal. 147:19 y 20) no significa "personas buenas y selectas" (véase Isa. 1:4 con Rom. 2:24), ni tampoco un pueblo predestinado para dominar el mundo políticamente por medios violentos, sino, sencillamente, un pueblo separado para el servicio de Dios en el desarrollo del plan de salvación. Es en este punto precisamente que ha fallado la mayoría de los judíos (1 Tes. 2:15 y 16), pues el propósito del plan total de la Redención no es la glorificación del judío como tal, sino la gloria de Dios al manifestar su gracia y su santidad, siendo igualmente Dios de judíos y de gentiles (Eze. 36:22, 23 y 32; Sal. 115:1; Isa. 44:23; Rom. 3:29).

El honor de Dios. Las Escrituras declaran repetidamente que muchos gentiles han aventajado a los judíos en sensibilidad espiritual. Eso se ilustra por la fe del centurión romano de Capernaum (Mat. 8:10); por el amor del samaritano compasivo (Luc. 10:25-37; 17:16); por el esfuerzo para alcanzar la verdadera sabiduría de la Reina de Nínive (Mat. 12:41). "Muchas viudas —dijo el Señor— había en Israel en tiempo de Elías... y a ninguna de ellas fue enviado Elías sino a una viuda en Sarepta de Sidón. También había muchos leprosos en Israel en tiempo del profeta Eliseo, pero ninguno fue limpiado, sino Naamán el siro" (Luc. 4:25-27). ¡Ay de ti, Corazim! ¡Ay de ti, Betsaida! Porque si en Tiro y en Sidón se hubieran hecho los milagros que han sido hechos en vosotras, tiempo ha que se habrían arrepentido en saco y ceniza... Y tú, Capernaum... hasta el hades descenderás; porque si en Sodoma se hubieran hecho los milagros que han sido hechos en ti, habría permanecido hasta hoy" (Mat. 11:21-24). En Isaías, Dios tiene que exclamar en cuanto a su "esclavo" Israel: "¿Quién es el ciego sino mi siervo? ¿Ni quién es tan sordo como el mensajero que yo envié? ¿Quién es tan ciego como el amigo de Dios y ciego como el siervo de Jehová?" (Isa. 42:19). Si preguntamos, pues, sobre el por qué de la elección de Israel, tenemos que contentarnos con el principio de que ninguna carne ha de gloriarse delante de Dios, y que "el que se gloría, gloríese en el Señor" (Jer. 9:23 y 24; 1 Cor. 1:27-31). Cuanto más basto el material tanto más crecerá la honra del maestro si el resultado final llega a ser una obra de arte acabada; cuanto más pequeño el ejército, tanto más subirá la fama del vencedor si logra la victoria contra el enemigo más numeroso.

Según este principio de acción, Dios escogió este pequeño globo terráqueo para explayar las glorias de su Redención; y sobre él, la diminuta tierra de Canaán, y en tal tierra el más pequeño de todos los pueblos (Deut. 7:7). Aun más, de Israel escogió la ciudad de Bethlehem, demasiada pequeña para ser contada entre los millares de Judá (Miq. 5:2), y en Bethlehem el pesebre del establo como cuna para el Mesías. El principio llega a su expresión máxima en "la muerte de Cruz". Dios siempre escoge instrumentos al parecer insignificantes, y a los casos de María de Mágdala y de Mateo el publicano, que ya hemos notado, podemos añadir el de Pablo, "primero de los pecadores", establecido como el Apóstol más destacado (1 Tim. 1:15). Pero el resultado final es la revelación de la grandeza de Dios a través del cristal de aumento de tan pobre material. La "locura" de los medios es la medida del celo de Dios por su santa honra, el método que él ha escogido para enaltecer su gloria.

La sabiduría de Dios.   En la elección de Abraham discernimos otro motivo más: el propósito de Dios, en su infinita sabiduría, de dar instrucción en justicia a toda la raza humana. Israel era una nación de hombres "duros de cerviz" (Hech. 7:51), pero su misma resistencia a las operaciones divinas resultó en una ilustración magistral, que se explayó delante de todos los pueblos del mundo, tanto del horror del pecado que se vence por la gloria de la redención, como de la gravedad de los abrumadores juicios divinos en vivo contraste con las profundidades de la gracia perdonadora de Dios (Sal. 102:14-16). La historia de Israel, pues, llega a ser una lección gráfica, presentada en el escenario de la política de las naciones del mundo, dando a conocer tanto el significado del juicio como el de la gracia de Dios (Isa. 52-10; Ez. 39-23-27). Nada menos que este ejemplo impresionante habría bastado, ya que es enorme la torpeza del hombre caído frente a la revelación que Dios da de sí mismo. La sabiduría de Dios exigió tal lección para la educación de la raza, y en ella percibimos una de las razones que determinó la elección de Israel.

La justicia de Dios.   En todo ello queda incólume la justicia de Dios, puesto que no hay parcialidad alguna en la elección de

Israel, ya que a los privilegios más elevados correspondían mayores responsabilidades. Los derechos fueron contrapesados por los deberes, pues una posición de privilegio no puede estar exenta de sus obligaciones correspondientes (Rom. 9:4 y 5; 3:1 y 2; Luc. 12:48; 1 Ped. 1:17). Por ende, el pecado de Israel ha sido juzgado con mayor severidad que el de ningún otro pueblo (Deut. 28:64-67). Todas las cosas llegan a su climax en Israel, tanto los privilegios como el juicio; tanto la bendición como la maldición. La misma elección llega a ser el motivo de la severidad del juicio, según el principio señalado en Amós 3:2: "A vosotros solos he conocido de entre todas las parentelas de la tierra; *por tanto,* os castigaré por todas vuestras iniquidades." A veces, Israel quería mitigar los juicios de Dios alegando su posición de privilegio, diciendo, como en Oseas 8:1-3: "¡Dios mío! ¡Nosotros, tu Israel, te conocemos!" Pero la respuesta divina fue breve y tajante: "Israel ha desechado lo que es bueno. ¡Que el enemigo le persiga!"

El desarrollo del plan

En lo externo, la nueva limitación al pueblo de Israel de la revelación del plan de redención no significó que Dios había cortado toda relación con los demás pueblos así desplazados. Al contrario, hallamos indicios de un testimonio quíntuple por el cual Dios se daba a conocer, bien que de una forma más indirecta.

El lenguaje externo de las obras de Dios en la naturaleza. Desde la creación del mundo las cosas invisibles de Dios, es decir, su eterna potencia y divinidad podrían ser percibidas y comprendidas por las cosas que son hechas, o sea, por medio de las maravillosas obras de Dios en la creación natural (Rom. 1:19-21).

El lenguaje interno de la conciencia. Aun los paganos que "no tienen ley", en el sentido de la revelación directa, pueden aprovechar la ley interna de la conciencia, atributo del alma humana, por la que sus pensamientos mutuamente los acusan o los excusan (Rom. 2:14 y 15).

El elevado lenguaje de la sabiduría humana. Se halla tanto pensamiento elevado y profundo entre los sabios del mundo gentil que sólo puede explicarse como una actividad de la sabiduría divina, produciendo estos destellos de luz en la mente humana. Pensamos en Sócrates, Platón, Lao Tze y Zaratustra, como representantes de tantos nobles poetas y pensadores gentiles. Los llamados "padres de la Iglesia" —con referencia especial a Justino Mártir— hablaban con razón de estas "semillas de la Palabra" que se encontraban en el mundo gentil. Hemos de comprender —sin menoscabo de la doctrina de la depravación total del hombre caído— que ciertas calidades morales, propias de la creación original del hombre, persisten en su pensamiento, bien que torcidas por el pecado. Sin duda, persiste entre los pueblos un "recuerdo racial" de verdades que corresponde a la revelación original.

El lenguaje autoritario del gobierno humano. Según el dicho de Pablo en Rom. 13:4, el gobierno humano llega a ser "siervo de Dios" por corresponder al orden instituido por Dios mismo en su pacto con Noé, persistiendo desde entonces en la historia de los hombres (Gén. 9:6). Sin la autoridad de un gobierno que se impone sobre los hombres, la sociedad se inundaría rápidamente en el mal hasta el punto de convertirse éste en actividad diabólica o en un barbarismo total en todas las esferas: la religiosa, la espiritual y la moral. Por medio del gobierno humano Dios limita los males, obrando a través del poder civil por las operaciones de su providencia. Desde un punto de vista, por lo tanto, los gobernantes del mundo son instrumentos suyos, según declara la eterna Sabiduría en Prov. 8:14-16: "Por mí reinan los reyes y los príncipes decretan la justicia; por mí mandan los caudillos, los nobles y todos los jueces de la tierra."

El lenguaje de los acontecimientos de la historia mundial. Dios no cesa de dirigir la historia de los pueblos por su divina providencia después de la elección de Abraham, sino que opera según el principio de Prov. 21:1: "Como las regueras de las aguas es el corazón del rey en la mano de Jehová: a dondequiera que a él le plazca, lo inclina." Dios levantó a Hadad idumeo (Reyes 11:14), como también a Resón de Damasco (1 Rey. 11:23) con Tiglat pileser (1 Crón. 5:26) y Ciro el persa (Esd. 1:1). De este último, los profetas declaran que era "el ungido" de Dios, quien derribó las naciones delante del guerrero como medio para favorecer a Israel su siervo (Isa. 45:1:-7; Jer. 51:11). En cuanto a Babilonia, el profeta exclama en nombre de Jehová: "Tú, oh Babilonia, has sido mi maza y mis armas de guerra; pues contigo he hecho pedazos las naciones, y contigo he destruido los reinos" (Jer: 51:20). Por boca de Amós Dios explica cómo ordenó la historia externa de Israel y la de otras naciones: "¿Acaso no me sois vosotros como los hijos de los cusitas, oh hijos de Israel? ¿No hice subir yo a Israel de la tierra de Egipto y a los filisteos de Caftor y a los sirios de Kir?" Así vemos que el desplazamiento de los gentiles en cuanto a la revelación del plan de Redención no significó que Dios dejara de interesarse en el curso de su historia, pues el Dios de Abraham y de Israel es también el "Dios de los gentiles" (Rom. 3:29). Desde el punto de vista de las providencias de Dios la historia de la raza humana queda siendo "la obra de Dios", como dijera Lutero, que no es óbice para que Satanás sea dios de este mundo desde el punto de vista de la operación inmediata de los principios humanos.

Las providencias de Dios frente a las naciones continuaron: "Para que buscaran a Dios, si por ventura, palpando, lo hallasen" (Hech. 17:27). Desde el punto de vista de la historia de la redención las naciones son "apriscos" (Juan 10:16), o sea, comunidades ordenadas por la providencia de Dios en preparación para la proclamación del Evangelio. Sólo la existencia de tales comunidades organizadas hacen posible la predicación del mensaje de salvación en condiciones pacíficas, a menudo bajo la protección de la autoridad civil. Sólo el buen orden de las tales asegura al individuo la posibilidad de desenvolver su vida en un ambiente decente y moral, lo que constituye la "justitia civiles" de los romanos.

Resumiendo, la historia del mundo constituye el andamiaje para la historia interna de la salvación. No sólo hay una historia de la revelación divina, sino que también la historia de los hombres constituye en sí una revelación, que no es sólo una "obra" de Dios, sino también una vibrante palabra divina. Existe la paradoja de que la historia es una revelación de Dios que es a la vez "velada". Aparte de la revelación directa, el Dios que se revela es también el "Deus absconditus" (el Dios escondido) de quien habla Lutero. Esta revelación "velada" se produce en la esfera de la potencia de la gracia y de los juicios del Señor y Soberano de todos los mundos y naciones.

No perdamos de vista, sin embargo, el asunto principal: que los gentiles fueron desplazados en cuanto a la revelación de la salvación de Dios. Por otra parte, su exclusión temporal y limitada llega a ser el camino para que sean otra vez aceptados por Dios e incluidos en sus propósitos de bendición.

La meta del plan

En el principio mismo del plan que había de realizarse por la elección de Abraham hallamos la clara declaración de la meta final: "Y serán bendecidas en tí todas las familias de la tierra" (Gén. 12:3). La limitación de la revelación a Abraham parecía poner un freno al avance general de la salvación, pero de hecho la plenitud de la sabiduría de Dios operaba en su elección con el fin de facilitar la bendición universal y llevar el plan a feliz término. La obra iniciada por el llamamiento de Abraham fue diseñada expresamente con miras a su finalidad universal, adaptándose el detalle al plan de conjunto, el incidente aparentemente pequeño a los grandiosos resultados. La limitación de la revelación en primer término a Abraham resultó ser el método divino que había de inaugurar, en último término, la universalidad de la salvación. Hubo restricción, desde luego, pero sólo como el medio para remover las barreras al final, ya que Dios desvió la revelación directa de su salvación de las naciones con el solo objeto de devolverles una redención ampliada y glorificada.

La historia de la salvación. Esta frase, que tantas veces usamos aquí, si bien se entiende, no señala un círculo limitado dentro de la historia universal, sino que abarca e interpreta toda la historia de la raza humana en su relación con Dios, que se contempla desde la torre de la vigía de la fe. De tal forma es ello así que el avance del Evangelio a través del mundo es el verdadero tema de la historia del mundo. No hay más que un solo sentido fundamental que une la historia toda, constituyendo la historia de la salvación, en todo su alcance, una verdadera "teología de la historia mundial". Podemos unir los conceptos de "teología" y de "historia" porque es Dios mismo quien ocupa el lugar central de todo el panorama de los siglos. Por el llamamiento de Abraham determinó la inauguración de una historia particular —la de la revelación— en medio de la historia universal, y por ella se da a conocer personalmente a los hombres, manifestando su presencia. En la historia mundial obra como el "Dios escondido", pero en la de la salvación, como el Dios que se revela, siendo el Centro tanto de la una como de la otra y dando a ambas su unidad esencial. Desde este punto de vista podemos pensar que la historia mundial pertenece también a la historia de la salvación.

El significado del A. T. En estas consideraciones hallamos el significado y el "alma" del A. T., que está lleno, desde el principio hasta el fin, de promesas de salvación que interesan a toda la raza. Sobre todo se destaca la nota universal en Isaías. Entre todos los libros de las épocas precristianas, el Antiguo Testamento es el que más nos abre horizontes universales que abarcan a todos los pueblos. Poco de ello se halla en otras literaturas de la antigüedad. De hecho el A. T. es el único escrito del Oriente antiguo que presenta la idea de la unidad de la raza humana, subrayando la esperanza de un movimiento unido de la humanidad hacia una meta común.

Los primeros capítulos del A. T. destacan este interés en la raza como tal, sobre todo el llamado "cuadro sinóptico de la raza" del Gén. cap. 10. Desde cierto punto de vista este documento sirve como carta de despedida de las naciones en vista del llamamiento de Abraham, pero al mismo tiempo tiene valor como una garantía escrita de que habían de ser recogidas de nuevo. En el mismo lugar donde la historia sagrada empieza a limitarse a Israel, se enumeran cuidadosamente los pueblos del mundo como si fuera para darles la seguridad de que habían de ser recordados en la revelación futura, siendo objetos de los consejos amorosos de Dios. Quedan sus familias inscritas en la Palabra de Dios como garantía de que no habían de desaparecer de los horizontes de la redención. Mirando bien las ramas marchitas de este árbol genealógico, percibimos un matiz verdadero como promesa de que habían de brotar para nueva vida. Las setenta naciones originales de la raza se explayan ante nuestros ojos como si se tratara de un mapa misionero que señala los pueblos que han de ser evangelizados, proclamando así la gran verdad: "de tal manera amó Dios al mundo que dio a su Hijo."

2

La gloria preeminente del pacto con Abraham

Abraham fue llamado "el amigo de Dios" (Isa. 41:8; Sant. 2:23).

Abraham era el "padre de todos los creyentes" (Rom. 4:11) y como tal no sólo inició la experiencia de "creer", sino que también proveyó el padrón de la fe para generaciones futuras. Desde luego, hombres fieles había antes de Abraham (Heb. 11:4-7), pero la Escritura enfoca la luz de la revelación sobre Abraham como el hombre de fe por excelencia, cabeza de una línea de creyentes. Discernimos cuatro principios fundamentales que obran en su caso, que se introducen por vez primera en la historia de la salvación en relación con su vida.

I. *La salvación es gratuita* y resulta en la justificación y la glorificación del creyente.
II. *La fuerza central de la salvación* es la potencia en resurreción de Dios.
III. *El Mediador de la salvación* es la Simiente que había de nacer.
IV. *La meta de la salvación* es la ciudad celestial.

LA SALVACION ES GRATUITA

El éxodo de Abraham de Ur de los Caldeos (Gén. cap. 12) fue el principio de la nueva etapa, pero quizá no debemos considerarlo como el acontecimiento más significativo de su vida. El punto culminante llegó diez años después cuando Dios otorgó al patriarca *el pacto de la fe* (Gén. 15:5 y 18). Fue entonces cuando Abraham oyó la declaración de que su fe le había sido contada para justicia, lo que vino a ser la primera expresión clara en los anales de la salvación acerca de la justificación de un pecador (Gén. 15:6; Rom. 4:2-4).

La justificación

Es de importancia decisiva notar el momento de la justificación de Abraham; sobre todo, según las razones de Pablo en Rom. 4: 9-12, es importante preguntar si fue justificado antes o después de su circuncisión. La contestación es clarísima: Abraham había sido justificado trece años antes de ser circuncidado. Vemos por Gén. 17:1-14 que el pacto de la circuncisión se introdujo cuando Abraham tenía noventa y nueve años de edad, pero, en cambio, el pacto de fe —con la declaración de su justificación— se había otorgado anteriormente al nacimiento de Ismael, o sea, antes de que el patriarca tuviera ochenta y seis años (comp. Gén. cap. 16 con 17:1 notando especialmente 16:16). Sacamos la conclusión, por lo tanto, de que Abraham llevaba trece años justificado antes de que fuese circuncidado.

Sobre el orden cronológico de estos hechos Pablo funda su célebre prueba de que la justificación se adquiere sólo por la fe. En cuanto a Abraham, personalmente no importaba gran cosa si fuese declarado justo antes o después de su circuncisión, pero el orden de los acontecimientos se reviste de una finalidad profética, muy importante para la historia de la redención, ya que Dios, por la Escritura, subrayaba que el patriarca llegó a ser "padre de todos los creyentes, aun de los no circuncidados, a fin de que a éstos también fuese imputada la justicia" (Rom. 4:11). Pero su paternidad de los fieles por la sola fe no podría destacarse aparte del hecho de haber recibido su justificación en su estado de incircuncisión. El orden de la presentación de los dos pactos en la vida de Abraham no carece de significado, pues, sino que forma parte integrante del desarrollo profético del plan de salvación. El hecho sencillo que acabamos de señalar pone de relieve que la circuncisión no puede conceptuarse como condición previa para la justificación por la fe, sino sólo como el sello colocado sobre el hecho consumado (Rom. 4:11). Evidentemente el sello es inútil aparte de pegarse a un documento ya *completo,* lo que significa que la justificación de Abraham se había consumado antes de ordenarse el pacto de la circuncisión.

La deducción es clara, poniéndose de relieve al redactar Pablo las cartas a los gálatas y a los romanos: los gentiles no necesitan ser circuncidados para adquirir la justificación, sino, al contrario, los circuncisos precisan la fe que Abraham tenía cuando aún no se había circuncidado. Para que el gentil entre en el área de la salvación, no necesita pasar por el vestíbulo de los judíos —la circuncisión y la sumisión a la Ley—, sino que los judíos necesariamente han de atravesar el vestíbulo de la fe que Abraham tenía cuando, siendo aún incircunciso, se podía considerar como "gentil".

Como por medio de gráficos bien dibujados, aprendemos que la salvación no se adquiere por los méritos de los hombres, siendo la redención una obra de la gracia de Dios que se otorga gratuitamente al hombre de fe, viéndose también que el Evangelio predicado en la edad de la Iglesia fue prefigurado ya al confirmarse el pacto con Abraham. Por ende, el Nuevo Pacto es la continuación y la gloriosa consumación del pacto abrahámico, y, por lo tanto, de abolengo superior al pacto mosaico (Gál. 3:9 y 14; Rom. cap. 4; Heb. 8:8 y 9). La época patriarcal es más evangélica que la legal, siendo el siglo anterior a la Ley el prototipo del siglo después de la Ley.

LA GLORIFICACIÓN

A la declaración de la justificación concedida al patriarca se une la garantía de la herencia: "Yo soy Jehová, que te hice salir de Ur de los Caldeos a fin de darte esta tierra para heredarla." (Gén. 15:7). Intimamente asociada con el principio de la nueva vida —la declaración de la justificación— se halla *la meta* de la nueva vida, o sea, la herencia, siendo ambos el don gratuito de la abundante gracia de Dios (comp. Heb. 11:8-10).

Sobre este hecho, Pablo desarrolla un argumento análogo al primero (Rom. 4:13-17) manifestando que de la manera en que la justificación no se enlazaba con ley alguna (aparte de la "ley de la fe" Rom. 3:27), tampoco la herencia, con su gloriosa consumación, dependía del sistema legal. Todo ello se ha de entender dentro de la perspectiva histórico-profética de la salvación. Por lo tanto, la Ley no puede efectuar la justificación del pecador (véase Romanos) ni tampoco la santificación del creyente (véase Gálatas). Nadie, pues, puede echar duda sobre el legítimo título a la herencia que poseen los redimidos, siendo garantizada la consumación por medio del mismo principio de la nueva vida como don gratuito de la gracia divina (Juan 10:28 y 29; 1 Ped. 1:4 y 5; Rom. 8:30).

LA SEÑAL DEL PACTO

La señal del pacto es altamente significativa para la comprensión de la historia de la salvación como también para distinguir entre los dos pactos que corresponden a la vida de Abraham: el fundamental de la fe en Gén. cap. 15 y el adicional de la circuncisión en Gén. cap. 17. Ya hemos visto que pasaron trece años entre uno y otro. El primero fue un pacto de gracia, unilateral, sin más condición que la fe, otorgado a Abraham cuando aún era "gentil". El segundo es la confirmación del primero (Gén. 17:7), que servía como sello a la declaración de la justificación de Abraham, sin que tuviera que durar eternamente. Más bien es preliminar, cumpliendo un propósito limitado mientras se esperaba la venida del Cristo, perdiendo su validez en la Cruz (Gál. 4:2). El pacto básico es el de la gracia, el del principio, siendo Gén. cap. 15 uno de los pasajes más importantes del A. T.

Podemos discernir dos promesas, cada una con su significado especial y llevando su sello distintivo. La primera promesa tiene que ver con la posteridad de Abraham, llevando el corolario de la justificación, constituyendo las estrellas del cielo la señal de su cumplimiento (Gén. 15:1-6). La otra promete la posesión de la tierra, abriendo así la perspectiva de la glorificación, y se sella por el sacrificio del pacto que se describe en Gén. 15:7-20. La primera está aureolada de majestad y de exaltación, mientras que la segunda se produce en un ambiente de misterio y de oscuridad.

Las ofrendas que corresponden al pacto (Jer. 34:18 y 19) han sido partidas, y después de ponerse el sol un sueño profundo se cae sobre Abraham, mientras que su alma se llena de terror y de ansiedad. Las aves de rapiña quieren bajar sobre los sacrificios, pero Abraham las espanta. Finalmente el mismo Señor pasa entre las partes divididas de las ofrendas bajo el simbolismo de un horno que humea y de una antorcha de fuego, garantizando así el pacto que había otorgado. Solemnes pactos se confirmaban por tales medios hasta siglos más tarde, pasando ambos contrayentes en medio de las piezas de los sacrificios (Jer. 34:18 y 19). Aquí sólo Dios pasa por la vía ensangrentada, pues él sólo garantiza la validez del pacto. Desde el punto de vista de la historia de la salvación la confirmación unilateral de este pacto es el hecho más descollante de todo el A. T. (Gén. 15:8:-18).

Pero surge la pregunta: ¿por qué tanta oscuridad al celebrarse el pacto de la gracia? ¿Por qué las tinieblas y el horror, las aves de rapiña y el horno humeante, cuadro en el que sólo la antorcha de fuego ofrece la promesa de la luz?

Los sacrificios representan a Israel, y las circunstancias notadas simbolizan el destino nacional de este pueblo. Por eso hay tinieblas y terror, simbolizando los desastres nacionales del cuadro que se destaca de Deut. 28:15-68. El pacto se confirma, pues, por medio del horno que humea y la antorcha encendida. Las aves de rapiña son las naciones, especialmente los egipcios (Gén. 15:13-16). Son espantadas, sin embargo, porque Israel será conservado a causa de la "raíz santa" arraigada en los propósitos de Dios (Rom. 11:16-24). El acto de pasar los símbolos entre las dos filas de las piezas de las ofrendas (colocadas unas en frente de las otras) significa que se ha llenado el "hueco" que existe entre las dos partes del pacto, siendo forjada la dualidad existente en una nueva unidad, que perfecciona el mismo pacto. Pero hemos de notar muy bien que sólo el Señor pasó por en medio de las piezas del sacrificio del convenio, sin que le siguiera Abraham, pues el pacto es una dádiva de la gracia divina, a la que el hombre no puede añadir obras ni ofrecer cooperación alguna, aparte de aprestarse para recibir el don por la fe. Dios sólo obra y consuma el pacto unilateral e incondicional (Rom. 3:24; Fil. 2:13).

(*Nota del trad.*: Esta explicación de los sacrificios del pacto es excepcional. La mayoría de los expositores entienden que, como

en el caso de todo sacrificio de sangre ordenado por Dios en el
A. T., éstos prefiguran la Obra de la Cruz que Dios acepta como
única base de todo pacto de gracia. Las tinieblas, entonces, representan la angustia y el dolor de quien fue hecho pecado por nosotros para que nosotros fuésemos hechos justicia de Dios en él,
según 2 Cor. 5:21, etc. Comp. Heb. 9:16-17; Vers. H. A. *margen.*)

LA FUERZA CENTRAL DE LA SALVACION

Para completar la obra de la redención se precisa no sólo el
Sacrificio de la Cruz, sino también la victoria de la Resurrección:
"Si Cristo no ha resucitado, nula es vuestra fe" (1 Cor. 15:17).
Por consiguiente, la potencia de Dios manifestada en la Resurrec-
ción es parte integrante de la base de la salvación.

La consideración de esta verdad vuelve a poner de manifiesto
el enlace que existe entre el siglo presente y el del pacto con Abraham, ya que el climax de ambos se halla en la fe de que Dios "da
vida a los muertos y llama las cosas que no son como si fuesen"
(Rom. 4:17). Desde luego existe también una diferencia fundamental, ya que la fe de Abraham anticipaba la consumación de una
Obra todavía futura, mientras que la nuestra descansa en una que
se ha realizado en la historia; la fe del patriarca esperaba un milagro dentro de la esfera de la vida del hombre mortal, mientras
que la nuestra goza en un Hecho excelso que se produjo en la
esfera de la redención, con referencia al mismo Hijo de Dios, nuestro Salvador y Señor, ya resucitado.

Dos veces se puso en operación el principio de la resurrección
en la vida de Abraham, primeramente por el nacimiento de Isaac
y luego por el sacrificio del monte Moría; el acontecimiento posterior pone de relieve de una manera gloriosa el significado del anterior.

El nacimiento de Isaac

Dios había educado progresivamente a Abraham en la escuela
de la fe hasta que alcanzara la cima que se asocia con el nacimiento de su hijo. He aquí el porqué de la larga demora, no con-

cediéndose el heredero hasta que el padre había cumplido cien años (Gén. 17:17). El amortiguamiento de la vida natural tenía que preceder la concesión de la nueva vida (Rom. 4:19; Heb. 11:12), por lo cual la fe de Abraham se transmutó en "fe de resurrección". Sólo así pudo aprender a descansar en el Dios que da vida a los muertos. Fue necesario que llegara a este cénit de fe con el fin de ser el padre y prototipo de todos los creyentes, ya que, a través de todos los siglos, la fe que salva ha de fundarse sólidamente sobre la base de la resurrección de Jesucristo (1 Cor. 15:17-19).

Comprendemos, pues, que la vida del patriarca, según la narración bíblica, encierra para nosotros un elemento profético necesario o continuo. La larga espera hasta que llegara la Simiente —es decir, hasta que se manifestara el principio de resurrección— constituía el factor principal de su vida como algo necesario, no sólo para el perfeccionamiento de la fe de Abraham, sino también por causa nuestra, según las expresiones de Rom. 4:22-24: "Que le haya sido contado por justicia fue escrito no solamente por él (Abraham), sino también por nosotros... a los que creemos en aquel que levantó de entre los muertos a Jesús, nuestro Señor."

La misma "fe de resurrección" se destaca aún más claramente en la narración del capítulo 22 del Génesis.

El sacrificio de Isaac

La fe necesita crecer en dirección hacia Dios, y para eso el hombre de fe ha de ser educado progresivamente, soltando las amarras que le atan a lo terrestre para unirse con creciente fuerza a lo celestial. Según este punto de vista, notamos cuatro pruebas de fe en la vida de Abraham, que señalan un ascenso hasta llegar a la culminación de la del monte Moría.

La salida de Ur. He aquí la primera gran prueba de fe, que significaba separarse de la casa paterna y de los parientes. De hecho el proceso se terminó en Harán (Gén. 11:31 con 12-1). Por ser idólatras los parientes de Abraham, la salida suponía la separación del *mundo* (Jos. 24:2 con Gén. cap. 12).

La separación de Lot. Lot se nos presenta como "justo" en cuanto a su comportamiento personal, pero, a pesar de ello, actuaba como un hombre carnal y mundano (2 Ped. 2:7 y 8; Gén. 13-10-13;

19:1 y ss.). La separación entre el tío y el sobrino significó la liberación de aquel yugo de la tibieza espiritual y de la conformidad con el mundo.

La despedida de Ismael. Este paso, costoso para Abraham, significó la separación del hijo que había nacido al impulso de las fuerzas humanas, y suponía el rechazamiento de toda idea de ayudarse a sí mismo por medios naturales. Quizás hallamos una analogía espiritual en la frase de Heb. 4:12: "hasta partir alma y espíritu" (Gén. cap. 21).

El sacrificio de su hijo Isaac. Isaac era hijo de la promesa, el don que Abraham había recibido de Dios mismo, de modo que su entrega suponía la devolución al Altísimo, por la fe, de las divinas mercedes de él recibidas. En otras palabras, se ilustra *la separación aun en las dádivas divinas* (Gén. cap. 22). Halla su paralelismo en Apoc. 4:10 donde los ancianos-adoradores echan a las plantas del Rey las coronas que habían recibido de su mano, diciendo: "Digno eres, oh Señor y Dios nuestro, de recibir la gloria y la honra y el poder...".

Si tomamos en cuenta este profundo principio, llega a ser evidente que el valor de la narración del sacrificio de Isaac, tantas veces combatida, pasa mucho más allá del contenido de cierto capítulo del A. T. que, al parecer de algunos, podría ser omitido con provecho, pues, de hecho, constituye el momento culminante de la vida del patriarca. Por ser él la "raíz" del árbol de la historia de la redención, es preciso estudiar el incidente con el fin de discernir sus aspectos simbólicos y proféticos, y en esta perspectiva hallamos una ilustración de la consumación de la promesa que es la base del Evangelio.

Hay algo tan especial en el concepto del sacrificio que se destaca de la narración que tenemos delante, que no debe clasificarse con otros sacrificios humanos comunes en los cultos de los canaanitas, fenicios, semitas, indios, aztecas, etc. Notemos los contrastes siguientes:

Fue un sacrificio espiritual. Dios enseña aquí que no le interesa la forma externa de los sacrificios, sino la inclinación del corazón del oferente, pues Abraham *"ofreció a Isaac"* (Heb. 11:17) sin matarle, ya que la consumación externa del acto fue impedida por la intervención de Dios mismo (Gén. 22:12 y 13). El énfasis recae sobre la intención de Abraham y no en la consumación del sacrificio, sobre la devoción del alma y no en la presentación de la ofrenda. Este concepto interno y espiritual del sacrificio se destaca aquí por vez primera en la historia de la redención, que constituye, pues, el preludio de tantas declaraciones de los profetas posteriores del A. T., quienes luchaban constantemente, revestidos de poder espiritual, contra el concepto contrario del externalismo de los judíos (Isa. 1:10-15; 66:3; Jer. 6:20; Os. 6:6; Amós 5:21 y 22; Miq. 6:6-8; Sal. 40:6-8).

Fue un sacrificio victorioso. La meta del verdadero sacrificio no es la muerte sino la vida. Desde luego, el mandato de sacrificar a la única persona en quien podía cumplirse la promesa tenía que haber sido al principio un tenebroso enigma para el patriarca, pues ¿cómo se habían de cumplir jamás las promesas de Dios si Isaac había de ser sacrificado sin que tuviera aún descendiente? (Gén. 17:21; 21:12). Aparentemente surgió un conflicto entre el mandato de Dios y su misma fidelidad, creándose un problema imposible de resolver en el plano humano. Pero Abraham ya había progresado mucho en la escuela de la fe, de modo que, sabiendo que Dios no podía mentir, reflexionó según las normas de la fe que había aprendido, llegando a la conclusión de que había dos alternativas: o que Dios había de proveer una víctima en el lugar de Isaac, o, si de hecho muriera su hijo, que Dios le había de resucitar, ya que era el solo portador de la promesa (Gén. 22:7 y 8; Heb. 11:19). El problema se presentó con la máxima crudeza, ya que Dios había ordenado *un holocausto,* es decir, requería que Isaac, inmolado por el cuchillo de Abraham, fuese reducido a cenizas (Gén. 22:2 y 3, 6-8 y 10). La fe de Abraham brilló con luz fulgente en este momento, puesto que creyó que, si llegara el caso, Dios, necesariamente fiel a sus promesas, había de levantar aquel mismo Isaac de las cenizas para la plenitud de vida. Parecía que tal prueba de la fe de Abraham, excelsa cima de su historia espiritual, había de producirse, en efecto, en el monte Moria (Gén. 22:9 y 10).

La Escritura da su testimonio al valor supremo de la fe de Abraham, declarando que en el mismo acto de sacrificar a su hijo, consideraba que" Dios era poderoso para levantar aun de entre los muertos, de donde también le volvió a recibir en figura" (Heb.

11:19). Lo mismo se indica en la narración del Génesis, pues Abraham, al dejar a los criados, les dijo lo siguiente: "Esperad aquí... mientras yo y el muchacho vamos allí; y adoraremos y *volveremos a vosotros*" (Gén. 22:5). "Fides conciliat contraria" ("la fe reconcilia contradicciones"), escribió Lutero al comentar este pasaje, comprendiendo que, por medio de tamaña prueba, Abraham llegó a anticipar la fe del Nuevo Testamento, la fe de la Resurrección. Aún en el caso del nacimiento de Isaac hubo "fe de resurrección", pues habían de renovarse milagrosamente las potencias naturales ya muertas (Rom. 4:17-20); pero tratándose del sacrificio de Isaac la "fe de resurrección" alcanzó la certeza de la resurrección literal de una persona verdaderamente muerta. J. F. Lange comenta: "Por la actividad siempre más viva de su fe, el patriarca alcanzó el concepto de la resurrección, mientras que, por la intervención de Dios al reemplazar Isaac por el carnero, aprendió la naturaleza del verdadero sacrificio, basada en la sustitución." El patriarca, pues, sobresale como tipo del hombre de fe de la nueva dispensación, ya que, en la Obra redentora del Señor, la Resurrección se une indisolublemente con el sacrificio de la Cruz, de modo que la vida triunfa sobre la muerte (Rom. 8:34; 5:10; 1 Cor. 15:17-19).

El sacrificio en Moría prefigura el del Gólgota... El cumplimiento futuro del tipo del sacrificio del monte Moría le presta su máximo valor. Tuvo que realizarse precisamente en "Moría" en el monte de la provisión divina (Gén. 22:14), donde más tarde había de erigirse el Templo de Salomón (2 Crón. 3:1), lo que supone también que era el lugar del altar de los holocaustos donde se inmolaban a través de los siglos todas las víctimas que señalaban hacia el Sacrificio máximo de la Cruz. Precisamente allí, en la hora de la consumación de la muerte en el Gólgota, el velo que separaba el Lugar Santo del Lugar Santísimo había de ser rasgado de arriba abajo (Mar. 15:38). Discernimos, pues, en Isaac, el tipo de Cristo como Sacrificio y en Abraham la sombra del Padre que "iba juntamente" con él al lugar de la crisis del dolor. Para Abraham, la prueba del monte Moría llegó a ser la consumación del pacto más decisivo y fundamental de todo el A. T., lo que, a su vez, significa su valor como la profecía en símbolo de la Cruz del Gólgota, Centro y Base de todos los pactos de gracia que Dios concediera a los hombres.

Resumiendo, el sacrificio en Moría explaya tres grandes verdades relacionadas con el concepto bíblico del sacrificio:

1. La naturaleza espiritual del sacrificio que agrada a Dios.
2. La Resurrección de la verdadera Víctima.
3. El cumplimiento en Cristo de todo el concepto del Sacrificio.

EL MEDIADOR DE LA SALVACION

Abraham y Cristo

Sabemos muy poco del detalle de la larga vida de Abraham (175 años según Gén. 25:7) porque la luz de la revelación se enfoca exclusivamente en la esperanza de la Simiente, lo que en sí es un hecho altamente significativo. Antes de los tiempos de Abraham no leemos de más de tres anuncios (y éstos velados) de la futura venida del Redentor, es decir, ¡tres en el curso de veinticinco siglos! Recordamos la predicción de la Simiente de la mujer que había de quebrantar la cabeza de la serpiente (Gén. 3:15); de uno que había de traer descanso (Gén. 5:29) y de Jehová, el Dios de Sem (Gén. 9:26). Pero después del llamamiento de Abraham la esperanza de la Simiente llega a ser el pensamiento dominante, destacándose en el proscenio del desarrollo de todos los acontecimientos de la historia sagrada (Gál. 3:16). Hasta tal punto ocupa la "Simiente" el centro de la historia de la vida del patriarca que la narración bíblica apenas habla de su persona, pero trata en casi todos los capítulos del heredero prometido. Pensemos, por ejemplo, en la primera promesa de la Simiente (Gén. cap. 12), en la conclusión del pacto (cap. 15), en el nacimiento de Ismael, la simiente por procedimientos carnales (cap. 16), en el pacto de la circuncisión y de la renovada promesa hecha al hombre que tenía noventa y nueve años (cap. 17), en la llegada de los tres Visitantes (cap. 18), en la despedida de Ismael (cap. 21), en el sacrificio de Isaac (cap. 22) y en la búsqueda de Rebeca como esposa para el hijo (cap. 24). A través de Isaac, como tipo,

pasamos a la Simiente de la promesa más amplia, de modo que la
meta de la vida del patriarca no se encerraba dentro del significado de su propia vida, sino que se hallaba en la venida futura
del Mediador de nuestra salvación. Es decir, Abraham existe con
el fin de preparar el camino para Cristo. Referencias en el Nuevo
Testamento relacionan a Abraham con Cristo de la siguiente forma: Cristo (como Hijo eterno) vivía antes de Abraham (Juan
8:58); Cristo, por el Espíritu profético, vivía en Abraham (1 Ped.
1:11 con Gén. 20:7); Cristo vivió después de Abraham, quien
vio el día del Mesías y se gozó (Juan 8:56).

Parece ser que la visión del día del Mesías constituyó la culminación de la carrera de Abraham. No hallamos referencia al
"gozo" de Abraham en el A. T., pero el Señor Jesucristo habla
de él, notando la causa de la exclamación gozosa del patriarca:
"Abraham, vuestro padre, se regocijó por ver mi día; y lo vio y
se gozó" (Juan 8:56). Por esta visión mística de la venida del
Redentor la fe de Abraham se convirtió en gozosa exultación, llegando a ser participantes en el mismo gozo todos los verdaderos hijos de Abraham (1 Ped. 1:8).

Las relaciones de Abraham con el Redentor son múltiples:
El Redentor es el origen de su ser (Juan 8:58).
El Redentor es la meta de su vida (Gál. 3:16).
El Redentor constituye el impulso secreto de sus esfuerzos
(Gén. 15:3).
El Redentor llega a ser la fuerza de su servicio (1 Ped. 1:11,
comp. Gén. 20:7).
El Redentor es el cauce de su bendición (Gál. 3:14).
El Redentor es la meta de su esperanza (Juan 8:56).
El Redentor es el objeto de su regocijo (Juan 8:56).

EL ÁNGEL DEL SEÑOR

En Gén. 16:7 se presenta el Angel del Señor por primera
vez en el relato bíblico. El momento se determina por el hecho de
que se va revelando el significado espiritual del pacto hecho con
Abraham. Como reconocían ya los "Padres de la Iglesia", hemos
de entender que la presentación del "Angel del Señor" constituye
una teofanía, o sea una manifestación, según la sabiduría y los

propósitos de Dios, del Hijo de Dios, el Verbo Eterno, quien más tarde "llegó a ser carne y habitó entre nosotros" (Juan 1:1; Apoc. 19:13; Prov. 8:22 y 23; Juan 1:14). Este "Angel de Jehová" se identifica claramente con "Dios" (Éx. 3:2 con 3:6) y así es designado por los historiadores inspirados del A. T. (Éx. 3:2 con 4:7 y ss; Jue. 13:22 con v. 15).

Atributos divinos se asignan al Ángel de Jehová en Jue. 13:18, Isa. 9:6, Juan 12:41 con Isa. 6:1-4, como también *acciones divinas* en Gén. 16:10; 18:10 con vs. 13 y 14: Gén. 48:15 y 16; Éx. 23:20 y 21; 14:19 con 13:21; Jue. 2:1; 1 Cor. 10:4. Por lo tanto se le rinden *honores divinos* también, que él se digna aceptar: Gén. 16:13; con v. 7; Jue. 6:22-24; Jos. 5:14. Por el contraste con un ángel como mensajero de Dios, véase Apoc. 19:10; 22:8 y 9.

Si nos extraña que la primera manifestación del Ángel de Jehová fuese a Agar, y no a Abraham mismo, acordémonos del principio subrayado anteriormente, de que le agrada al Señor mostrarse en primer término a los afligidos y descorazonados, siendo el Salvador de los pobres (Mat. 5:3; 11:5). Volvemos a pensar en la manifestación del Resucitado a María Magdalena, y no, en primer término, a María, la madre de Jesús, o a Juan, el discípulo amado.

Si el ángel de Jehová se manifiesta precisamente de esta forma en aquel momento de la edad patriarcal, es porque dicha edad constituye la base misma de la revelación de la salvación, el principio de una preparación más detallada para el misterio futuro de la Encarnación. Al mismo tiempo tengamos muy en cuenta que tales teofanías no son en sí "encarnaciones", sino manifestaciones especiales y limitadas. La Encarnación es necesariamente un Hecho único. Fue conveniente, sin embargo, que el Hijo de Dios, que había de encarnarse, apareciese en la tierra en aquella época, subrayándose su identificación con Dios, y, a la vez, cierta distinción de operación que se explica dentro del misterio de la Trinidad. La Simiente se revela al "padre de la simiente" como Mensajero o Angel de Jehová (Gén. 22:11 y 15), iniciando un desarrollo progresivo de la autorrevelación del Hijo, bien que en la paradójica forma de una revelación "velada", como hemos tenido ocasión de mencionar anteriormente. Pasaremos del Angel de Jehová (Gén.

16:7) al Angel de la Presencia (Isa. 63:9 con Ex. 33:14; 23:20 y 21) y luego al Angel del Pacto (Mal. 3:1), quien no es otro que Jehová mismo, presto para venir repentinamente a su templo (Mal. 3:1).

LA META DE LA SALVACION

En Cristo la fe halla su verdadera meta, que es el cielo y la ciudad celestial. Todo se prefiguraba en Abraham, quien vivía como extranjero en la tierra de promisión, "morando en cabañas con Isaac y Jacob, herederos con él de la misma promesa; porque esperaba la ciudad que tiene los fundamentos, cuyo arquitecto y constructor es Dios" (Heb. 11:9 y 10).

Aquí abajo el creyente es un extranjero, pero arriba será un ciudadano.

Aquí abajo mora en tiendas (Gén. 12:8, etc.), pero arriba habitará la ciudad eterna.

Aquí abajo erige su altar (Gén. 12:8, etc.), pero arriba se gozará de la presencia de Dios, comiendo y bebiendo en su Reino (Mat. 8:11).

He aquí la vocación celestial del pacto abrahámico.

LA EPOCA DE LOS PATRIARCAS

Es importante fijarnos en el notable desarrollo del pacto con Abraham, tanto al desenvolverse su propia vida como en las condiciones de su descendencia física y espiritual.

LAS ETAPAS DEL DESARROLLO DE LA VIDA DE ABRAHAM

Podemos distinguir cinco etapas en la vida de fe de Abraham, iniciadas todas por alguna revelación divina de gran significado.

La primera etapa. Se relaciona con *su vocación* y abarca la salida de Ur de los caldeos con la emigración a la tierra de promisión (Gén. caps. 12 a 14).

La segunda etapa. En ella se explaya la *justificación* del patriarca. Tiene su principio en el pacto de gracia, aceptado por la fe de Abraham: fe que le fue atribuida por justicia. Sigue la confirmación del pacto por medio del sacrificio (Gén. caps. 15 y 16).

La tercera etapa. Se desarrolla bajo el doble signo de *la devoción y de la santidad.* Después de la *justificación* transcurre un período de trece años (Gén. 16:16 comp. 17:1) que constituyó la respuesta divina a la acción precipitada de Abraham al querer levantar simiente por medio de su unión con Agar, que da por resultado el nacimiento de Ismael. Luego se introduce la tercera etapa (Gén. caps. 17 a 21). Dios cambió el nombre de Abran ("padre excelso") al de Abraham ("padre de una multitud") y al mismo tiempo ordenó el pacto de la circuncisión, que había de señalar la dedicación del patriarca a una vida de devoción y de santidad. Desde luego, la circuncisión no puede ser *medio* para conseguir ni la justificación ni la santificación (Rom. 4:9-12; Gál. 5:2-12), pero constituía un símbolo de la santificación con referencia especial al principio de entregar la naturaleza carnal a la muerte, o sea, la separación por medio de un "cortamiento" de la vida natural, extraña a la vida de Dios, con todos sus impulsos. En su cumplimiento espiritual, por medio de la Cruz, hay una "circuncisión no hecha por mano, al despojamiento del cuerpo de la carne, en la circuncisión que es de Cristo", que corresponde al sentido del bautismo como símbolo de la identificación del creyente con Cristo en su Crucifixión y Resurrección (Col. 2:11 y 12; comp. Rom. 6:2-4).

La cuarta etapa. Se relaciona con *la prueba suprema.* Abraham, según se discutió ampliamente en páginas anteriores, tuvo que llegar a la máxima prueba de la obediencia de la fe en el monte Moría, en la que recibió también la revelación de lo que era la "fe de resurrección".

La quinta etapa. Se relaciona con *el reposo.* Tras la prueba suprema viene la quinta etapa de la tranquilidad y del reposo. En la tarde del día de la vida de Abraham cesan los trabajos y Dios perfecciona a su siervo a través de circunstancias de calma (Gén. 23:1-25:10).

LA VALIDEZ PROLONGADA DEL PACTO

Los pactos sucesivos con los patriarcas Isaac y Jacob no indican nuevas transacciones, sino sencillamente la tranferencia a los herederos de la promesa del mismo pacto abrahámico (Gén. 26:3; 28:13-15; 35:12). Por eso dijo Dios a Isaac: "Estableceré contigo el juramento que juré a Abraham tu padre" (Gén. 26:3). De igual forma se reveló a Jacob en Betel como el Dios de Abraham y el Dios de Isaac (Gén. 28:13). En estas confirmaciones del pacto antiguo no leemos de nuevas condiciones (Gén. 35:12). Sin embargo, Dios tenía que indicar claramente quién había de ser el heredero del pacto abrahámico porque había otros descendientes del patriarca como, por ejemplo, Ismael y los hijos de Cetura (Gén. 25:1-4), mientras que Jacob tenía a un hermano, Esaú. Se precisaron declaraciones divinas para señalar al heredero, hasta llegar a los hijos de Jacob; éstos habían de ser los padres de las tribus del pueblo de Israel, siendo todos participantes en las bendiciones externas. Ya se ha puesto en claro que el ser hijo de Abraham por descendencia física no suponía el disfrute de las bendiciones espirituales, aparte de las condiciones imprescindibles de la humildad y la fe.

Podemos clasificar a los descendientes de Abraham como sigue:

a) Los hijos por descendencia natural y nada más: Ismael, los hijos de Cetura (Madián, etc.), Esaú (Edom).

b) Los hijos por descendencia carnal y espiritual, o sea, personas como Isaac y Jacob, que representan a los fieles en Israel.

c) Los hijos por descendencia natural, dentro de Israel, que no cumplieron las condiciones espirituales de su vocación nacional. Ocupaban una posición nacional especial, pero, a la vez, eran rebeldes que deshonraban el nombre del Señor, recibiendo mayor condenación (Rom. 2:17-29).

d) La descendencia puramente espiritual, que participaba de la fe de nuestro padre Abraham, fuesen judíos o gentiles (Rom. 4:11 y 12; Gál. 3:14).

Puesto que los rebeldes se excluyeron a sí mismos de las bendiciones del pacto, queda un triple cumplimiento de la promesa dada a Abraham: que sus descendientes fueren como "el polvo de la tierra" (Gén. 13:16); como "las arenas del mar" (Heb. 11:12) y como "las estrellas del cielo" (Gén. 15:5). Así el patriarca llegó a ser "padre de una multitud de naciones" (Gén. 17:5), lo que se cumplió literalmente por medio de su descendencia física y físico-espiritual. No sólo eso, sino que sus descendientes habían de ser cauce de bendición para todas las familias de la tierra (Gén. 12:3), lo que se cumple por medio de Cristo, por quien se extienden las bendiciones espirituales de la redención a la vasta multitud de los salvados a través de todas las edades (Gál. 3:14).

LOS HEREDEROS DEL PACTO

Abraham, Isaac, Jacob y José se destacan como los protagonistas del primer período de la promesa patriarcal de la fe. Tienen en común aquella fe que apropia la promesa del pacto, pero en cada personaje se disciernen facetas distintas de esta fe común, reflejando destellos de variado esplendor.

En *Abraham* percibimos *la fe que busca y halla*. Primeramente buscaba la tierra de promisión, luego esperaba al heredero, y a través de toda su carrera se encaminaba a la ciudad celestial (Gén. 12:1; 15:3; Heb. 11:10).

En *Isaac* discernimos *la fe que soporta la prueba y que descansa tranquilamente en Dios*. No hemos de olvidar su parte en el monte Moría, pues el mozo fuerte se dejó en las manos de su padre, sin luchas ni protestas (Gén. cap. 22). Más tarde le vemos renunciar a los pozos con el fin de evitar conflictos con sus enemigos, y jamás salió de la tierra para emprender largos viajes al estilo de Abraham, Jacob y José (Gén. 26:15-17, 20 y 30).

En *Jacob* se pone de manifiesto *la fe que sirve y lleva sus frutos*. Al parecer era menos atractivo en lo humano que Esaú, pero Dios le escogió en lugar de su hermano incrédulo porque sabía apreciar la promesa, de modo que, tras muchos años de servicio, consiguió gran aumento de bienes naturales y espirituales, llegando a ser fructífero en extremo (Gén. caps. 29 y 30; comp. Mal. 1:3; Rom. 9:12 y 13).

En *José* brota potente *la fe que sufre y triunfa*. Tanto en su humillación como en su exaltación, llega a ser tipo profético de Cristo.

Conjuntamente estos patriarcas ilustran la ley del desarrollo de la fe, que empieza por buscar y hallar su tesoro; más tarde resplandece en triunfo; pero antes ha de soportar la prueba y servir, sacando luego el debido fruto de su servicio. Hallamos, pues, altamente significativa la sucesión de los patriarcas; normalmente hemos de empezar con la búsqueda de Abraham para pasar luego por las experiencias de Isaac y Jacob con el fin de lograr la victoria de José, que se perfeccionó por medio del sufrimiento. Desde este punto de vista la historia de los patriarcas llega a ser trasunto de la fe que se manifiesta por medio de la experiencia de los santos en toda época. En la historia patriarcal llegó a su consumación en José, tipo de Cristo, pero en la realidad espiritual del cumplimiento halla su perfección en Cristo mismo.

En el período contrastado de la Ley, que hemos de considerar luego, veremos que toda la historia de la salvación se encamina hasta Cristo como su Clave y Meta.

3

La vocación y la misión de Israel

En la experiencia de Abraham vemos resplandecer el gobierno en gracia del Creador, quien llama las cosas que no son como si ya fueran (Rom. 4:17).

En la historia de Isaac se ilustra la resurrección que saca la vida de la muerte (Rom. 4:19-24; Heb. 11:19).

En los anales de Jacob brilla la plenitud de la gracia, tan evidentemente inmerecida, que le lleva a un fin triunfante. Jacob, el suplantador, el hombre de sutiles intrigas, llega a ser el héroe llamado "Israel" por Dios mismo, ya que había luchado con Dios y había prevalecido (Gén. 25:26; cap. 27; 32:28).

Estos principios de la historia nacional se enlazan con la vocación y el cometido de Israel.

LA MISIÓN DE ISRAEL

El cometido de Israel puede considerarse bajo dos aspectos principales: en primer término había de recibir la revelación divina, y en segundo lugar había de servir para preparar tanto la venida del Redentor del mundo como el nacimiento de la Iglesia (Juan 4:22; Rom. 11:16-25). Hemos de añadir que Israel, casi a pesar suyo, había de enderezar el camino para la proclamación del Evangelio entre las naciones del mundo, llegando a ser el testigo y el misionero enviado por Dios.

A primera vista las dos fases de su cometido parecen ser contradictorias, pero, sin embargo, ambas caían dentro de la voluntad de Dios para su pueblo. Con el fin de constituir la patria terrenal del Mesías y proveer el lugar de nacimiento de la Iglesia, Israel tenía que bastarse a sí mismo, siendo un pueblo separado de todos los gentiles .Bajo este aspecto se contrasta vivamente con los gentiles, siendo el pueblo de la historia de la salvación, el único que conocía al Dios verdadero, ya que a Dios le había placido concederle la revelación de su voluntad y la manifestación de su Ley. En cambio, el mismo pueblo había de ser esparcido entre los gentiles, tratando constantemente con ellos, pues de otra forma no le sería posible preparar el camino para el cristianismo.

La clave para comprender la historia de Israel consiste en reconocer este doble hecho y el armonioso desarrollo de dos misiones aparentemente incompatibles: la separación del mundo y un contacto universal con el mundo; la concentración nacional y la extensión del pueblo; las fuerzas centrípetas y las centrífugas que operan simultáneamente. En otras palabras, podemos hablar de la polaridad de las tendencias particularistas y universalistas, de las manifestaciones exclusivistas e inclusivistas. El contraste se acentúa sobre todo en la fase culminante de la vocación de Israel: la promesa de la venida del Redentor.

Las esperanzas mesiánicas de Israel

En las promesas mesiánicas se echa de ver la extensión máxima de la misión de Israel, que rebasa toda idea de limitación o de restricción, ya que el Mesías ha de ser el Salvador del mundo (Mal. 1:11; Juan 4:42). Como hemos considerado anteriormente, la humanidad constituye una sola familia, que surge del mismo origen y se adelanta hacia la misma meta. El "árbol genealógico" del cap. 10 del Génesis, según el historiador J. von Müller, es el comienzo de la historia universal, añadiendo Miguel Baumgarten, con igual razón, que constituye también el término de la raza. Todos los pueblos de la tierra comparten con Israel las bendiciones de la redención, y si bien Israel se señala como el "primogénito" de Dios en la historia de la redención, no dejarán de ser "hijos" los demás pueblos al fin (Ex. 4:22 comp. Sal. 87:4-6; Isa. 25:6-8; 19:25). La profecía que se dio por medio de Israel abre perspectivas universales completamente desconocidas por otra parte de la antigüedad.

Pero el tema mesiánico evidencia también la máxima concentración, ya que el Redentor había de ser *un Hombre* (1 Tim. 2 : 5), el *hijo de David* por excelencia (Rom. 1 : 3) y *el único Salvador* (Hech. 4 : 12). Véase la nota más abajo sobre la "Ascendencia de Jesús".

Es notable que hasta la historia mundial ha afirmado rotundamente el carácter único del Mesías que se esperaba en la nación de Israel. Jesús de Nazaret, el Unico, el Hijo de Dios, ha sido alabado por millones de hombres como Señor y Redentor, al par que los líderes de la civilización humana han reconocido las riquezas espirituales que entraron en el mundo por su medio, considerándole como su Ideal en cuanto al carácter humano y la moralidad de la sociedad. Es lícito preguntar por qué tal esperanza no se hallara entre las naciones señeras de Roma y Grecia, sino sólo en el "menor" de los pueblos (Deut. 7 : 7). ¿Podremos creer que tal esperanza no pasaba de ser el resultado casual del instinto religioso y político de los judíos? ¿O hemos de atribuirla meramente a una manifestación de un nacionalismo exacerbado? Tales sugerencias no explican el *hecho* de que las profecías se cumplieran en la manifestación del Salvador del mundo en la tierra de Palestina, que ha llegado a ser "bandera a los pueblos" (Isa. 11 : 10; Rom. 15 : 12). No cabe más que una contestación razonable: la Biblia decía la verdad, la esperanza tenía una base firme en la voluntad revelada de Dios y, habiéndose cumplido la profecía, la historia del mundo tiene que testificar del hecho. A veces la incredulidad muestra una extraña credulidad frente a hipótesis sin fundamento, más difíciles de creer que los hechos que recibe y afirma la fe. No somos lo suficientemente crédulos para achacar el cumplimiento de las profecías mesiánicas a la mera casualidad.

Todos los hechos de la historia del pueblo de Israel han sido planeados en relación con esta condición doble, esencial para el cumplimento de su misión, de la máxima concentración nacional con la más amplia extensión universal.

LA ASCENDENCIA DE JESÚS
(NOTA ESPECIAL)

Desde el punto de vista de la historia y de la ciencia etnológica, es una pura fantasía pretender que Jesús era ario de raza, como se desprende de las razones siguientes:

1. Los análes bíblicos establecen más allá de toda duda la ascendencia hebrea de Jesucristo según la carne, y toda verdadera ciencia ha de tomar como punto de partida los hechos históricos establecidos (Luc. 1:32; Rom. 1:3; 2 Tim. 2:8, etc.).

2. Jacobo, hermano de Jesús según la carne, era destacado guía de los cristianos de la iglesia en Jerusalén, que era netamente judaica (Gal. 1:19; 2:9; Hech. 15:13 y 19-21).

3. Los enemigos del Señor de su propia nación, al negar violentamente sus pretensiones mesiánicas, nunca adujeron en sus argumentos que no era de ascendencia hebrea. Si hubieran podido insinuar que Jesús fuera gentil, o medio gentil, habrían podido exhibir la prueba más contundente de que no podía ser el Mesías. Que no lo hicieron demuestra que no pudieron hacerlo. Aun los historiadores judíos posteriores, en el proceso de vituperar a Jesús de la manera más indigna, nunca han puesto en tela de duda su relación con el pueblo judío por su nacimiento.

En cambio, Jesús no era meramente de ascendencia judaica en el sentido normal de la palabra, pues aunque nació de María según la carne, siendo Hijo de David (Rom. 1:3; 2 Tim. 2:8), el misterio de la Encarnación le sitúa en un plano infinitamente más sublime que el del israelita que encierra las más elevadas posibilidades del pueblo terrenal, siendo su "recapitulación". En su nacimiento faltaba la dinámica del varón, que presta su energía normativa al pueblo, al estado y a la nación (Mat. 1:21). Por tanto, nació en el pueblo judío, pero sin limitarse a ser "judío" en el sentido corriente de la palabra. Siendo "Dios manifestado en carne" (1 Tim. 3:16), Jesús es suprarracial y supranacional, ajeno a todos los pecadores por su naturaleza, pero a la vez Redentor del mundo, Salvador y Señor de todas las razas. Por ende, su nacimiento de una virgen se relaciona no sólo con su santidad —siendo ajeno a todo pecado racial—, sino también con su obra salvadora, ya que se halla libre de limitaciones raciales. He aquí las presuposiciones esenciales que garantizan su Persona y hacen posible su Obra, constituyendo el centro y la circunferencia del cumplimiento de las promesas en la Persona del Santo de Israel y del Salvador del mundo.

Nota del trad. Evidentemente el maravilloso hecho de la Encarnación hace que el Señor Jesucristo, el Dios-Hombre, se destaque por encima de todo israelita u hombre de descendencia natural, pero no parece ser que las Escrituras señalen en parte alguna que la falta del elemento de la generación por el varón resulte en una menor dosis de judaísmo o en una mayor universalidad de la humanidad del Señor. *Genéticamente,* todas las características de la raza, tanto masculinas como femeninas, pueden ser transmitidas por la madre. *Bíblicamente* hemos de notar que el título que el Señor más emplea para designarse a sí mismo es el *"Hijo del Hombre",* que parece corresponder al importante término paulino, el *"Postrer Adam".* Cuando el Creador de la humanidad se encarnó pudo recoger en sí mismo la esencia de lo que él mismo había dado, dejando aparte todos los resultados funestos de la Caída. El hijo de David era también el hijo de Adán, y éste de Dios, por la mano creadora del Hijo eterno (Luc. 3:38). Tales consideraciones bastan para enfatizar la universalidad de los contactos y de la Obra del Redentor, verdadero Representante de la raza, y Cabeza de la raza entera redimida. La plena Deidad del Señor debe colocarse en otro capítulo, pues, al parecer, las Escrituras enfatizan a la vez la perfección de su humanidad y la plenitud de su Deidad, uniéndose las dos naturalezas cabales en la gloriosa Persona, eternamente indivisible, del Dios-Hombre (Rom. 1:3 y 4). Fin de la nota.

LAS APTITUDES DE ISRAEL PARA EL CUMPLIMIENTO DE SU MISIÓN

No ha habido jamás pueblo alguno dotado del genio de los judíos para mantenerse separados de otros y a la vez extenderse tanto, de salvaguardar su nacionalidad y al mismo tiempo tener intereses universales. El judío conserva tenazmente su individualidad, recluyéndose y bastándose a sí mismo aun en medio de otros pueblos; sin embargo, echa raíces en cualquier parte, acomodándose a todas las circunstancias. Se establecen por doquier, consigue lugar para sí en todas partes, pero sin perder por ello su carácter peculiar.

LA TIERRA DE ISRAEL CONSTITUYE UN PUENTE ENTRE DOS MUNDOS

No sólo el pueblo, sino también su tierra se adapta a su misión de reconciliar puntos opuestos, de la separación del mundo y de asociación con el mundo. Palestina es una tierra recogida y apartada, como una isla, o, cambiando el símil, como un huerto rodeado de montañas, desiertos y agua (Isa. 5: 1 y 2). La costa mediterránea carece de puerto natural; tampoco desemboca en ella río alguno que ofrezca paso al interior; el mar, por tanto, lejos de unir el pueblo con otros, como es normal, sirve de barrera. Alrededor se hallan vecinos hostiles y la tierra se encuentra distante de los grandes centros de civilización mundial.

Sin embargo, Palestina es el "centro de la tierra" (Ez. 38: 12), el puente que unía los imperios de la antigüedad oriental, lugar de encuentro de las grandes agrupaciones de pueblos de la historia antigua: la occidental y la oriental. De este núcleo parten caminos para las principales tierras gentílicas, lo que facilita la comunicación de todas ellas. No nos ha de extrañar, pues, que los imperios de Mesopotamia (ora Asiria ora Babilonia) luchasen con el imperio egipcio una y otra vez con el fin de posesionarse del "puente" que era Palestina. Antes de la conquista de la tierra por los israelitas bajo el mando de Josué, varios pueblos se habían posesionado de la tierra de Palestina, o la habían controlado:

Antes del año 2100 a. C. ... Los aborígenes precanaanitas.

Antes del año 2000 a. C. ... Los canaanitas camitas (Gén. 10: 15-20).

Cerca del año 2000 a. C. ... Los elamitas (como conquistadores, Gén. 14: 1-4).

Cerca del año 1900 a. C. ... Los babilonios de los tiempos de Hamurabi.

Cerca del año 1500 a. C. ... Los egipcios del período de Moisés. y de las cartas de Amarna.

Los libros históricos bíblicos de Jueces en adelante, proveen abundancia de evidencia del paso de naciones e imperios por el pasillo de Palestina, a veces con el fin de aprovechar las comunicaciones, a veces con fines de conquistar y reducir tan importante área. El fluir y refluir de ejércitos sigue durante el período intertestamentario, siendo Palestina la palestra de las luchas entre los reyes sirios de la dinastía seléucida ("el rey del norte" de Dan. cap. 11) y los monarcas egipcios de la dinastía ptolemaica (el "rey del sur" de la misma porción).

Lo que más importa para nuestra discusión es que tal situación céntrica favorecía mucho la extensión del Evangelio a todo el mundo en la época posterior al Día de Pentecostés. "¡Esta es Jerusalén! —dice Jehová el Señor—. En medio de los paganos la puse yo, y alrededor de ella se hallan los demás países" (Ez. 5:5). Vemos, pues, que la tierra se adaptaba maravillosamente a la misión que habían recibido sus habitantes, notándose que el recogimiento de los judíos en las montañas de su país no impedía que la tierra (se piensa sobre todo en la costa y el Valle del Jordán) sirviese geográficamente como pasillo para las naciones, y centro desde donde los judíos podían extenderse universalmente, según el propósito divino para el desarrollo de su historia. Israel es el separado de los pueblos con el fin de cumplir su misión frente a todos ellos.

Nombres importantes del
pueblo

Los hebreos. El nombre "hebreo" se deriva de "Heber", que quiere decir o "lo opuesto" o "lo que se halla de la otra parte", con referencia a una emigración por los antecesores de Abraham (desconocida para nosotros) desde más allá del Jordán (Gén. 10:21 y 24; 11:14 y 15). Por el hecho de que Heber, de la séptima generación antes de Abraham, fue antecesor de importantes familias de semitas (por ejemplo, Ofir y Havila, Gén. 10:25-30), el término "hebreos" llegó a aplicarse en primer término a las familias semitas pre-abráhamicas (Gén. 14:13; 39:14 y 17; 43:22). En la profecía de Balaam (Núm. 24:24). Heber se nombra en paralelismo con Asur. (Las cartas de Amarna hablan de considerables concentraciones de 'habiru' —"hebreos"— que actuaban en

Palestina antes de la conquista de Josué, pero por los datos que anteceden se ve que no se deben confundir con los israelitas que Dios sacó de Egipto. *Trad.*). Sólo en tiempos posteriores se limitaba el término de "hebreos" al pueblo del pacto, como a una unidad política y étnica, en contraste con otros pueblos, aun cuando hubiera lejano parentesco de sangre con algunos de ellos (Éx. 5:3; 1 Sam. 4:6; 13:19; Jon. 1:9).

Los judíos. La designación de "judíos" viene de Judá, el nombre del cuarto hijo de Jacob (Gén. 29:35; "Judá" = "alabanza"). Primeramente se limitaba a la sola tribu de Judá. Después de la división del reino davídico (c. 950 a. C.) llegó a abarcar todo el reino del Sur, compuesto mayormente de las tribus de Judá y Benjamín, pero con muchas y variadas accesiones posteriores (2 Rey. 16:6; Jer. 32:12). Después del retorno de la cautiverio babilónico (538 a. C.) se hizo extensivo el nombre de "judíos" a la nación entera en existencia, aplicándose aun a las doce tribus (Mat. 27:29 y 37).

Los israelitas. Este término se deriva del nombre que Dios concedió a Jacob, después de la lucha de Peniel, y equivale a "luchador con Dios" (Gén. 32:28). El nombre teocrático del patriarca llega a ser la más honrosa designación de sus descendientes.

4

La caída y las divagaciones del pueblo de Israel

Israel es el pueblo del pacto divino, apartado con el fin de extender el mensaje de la salvación entre todos los pueblos de la tierra (Amós 3:2; Sal. 147:19 y 20). Las providencias de Dios obran en la historia de Israel para el cumplimiento de esta doble misión.

EL ENTRENAMIENTO DE ISRAEL

La disciplina de la separación (1900-586 a. C.)

"Vete de tu tierra y del lugar de tu nacimiento y de la casa de tu padre", fue el mandato de Dios a Abraham que inició la historia del pueblo separado. Su historia, pues, empieza con una medida de separación, reforzada a través de los siglos por las providencias de Dios, pues tenía que recluirse con el fin de definir su carácter como pueblo peculiar.

Los cuatro elementos que más coadyuvaban para la consecución de la educación del pueblo separado eran los siguientes: el "cerco" de la Ley (Efe. 2:14; Sal. 17:19 y 20), el desarrollo del judaísmo de Palestina, el Antiguo Testamento hebreo y el Templo en Jerusalén.

Después de 1.500 años se produjo un cambio, constituyendo el momento eje el cautiverio babilónico (606-536 a. C.). Desde entonces las providencias de Dios han ordenado el esparcimiento de Israel entre las naciones (606 a. C. en adelante).

El entrenamiento divino para un servicio universal

Desde la época del cautiverio babilónico otros factores determinan la vida y el testimonio de Israel.

Además del judaísmo palestino hemos de tomar en cuenta el de la Diáspora (la Dispersión, Sant. 1:1; Hech. 2:5-11).

Además del culto centralizado del Templo se desarrollan los servicios de las sinagogas, centros de la enseñanza de la Ley y de los Profetas, que se organizan en todas las ciudades donde se hallan colonias de judíos.

Además del Antiguo Testamento hebreo, se lee ahora la traducción griega, la Alejandrina (o Septuaginta, LXX), que abrió los tesoros de la Ley, de los Profetas y de los poéticos salmos de David no sólo a los judíos de la dispersión, sino también a los gentiles.

Como potencias centralizadoras quedaron (hasta 70 d. C.) el judaísmo palestino, el Templo y el Antiguo Testamento hebreo, siendo el Templo centro de gravedad para todos los judíos, incluso para las innumerables comunidades de la Diáspora. En cambio, la Versión alejandrina, leída en las sinagogas de la inmensa Dispersión, ejercía una creciente influencia expansiva. Por tales medios Israel llegó a ser mensajero de Dios, el misionero que declaraba la justicia y la gracia del A. T. en medio del mundo pagano. Con todo, eran las providencias de Dios que velaban por el cumplimiento de su plan a través de Israel y a pesar de la actitud del pueblo.

El fallo de Israel

Período 1500-586. Desde la promulgación de la Ley hasta el cautiverio babilónico el pecado dominante y reiterado de Israel fue la idolatría (Éx. cap. 32; Jue. 2:17; 10:6; 2 Rey. 16:3 y 4; Ez. cap. 8, etc.). Durante este período, a través del cual Dios quiso entrenar a su pueblo para el apartamiento y la separación de los demás pueblos del mundo, la mayoría infiel de la nación insistía en mantener con ellos un intercambio y una comunión basados precisamente en las prácticas idolátricas, que implicaban a menudo las alianzas políticas (Isa. cap. 39; Os. 7:11). Al apartamiento decretado por Dios los israelitas opusieron su afán por el intercambio, anulando la fuerza centrípeta de la separación por la centrífuga de las asociaciones gentiles, traicionando el santo amor de Jehová por sus fornicaciones espirituales (Ez. caps. 16 y 23; Os. caps. 1-3; Isa. 1:21). Por lo tanto, después de siglos de paciencia, Dios tuvo que pronunciar esta sentencia sobre Jerusalén la infiel: "Esta ciudad ha sido para mí objeto de mi ira y de mi indignación desde el día que fue edificada hasta el día de hoy; por lo tanto yo la quitaré de mi vista" (Jer. 32:31).

El instrumento de juicio fue Nabucodonosor, rey de Babilonia, quien destruyó la ciudad de Jerusalén y el reino de Judá, llevando sus habitantes al cautiverio (586 a. C.). Pero en seguida se produjo un milagro, pues en Babilonia (como área geográfica) Israel fue curado del mal de Babilonia (como sistema idolátrico). Es decir, la "madre de rameras y de las abominaciones de la tierra" (Apoc. 17:5) fue el medio inconsciente de curar la nación judaica de la idolatría babilónica, revistiendo el resto fiel que había de volver a su tierra de una nueva visión para una renovada tarea (538 a. C.).

El período 538 en adelante. Desde el momento señalado, las providencias de Dios preparaban a Israel para su misión universal entre las naciones, pero nos hallamos en seguida frente a otra paradoja: el pueblo así preparado se separaba de los demás bajo la bandera de un orgullo religioso que despreciaba a los gentiles como perros inmundos. Fueron los fariseos en especial los que guiaron a los judíos por las sendas de esta separación carnal que enfatizaba el privilegio de la posición de Israel, con olvido de las responsabilidades universales de su testimonio. "Fariseo" se deriva de la voz hebrea "parash", "separado" o "recluido", y según el espíritu que se desprende de esta designación, la secta llevaba a cabo su labor de proselitismo (Mat. 23:15).

Cuando Dios quiso inculcar la separación del "vaso" que había de contener y transmitir la verdad divina, Israel buscaba una asociación idolátrica con las naciones, pero cuando había llegado el momento para extender universalmente el mensaje del A. T., insistían en cultivar un nacionalismo legalista y orgulloso, justificando los términos de "duros de cerviz e incircuncisos de cora-

zón" que se aplicaban al pueblo "errante de corazón" (Hech. 7:51;
Sal. 95:10).

Pero Israel llegó a la culminación de su pecado y de su rebeldía al rechazar a su Mesías. Este crimen, resumen de todos los
demás pecados nacionales, ofrece tres aspectos: el rechazamiento
del mensaje del Reino de los Cielos (Mat. 23:37); el deicidio del
Monte Gólgota (Hech. 7:52); la repulsa obstinada frente al testimonio de la Resurrección (Hech. 4:2, 3 y 21; 7:51 y 58; 13:46;
28:25-28). Desde entonces Israel ha estado bajo los juicios de
Dios.

Los judíos padecen las perennes inquietudes que surgen de la
falta de armonía entre los dos polos opuestos de su existencia racial, y que suelen alternar según las circunstancias: el deseo con-
fesado de acomodarse a la vida de las naciones entre las cuales se
halla diseminados y el decidido énfasis sobre la peculiaridad de la
raza que hay que mantener a toda costa.

EL CURSO DESCENDENTE DE ISRAEL

La degeneración de Israel se produjo en tres etapas principales.

La teocracia o el gobierno directo de Dios.

Dios gobernaba a su pueblo directamente desde los días de Moisés
hasta los tiempos de Samuel (1.500 a 1.100 a. C.). La vida nacional de Israel fue organizada por medio de Moisés al pie del monte
Sinaí, teniendo los israelitas por Rey a Jehová mismo: "Vosotros
me seréis un reino de sacerdotes y una nación santa" (Éx. 19:5
y 6; 15:18). "La Ley nos encargó Moisés, herencia es de la congregación de Jacob. Él (Dios) era Rey en Jesurún" (Deut. 33:4 y
5, comp. 32:15). Moisés, Josué y los catorce jueces (incluyendo a
Samuel) no eran sino delegados temporales para el cumplimiento
de cometidos individuales de más o menos duración. En algún caso
un juez volvía a su vida privada después de cumplir su misión
(Jue. 8:29-32). Gedeón rechazó explícitamente un reino terrenal
(Jue. 8:23) y aunque su hijo Abimelec quiso establecerse como rey,

contrariamente a lo ordenado por Dios, su intento fracasó miserablemente (Jue. cap. 9).

Los instrumentos en las manos del Rey celestial durante la teocracia en Israel eran profetas (Deut. 18:15), sacerdotes (Deut. 33:8-11) y los caudillos llamados "jueces", "salvadores", etc., cuya misión y autoridad no descansaba en lo más mínimo sobre títulos externos o derechos hereditarios, sino sólo sobre el llamamiento explícito de Dios (Jue. 3:39; 11:1; 2:16; 3:15). No existía en la época de los jueces ningún gobierno central permanente, pero sí un *altar*, ya que la unidad del pueblo dependía de su ascendencia y de su fe. Por lo tanto, el Tabernáculo erigido en Silo constituía el único símbolo externo de la unidad del pueblo de Israel (Jos. 18:1 y 10; 19:51; 1 Sam. 1:3; 4-3).

La constitución de la teocracia llegó a la ruina precisamente porque era demasiado perfecta para un pueblo pecador. Sólo podía rendir sus hermosos frutos si el pueblo hubiese estado enteramente entregado a la voluntad de su Dios. Como no fue así surgio el desorden que se caracterizaba como el de la época cuando "no había rey en Israel", lo que produjo el deseo de que la nación fuese regida por un monarca visible (Jue. 18:1; 19:1; 21:25; 1 Sam, cap. 8).

EL REINO, O EL GOBIERNO INDI-
RECTO DE DIOS

El período de los reyes en Israel arranca del reinado de Saúl y llega al de Zedequías (1000-586). Hubo tristeza cuando Dios accedió a la petición del pueblo, permitiendo el establecimiento de un rey terrenal, puesto que, desde el punto de vista del *Reino de Dios*, un trono material significó un paso retrógrado, y aun el rechazamiento de Jehová (1 Sam. 8:7). Sin embargo, Dios no había cedido sus derechos reales sobre su pueblo, siendo alabado siglos más tarde por los profetas y salmistas como el verdadero Rey de Israel: "Porque Jehová es nuestro Juez; Jehová es nuestro Legislador; Jehová es nuestro Rey" (Isa. 33:22 con Isa. 6:5; 43:15; Jer. 10:10; Sal. 2:6).

Según estos postulados fundamentales se define la posición especial del "rey" en Israel. Jehová es el verdadero Rey, de modo que los monarcas humanos no pasan de ser *virreyes,* dinastías de gobernadores hereditarios con el título de rey. Por ende no fueron escogidos por el pueblo según fórmulas democráticas, ya que su designación dependía de Dios, quien la anunció por boca de los profetas (Deut. 17:15; 1 Sam. 10:1; 16:1). El pueblo podía reconocer al rey que Dios había designado, instalándole en su trono, pero el monarca no era sino el "príncipe sobre la heredad de Jehová", gobernando enteramente por la gracia de Dios (1 Sam. 11:15 con 10:1; 2 Sam. 2:4; 5:1 y 5). Más aún, en Israel la función espiritual de los profetas se acercaba más al Trono del Rey celestial que no la del gobernador, de modo que los profetas tomaban precedencia sobre los reyes, sirviéndoles de consejeros de conciencia, de ojos, de oidos, de guardianes y de sobreveedores.

La degeneración de Israel bajo el gobierno indirecto de Dios se produce en tres etapas:

El reino unido de Israel bajo el gobierno de Saúl, David y de Salomón (1050-950). Esta época señala el apogeo del testimonio de Israel en su tierra.

El reino dividido de Israel y de Judá (950-722 a. C.). Buenos reyes de la dinastía de David mantenían el testimonio en Jerusalén, pero otros muchos fallaron miserablemente, no habiendo ningún rey totalmente "bueno" (= obediente a Jehová) en el reino norteño. La degeneración se acentuaba siempre más hasta el cautiverio del reino del norte por Asiria (722 a. C.).

El reino de Judá (Judá, Benjamín y otras adhesiones) se mantiene con dificultad hasta el año 586 a. C., fecha de la destrucción de Jerusalén por Nabucodonosor. Con el rey Zedequías, el reino visible de la dinastía de David desaparece.

El reino en suspenso. Dios no abandona a su pueblo y desde 586 a. C. hasta el establecimiento del Reino bajo el Rey Mesías, existe un pueblo, bajo el gobierno providencial de Dios, cuyas circunstancias históricas varían mucho. Con Nabucodonosor empezaron "los tiempos de los gentiles" (Luc. 21:24) y, en general, Israel ha estado sujeto a las naciones del mundo desde entonces. Durante el período de 168 a 141 a. C. los macabeos (asmoneos) consiguieron un breve momento de independencia para Israel, pero la Tierra pasaba de los babilonios a los persas, de éstos a los griegos, posteriormente o a los seléucidas de Siria o a los ptolomeos de

Egipto, como si fuera una pelota en las manos de unos jugadores. Finalmente, los romanos llegaron a ser los señores de Palestina, aunque a veces permitían a monarcas de la dinastía herodiana ejercer una autoridad limitada, subordinada a la del imperio.

Israel fuera de la tierra.   Por fin el general Tito (después emperador) destruyó la ciudad de Jerusalén en el año 70 d. C. lo que señaló el trágico fin de una sublevación de los judíos que hicieron un intento desesperado por conseguir su independencia (67 a 70 d. C.). A pesar de las matanzas en masa y el destierro de una gran parte de la nación, el falso Mesías, Bar Cocba, pudo volver a levantar la bandera de la rebelión durante los años 132-135 d. C., pero su fracaso determinó el alejamiento de Israel de su tierra según los juicios de Dios y las reiteradas profecías del A. T. Desde entonces el pueblo ha tenido que vagar entre las naciones, despreciado como elemento extraño y peligroso. Según la profecía de Jeremías, habían de ser "un vituperio y un proverbio, un ludibrio y una execración en todos los lugares donde fuesen arrojados" (Jer. 24:9 comp. 25:18; 26:6; 29:18; 42:18), lo que confirmó la detallada predicción anterior del mismo Moisés: "Entre aquellas naciones no tendrás reposo, ni habrá descanso para la planta de tu pie; pues allí te dará Jehova corazón tembloroso y desfallecimiento de ojos y languidez de espíritu... por la mañana dirás: ¡Ojalá fuera la tarde! y por la tarde dirás: ¡Ojala fuera la mañana! por el susto de tu corazón y a causa de lo que con tus mismos ojos verás" (Deut. 28:65 y 67).

Jehová mismo, por boca de sus profetas, aun en los tiempos de la dispensación anterior, anunció los severos juicios que constan en la historia: "Con golpe de enemigo yo te he herido, con el castigo de adversario cruel, a causa de la grandeza de tu iniquidad y por haberse aumentado tus pecados" (Jer. 30:14). Jeremías lamenta en Lam. 2:1-5: "Tragó el Señor, sin tener piedad, a todas las moradas de Jacob... entesó su arco como enemigo... mató cuanto era grato a la vista" (Comp. Isa. 63:10). Vemos a Israel, como objeto de la ira de Dios en juicio, llevando "afrenta" y "baldón eterno", espantoso ejemplo de juicio para todos los pueblos de la tierra (Jer. 23:39 y 40; 24:9).

Con todo "Dios no se arrepiente de sus dones ni de su llamamiento", y los "enemigos" del Evangelio de hoy son "amados" por causa de los padres (Rom. 11:28 y 29). La raíz del árbol del Reino no deja de ser santa (Rom. 11:16) y por amor a Abraham, "amigo de Dios", Jehová mantiene sus promesas aun en medio del juicio (Isa. 41:8; Deut. 7:8). Todo ello se determinó desde el principio, ya que en Lev. 26:44 y 45 leemos: "Mas ni aun por todo esto, estando ellos en la tierra de sus enemigos, los habré desechado ni los habré detestado de manera que les destruyera, anulando mi pacto con ellos: por cuanto soy Jehová su Dios."

LA PRESERVACION DE ISRAEL

Durante tres grandes épocas de tribulación Israel experimentó la protección de Dios, y la recibirá aun en la aflicción mayor del porvenir.

La aflicción en Egipto (c. 1500 a. C.)

Por Heb. 11:26 aprendemos que los sufrimientos de Israel se asociaban con la promesa del Mesías, ya que Moisés escogió "el vituperio del Cristo". Inconscientemente el faraón del día era instrumento en la batalla que libra la "serpiente" en contra de la "simiente de la mujer" (Gén. 3:15), ya que el exterminio de Israel habría extinguido la esperanza de la Simiente victoriosa, que, según la promesa, había de ser hijo de Abraham (Gén. 12:1-3; Juan 4:22; Gál. 3:16). En los principios del desarrollo de Israel discernimos el factor del Reino, que entra en la historia tanto del pueblo escogido como en la de los estados del mundo. Podemos pensar que Moisés vislumbraba alguna parte de este fondo suprahistórico de los acontecimientos presentes y futuros (Heb. 11:26; Deut. 18:15; 34:10).

Faraón propuso el exterminio del pueblo, pero, con brazo extendido, Dios sacó a Israel del horno de aflicción (Deut. 4:20; Éx. 6:6; Ez. 20:5).

La aflicción asirio-babilónico (desde 722 hasta 536 a. C.)

Esta aflicción tuvo sus raíces en el pecado vergonzoso de Israel (2 Rey. 17:7), motivando el cautiverio el adulterio idolátrico de los israelitas, quienes cargaban sus conciencias con toda suerte de abominación (Os. caps. 1 a 3; Ez. 8:13 con caps. 16 y 23). Habían llenado la tierra de violencia de tal forma que "no servían para nada" (Ez. 8:17; Jer. 13:7). El cautiverio duró exactamente setenta años como compensación en la tierra para los años sabáticos que no se habían guardado durante los siglos anteriores (2 Crón. 36:21; con Lev. 26:34 y 35). Pero Dios obró a favor de su pueblo, levantando a Ezequiel como profeta que volviera el corazón de un resto fiel a la Palabra aun en Babilonia, y con él a Daniel. Tras los profetas vino el guerrero Ciro, fundador del imperio persa y libertador del pueblo de Israel (Isa. 45:1-7; Es. 1:1-4).

La aflicción bajo el imperio romano

Las últimas y más severas fases de esta aflicción se debieron al pecado máximo de Israel: al rechazamiento de su Mesías, y por eso es la aflicción más dura y permanente (Deut. 28:49-68). Si tomamos en cuenta que el último de los cuatro imperios de Daniel persiste bajo diversas formas hasta el final del siglo, comprenderemos que el destierro que empezó en el año 70 dura aún (Dan. caps. 2 y 7). La turba rebelde de Jerusalén dio expresión a su propio juicio, que se destaca en letra de fuego a través de los siglos, al exclamar: "Su sangre sea sobre nosotros y sobre nuestros hijos" (Mat. 27:25).

¿Cuál puede ser la contestación de un israelita hoy en día si se le hace ver esta consideración? "Jehová no impuso más que setenta años de destierro sobre Israel después de todas las abominaciones que señalan los libros históricos y proféticos, y que habían manchado terriblemente la tierra. Sin embargo, tras los acontecimientos del primer siglo de esta era, Israel ha sido dispersado entre todos los pueblos por casi diecinueve siglos, padeciendo innumera-

bles y gravísimas aflicciones… ¿Cuál será el pecado que determinó
un castigo inmensamente mayor que el primero?" Nosotros percibimos que es el pecado de haber dado muerte a su Mesías, que es
la raíz del dolor de Israel; el odio que halló expresión en la Cruz
ha convertido la raza de Israel en un aguijón que atormenta el
mundo, hallándose el pueblo bajo la maldición de "la huída de la
Cruz". De ahí surge la intranquilidad y la falta de paz que carac-
terizan al judío típico, ya que nunca puede quitar de su conciencia
la imagen de Jesucristo. Al huir de la Cruz —lugar de su crimen
que podría ser la fuente de su salvación— vaga sin hogar por los
parajes del mundo, encabezando a menudo diversas formas de rebelión contra Dios.

Pero el enigma mayor de la historia consiste en *la conservación de los judíos* a pesar del furor del antisemitismo que ha
amenazado la raza con exterminio una y otra vez, culminando los
ataques en la matanza de millones de israelitas bajo el régimen
de Hitler. Las leyes que gobiernan la existencia de otros pueblos
hallan una explicación parcial en la filosofía de la historia, pero
la permanencia de Israel —con la persistencia de sus rasgos característicos— desafía toda explicación natural. A pesar de todo Israel
es el pueblo de Jehová, escondiendo la cáscara de su incredulidad
el verdadero valor espiritual que nunca falta. Jehová, "Dios que
se esconde", mantiene sus escondidos propósitos en cuanto a los
judíos bajo sus juicios (Isa. 45: 15).

Israel vuelve a su tierra en
incredulidad (nota del trad.)

Es inevitable que el lector pregunte sobre la relación del comentario anterior con el Estado israelí que existe actualmente en
Palestina. Nos hallamos ante un hecho nuevo, que se contrasta con
la historia de Israel desde el año 70 en adelante, ya que el movimiento sionista, reforzado por los acontecimientos de dos guerras
mundiales y llevado a la desesperación por la persecución hitleriana,
logró introducir un número creciente de judíos en Palestina, a pesar
de la oposición de los árabes y las vacilaciones de la política de
naciones como Estados Unidos, la Gran Bretaña, Francia, etc. Dentro de su tierra ancestral, el judío pierde el miedo milenario de

una minoría perseguida y ha peleado con denuedo y éxito tanto contra las restricciones del mandato británico como contra el círculo de naciones enemigas árabes, con el resultado de que la ONU adoptó en noviembre del año 1947 el principio de la "partición de Palestina", lo que condujo a la declaración de independencia del 14 de mayo de 1948. Si notables han sido las victorias de los israelíes contra sus enemigos, más notable aún ha sido su éxito en la reñida batalla contra la esterilidad de una tierra descuidada y mal gobernada por tantos siglos, puesto que, en muchos lugares, la aplicación de métodos científicos ha convertido desiertos y pantanos en vergeles florecientes, mientras que la inteligencia de los israelíes levanta ingentes industrias que refuerzan cada vez más al país, a pesar de los severos límites de la partición. Los árabes, bajo el liderato de Nasser (o de quien le sustituya), no aceptarán el "hecho" de Israel y una nueva guerra es inevitable. Es notable que los judíos han podido levantar una nueva ciudad de Jerusalén, pero no les cupo en suerte posesionarse de Sión, donde se levanta aún la mezquita de Omar como símbolo del reto perpetuo de los árabes, los musulmanes, los hijos de Ismael, y señal de que duran aún "los tiempos de los gentiles". Este retorno de los judíos no ha de confundirse con el que se profetiza en los pasajes que cita Erich Sauer en el apartado siguiente, ya que el actual se trata de un movimiento nacionalista de judíos incrédulos en cuanto a su Mesías, siendo muchos de ellos indiferentes también frente al judaísmo religioso. Con todo, el retorno en incredulidad que estamos presenciando prepara el escenario geográfico e histórico para el cumplimiento de las predicciones bíblicas en cuanto al futuro dolor y bendición de Israel. Podemos estar seguros que el movimiento no se pondrá "en revés", bien que muchos desastres esperan a los judíos antes de que aclamen a su Mesías y ocupen su territorio según los términos de tantas profecías. (Fin de la nota del trad.)

LA ESPERANZA DE ISRAEL

Según el testimonio de los profetas (Isa. cap. 53; Luc. 24:26 y 27), el título mesiánico de Jesús fue sellado precisamente por su sufrimiento y rechazamiento. Es evidente, pues, que la relación de

Israel con este Mesías no puede ser anulada por el rechazamiento que fue ya previsto. Antes bien, el Señor ha de cumplir todas las promesas dadas a Abraham y a David, manifestando a "Jacob" como "Israel" y convirtiendo el "zarzal" de la nación externa en la "higuera" fructífera de la renovada y bendecida (Éx. 3:2; Os. 9:10; Isa. 55:13). Si hasta ahora la presencia de Israel ha sido más bien una maldición entre las naciones, en la consumación de los propósitos de Dios ha de ser medio de abundantes bendiciones (Zac. 8:13), según el principio de Rom. 5:20: "donde el pecado abundó, sobreabundó la gracia". En el curso de la historia todas las razas han colaborado en la ejecución de los juicios de Dios sobre Israel: los camitas en Egipto, los semitas en Asia y Babilonia, los jafetitas desde los tiempos de los griegos y romanos. Pero en la consumación, al inaugurarse el Reino de gloria en la Tierra, todas las naciones, de todas las razas, serán bendecidas juntamente con Israel y por medio de Israel (Isa. 2:2-4; 19:24 y 25, etc.). "¡Oh profundidad de las riquezas y de la sabiduría y de la ciencia de Dios! ¡Cuán inescrutables son sus juicios e inexplorables sus caminos!... A él sea la gloria por los siglos de los siglos. Amén" (Rom. 11:33-36).

5

El significado de la ley

"Entonces, ¿para qué la ley?" (Gálatas 3:19)

ES EL AYO PARA LLEVARNOS A CRISTO

¿Por qué no fue manifestado Cristo durante la vida de Abraham, a principios del segundo milenio antes del Nacimiento? ¿No nos enseña claramente el N. T. que la salvación se recibe por la sola fe? ¿No vemos una manifestación hermosa de una fe bien desarrollada en el caso de Abraham (Rom. cap. 4), además de un conocimiento profundo de Dios, y conceptos claros sobre la gracia, la justificación, el sacrificio, la resurrección, el Mesías y la ciudad celestial? En vista de todo ello, ¿no parece superfluo el período de la Ley, que duró por quince siglos, como si fuera una demora innecesaria y aun un paso retrógrado?

En la experiencia de Abraham percibimos una vida interior de fe que se coloca directamente en Dios. Bajo la Ley notamos formas externas que hablan de meditación. En el caso primero resalta la tranquilidad de la suma sencillez, mientras que en el segundo caso nos perdemos en la complejidad de preceptos y figuras. Para Abraham había una potente Palabra y la garantía de una promesa segura, pero para los israelitas, sujetos a la Ley, hubo exigencias y el predominio del simbolismc.

Es preciso notar que lo sencillo es más noble que lo complicado, que la palabra directa es más potente que la simbólica, que la promesa encierra más fuerza creadora que el mandato y que lo interior es superior a lo exterior.

La promulgación de la Ley se realizó en circunstancias de máxima solemnidad, brillando los relámpagos, resonando los truenos, temblando el macizo monte y oyéndose la vibrante nota de la trompeta celestial (Éx. 19:16-19; Heb. 12:18 y 19). Pero tan solemne inauguración dio comienzo a un período que duró un milenio y medio cuando la humanidad había de andar desfallecida en la sombra de la muerte antes de llegar a la manifestación del Redentor (Isa. 9:1 y 2; 60:1-3; Luc. 1:78 y 79). Razones de peso han de determinar este misterio de las providencias divinas, y nos toca considerarlas con la máxima atención.

Según las Escrituras, el significado primario de la promulgación de la Ley se halla en la necesidad de revelar el pecado del hombre caído con el fin de acentuar la expectación de la manifestación del Redentor: pensamiento que resume Pablo en las palabras de Gál. 3:19 y 24: "Fue añadida a causa de las transgresiones (es decir, para que el pecado se viera como transgresión) hasta que viniese la Simiente a quien fue hecha la promesa... de manera que la Ley ha sido nuestro ayo para llevarnos a Cristo..." (Véanse también Rom. 3:20; 7:7 y ss.) Los fatigados peregrinos, oprimidos por la sentencia de la Ley, habían de ser llevados a Cristo como el Salvador de los pecadores. Podemos "situar" la Ley en el tiempo y el espacio por notar las relaciones siguientes:

Frente al pasado	fue una adición
Pensando en el porvenir	fue un paréntesis
En cuanto al presente	es una instrucción en justicia
En la experiencia de Israel ...	fue un cerco que lo separaba de lo externo; una restricción impuesta desde arriba; una barrera que sujetaba lo de abajo; un espejo que reflejaba lo interno.

LA LEY COMO UNA ADICIÓN

En manera alguna hemos de suponer que la Ley anuló el pacto con Abraham o que usurpó su lugar. Más bien se colocó *al lado* del pacto inquebrantable de gracia, según el sentido exacto de Gál. 3:19 y Rom. 5:2. Pablo recalca que un régimen impuesto 430 años más tarde que el pacto otorgado a Abraham, no podía en manera alguna anular lo que Dios ya había establecido sobre la sólida base de su promesa. Por tanto, hemos de buscar el significado de la Ley no en lo fundamental, sino en lo secundario, ya que sólo las promesas del pacto abrahámico constituían los cimientos de la historia de Israel. Por ende, Pablo, al demostrar su doctrina de la justificación por la fe, no acudió a Moisés, sino a Abraham (Rom. cap. 4; Gál. 3:9 y 14), siendo notable también que hallamos una larga serie de héroes de la fe en el cap. 11 de Hebreos *después* de la introducción de la Ley, ya que la fe es principio permanente aun en medio de las disciplinas legales.

Sin embargo, fue necesaria esta adición. El pacto abrahámico es glorioso y profundo, pero no dio lugar para subrayar el trágico hecho del pecado. La ausencia de un capítulo que revelara la condición perdida del hombre puede considerarse como una imperfección que había de corregirse, pues el hombre ha de abandonar toda idea de autorredención, no siendo posible que llegue a la cumbre del Gólgota sin una clara y profunda percepción de su estado pecaminoso y de su ruina moral. El capítulo suplementario se provee en la Ley.

Se destacan, pues, dos conceptos opuestos, pero complementarios, por todo el curso de la revelación de la salvación en el período precristiano: el pacto de la promesa y el pacto de la Ley. El primero enfatiza lo positivo y el segundo lo negativo; Abraham se enlaza con la bendición, y Moisés (como legislador) con la maldición (Gál. 3:9, 13 y 14); en Abraham se ilustra la vida, y en Moisés, la muerte (Rom. 4:17-25; 7:9 y 10; Heb. 11:19; 2 Cor. 3:6); el pacto mosaico llega a su culminación en la Crucifixión (Gál. 2:19 y 20; 3:13) y el abrahámico en la Resurrección (Heb. 11:19; Rom. 4:17, 19, 23-25).

Es imposible separar los dos conceptos, porque el pecador necesita la redención y para ello ha de ser regenerado. El nuevo nacimiento presupone una verdadera conversión que se reviste de dos aspectos: el pecador vuelve las espaldas a sí mismo, pronunciando un "NO" rotundo frente a toda tendencia de justificación propia; al mismo tiempo vuelve su rostro a Dios, atreviéndose a añadir un "SI" a todas las promesas de la gracia de Dios. Expresado de otra forma, y en el lenguaje del N. T., la redención depende del *arrepentimiento y de la fe*. Provistos de esta llave podemos abrir las puertas de los misterios del A. T., averiguando su verdadero significado.

Por *el pacto de Abraham* (y por todo cuanto surge de él) Dios reiteraba la palabra FE en los oídos de su pueblo a través de un proceso de instrucción que duró dos mil años.

Por medio de *la Ley de Moisés* Dios repetía la palabra ARREPENTIMIENTO, de modo que el régimen legal fue una escuela que enseñaba la contrición durante quince siglos.

En el Evangelio se unen los dos conceptos, según el primer mensaje que Cristo proclamó en Galilea: "Arrepentíos y creed el Evangelio" (Mar. 1:15). El Nuevo Pacto, sellado con la sangre de Cristo, cumple el sentido negativo del pacto legal para establecer eternamente las bendiciones positivas del pacto de gracia.

LA LEY COMO PARÉNTESIS

Según Gál. 3:19, "la Ley fue añadida... hasta que viniese la Simiente", indicando la cláusula adverbial que la Ley, en su forma mosaica, es una provisión temporal y transitoria, teniendo por objeto la preparación del terreno para la Simiente, en la cual halla su Meta. Por ende, comprendida sobre el plano y dentro del espíritu del Antiguo Testamento, conforme al orden levítico, la Ley desapareció con la llegada del Rey, o por lo menos, cuando su significado se cumplió en el Calvario. He aquí una verdad que sobresale por su gran importancia a través de la historia de la Redención, puesto que llega a su realización (una vez efectuada la Obra de la Cruz) por medio de una fe personal y real que sólo puede producir (gracias a la obra eficaz del Espíritu Santo) una vida de entrega, de santidad y de obediencia: "Porque el fin de la Ley es Cristo, *para justicia*, a todo aquel que cree" (Rom. 10:4; estudiénse también Rom. 8:1-4; Mat. 5:17 y 33; 1 Cor. 9:8-10; 20

y 21; 14:34; Gál. 5:15-24; 6:2 y 3; 14; 1 Tim. 1:8 y ss.;
2 Cor. 3:4-11 con 18).

Comprendemos, pues, por qué Jeremías, situado dentro del orden antiguo, hablase del "nuevo pacto" (Jer. 31:31-34) y por qué David, en su función de profeta, anunciase el sacerdocio eterno del Mesías: "Tú eres sacerdote para siempre según el orden de Melquisedec" (Sal. 110:4 con Hech. 2:29 y 30). Es evidente que David sabía que su "Señor" sería a la vez su "hijo" (Sal. 110:1 con Mat. 22:41-45; 1 Crón. cap. 17), que se identifica, por tanto, con el Retoño de Isa. 11:1. Pero la línea de David pertenecía a *Judá* (1 Crón. 5:2), de modo que hubo ya en el A. T. un testimonio de que, en la Persona del Mesías, el sacerdocio había de ser trasladado de la tribu de Leví a la de Judá, lo que supone, además, un cambio de su naturaleza y función (Heb. 7:11-17). Más aún, por constituir el sacerdocio el fundamento de todo el sistema legal (véase Heb. 7:11 en la Vers. H. A.), formando los preceptos y la llamada "ley ceremonial) una unidad indivisible (Sant. 2:10), "si es cambiado el sacerdocio, viene a haber por necesidad cambio de la Ley también" (Heb. 7:12). Proclaman al unísono tanto David el salmista como Jeremías el profeta, juntamente con el escrito inspirado dirigido a los Hebreos, que la Ley constituye un paréntesis, como se deduce también del sentido general del mismo Antiguo Testamento.

LA LEY COMO INSTRUCCIÓN EN
JUSTICIA

Con referencia al período de su vigencia la Ley es a la vez cerco, freno, norma, barrera y espejo.

El cerco. En su aspecto externo, la Ley constituía un cerco que separaba a Israel de las naciones del mundo (Efe. 2:14 y 15). Recordemos que bajo su forma mosaica y levítica, la Ley no fue entregada a los hombres en general, sino sólo a Israel: "Él ha manifestado su Palabra a Jacob, sus estatutos y sus juicios a Israel; no ha hecho así con ningún otra de las naciones" (Sal. 147:19 y 20). *Según las normas reveladas a Moisés,* el sábado fue señal entre Dios e Israel (Éx. 31:13, 16, 17; Ez. 20:12 y 20), y, *en el sentido de la legislación sinaítica,* "los gentiles no tienen Ley"

(Rom. 2:14). Estas consideraciones refutan cumplidamente todas las enseñanzas que quisieran extender la validez de la Ley a la presente era de gracia, sea bajo la forma de procurar una santificación legal, sea por dar un sentido judaico al sábado, sea por suscitar en la Iglesia aquellas formas del culto que eran propias del régimen levítico, tales como un sacerdocio especial, vestimentas que distinguen a los "sacerdotes", el uso del incienso, etc. La Ley mosaica no fue entregada jamás a las naciones, fuesen paganas o nominalmente "cristianas", sino sólo a Israel.

Sin embargo, el fenómeno histórico de Israel y de su Ley llegan a ser una destacadísima lección gráfica que pueden leer todos los pueblos de todos los siglos (si quieren) al seguir la ruta que les señala su destino (1 Cor. 10:11).

El freno y el espejo. Desde arriba, Dios manifiesta su voluntad a su pueblo, que sirve de brida para mantenerlo en el camino de la buena conducta. Vista desde abajo, la Ley constituye una barrera que *debería* refrenar el desarrollo del pecado (pero véase el resultado que se describe en Rom. 7:7-12 cuando la "escoba" de la Ley agita el pecado). Su función interior es la de un espejo porque "por la Ley es el conocimiento del pecado" (Rom. 3:20; Sant. 1:23 y 25). *He aquí el cometido principal de la Ley.* El pecado ha de verse en contraste con la santidad del Señor, que llega a ser el concepto clave de la Ley. Como el Santo, Jehová es el Ser exaltado, inaccesible, celoso por su honor, perfecto y celestial, que son atributos que se ponen de relieve constantemente en el A. T.

    a) *La edad patriarcal* reveló *la santidad de Dios* en términos de *majestad.*

    b) *La edad mosaica* puso de relieve *la santidad de Dios* en su *inaccesibilidad y singularidad* (de aquí el santo "celo", pues Dios no podía participar su gloria con otro (Éx. 19:12 y 13; 20 y 21; 20:5; Jos. 24:19).

    c) *La época de los profetas* destacó *la santidad de Dios* en su *perfección moral.* Isaías emplea el título "el Santo de Israel" veintinueve veces.

    d) *La época de la restauración* recalcó *la santidad de Dios* como algo que corresponde a *la esfera celestial.* Dios es Dios de los Cielos; véase Dan. 4:35; Neh. 2:20, etc.

e) *La época del Nuevo Testamento* lleva a su culminación esta revelación de *la santidad de Dios,* que ya se ve como *santo amor* (Juan 17:6, 25 y 26; 1 Juan 1:5 con 4:8).

Percibimos, pues, el desarrollo progresivo de la revelación de la santidad de Dios, que determina el descubrimiento de nuevas facetas de la misma durante el transcurso de la historia de la Redención.

La operación interna de la Ley anticipa la Obra que aún había de realizarse en Cristo, pero no por eso deja de despertar al pecador, incitándole a clamar a Dios, pidiendo su salvación, y de esta forma llega a ser aquel "ayo", armado de poderes disciplinarios, que nos dirige a Cristo (Rom. 7:24; Gál. 3:24). En cuanto a la santificación del individuo, la gracia *excluye* la Ley mosaica, pero, no obstante, queda *incluida* en el desarrollo general del plan de la Redención, siendo así un don de Dios nuestro Salvador.

6

El camino de la muerte a través de la ley

"La letra mata" (2 Corintios 3:6)

LA UNIDAD DE LA LEY

La Ley es un organismo dotado de una unidad esencial, de modo que "cuaquiera que haya guardado toda la Ley, mas tropezare en un solo precepto, se ha hecho reo de todos" (Sant. 2: 10 comp. Gál. 3: 10). Por tanto, no podemos admitir la distinción que se hace muy corrientemente entre "la ley moral" y "la ley ceremonial", ya que da la impresión de dos "leyes", cumpliéndose "la ceremonial" por la Obra de Cristo, pero no la moral. Sólo es admisible hablar de "leyes ceremoniales" y "leyes morales" en el número plural, como "preceptos" o "mandamientos" particulares en las esferas indicadas, sin dividir el cuerpo legal en dos partes contrastadas.

Eso no obsta para que la Ley se exprese mediante apartados, como todo otro cuerpo legal, y en este sentido discernimos tres grupos de preceptos, ligados entre sí para formar la totalidad de la Ley mosaica. *a*) preceptos morales; *b*) prescripciones para el culto; *c*) reglamentos para la vida de la sociedad. Los dos primeros apartados se revisten de mayor importancia en relación con la historia de la Redención, sin que deje de tenerla también el tercero por encerrar en sí prefiguraciones, típicas y proféticas, de verdades que habían de revelarse en el Nuevo Pacto. Pensemos, por ejemplo, en los reglamentos para el año de jubileo (Lev. cap. 25 con Luc. 4: 19); para la redención de personas y propiedades por el "pariente cercano" (Lev. 25:25; Libro de Rut); para las ciudades de refugio (Jos. cap. 20).

Por la Ley viene el *conocimiento* (Rom. 3:20: 7:7), no sólo de las demandas de la justicia de Dios, sino, como resultado de ello:

a) *El conocimiento del pecado.* La voz en sí significa "errar el blanco", pero es preciso que el pecado se manifieste también como transgresión y rebeldía.

b) *El autoconocimiento de parte del pecador* de su estado de pecado, de debilidad moral y de perdición.

EL CONOCIMIENTO DEL PECADO

Notemos tres etapas en el conocimiento del pecado que resultan de la obra de la Ley.

1) *"El errar el blanco"* es el sentido original de la palabra "hamartia" que normalmente describe el pecado en el N. T. En los escritos del poeta griego Homero (900 a. C.) se halla la palabra como cien veces en el sentido de fallar el golpe de lanza de un guerrero; en las obras del historiador Tucídides (450 a. C.) significa "errar en el camino". Desde el tiempo de Aristóteles se empleó metafóricamente en la esfera moral y espiritual.

En su sentido, el hombre "peca" sólo contra Dios, por no llegar a la norma de sus demandas, por lo que exclama David: "Contra ti, contra ti sólo he pecado (Sal. 51:4), lo que no anula el mal que se hace al vecino sobre el plano inferior. Pero es imposible al pecador percibir la norma que Dios le coloca delante por cuanto es ciego espiritualmente a causa del mal que debe discernir (Efe. 4:18 y 19), engañándole la conciencia si ésta no se ilumina por medio de la Palabra de Dios (1 Tim. 1:13; 1 Cor. 4:4). Existe, por lo tanto, la necesidad de aclarar el sentido de la Ley por medio de la revelación, adelantándose en el escenario de la historia del mundo el ejemplo de Israel para demostrar sus efectos; así el hombre puede percibir la voluntad divina para su conducta moral. Los fallos de Israel, registrados en la historia sagrada, ponen de evidencia lo que es "hamartia", "el errar el blanco".

2) *La desobediencia, la transgresión y la anarquía.* Pero el

pecado se revela como algo más profundo y maligno que la mera "ignorancia" (Hech. 17:30), o el "error" (Heb. 9:7), o la "derrota" (Rom. 11:12), o la "ofensa" (Efe. 2:1). Gracias a la acción saludable de la Ley llega a reconocerse como desobediencia, transgresión y anarquía ("anomía" = "ausencia de ley" o "indiferencia a la ley"). Véanse Rom. 5:19; Heb. 2:2; 1 Juan 3:4. Para que el pecado se vea tal cual es, la Ley no sólo ha de describir la norma ideal, sino ha de *prescribirla*, exigiendo que el hombre la cumpla, pues sólo así puede realizar su función como LEY.

Por el mandato se agrava el pecado, convirtiéndose en transgresión. Donde no existe linde, nadie puede ser acusado de traspasarla, que es lo que quiere decir Pablo en Rom. 4:15: "Donde no hay ley, tampoco hay transgresión." Desde luego, aun antes de la obra de Moisés, Dios revelaba de vez en cuando, frente a casos específicos, lo que era "mandato" y "trangresión" (Rom. 5:14 y 19; 1 Tim. 2:14), pero desde Moisés ha estado en operación un cuerpo legal sistemático y educativo, sin falta de continuidad a través de los siglos, que ha dado el conocimiento del pecado tanto por sus preceptos (Ez. cap. 20) como por sus símbolos (Heb. 10:3; 9:7).

Esta obra de la Ley no determina la existencia del pecado, sino revela su culpabilidad, destacando el hecho de que puede ser imputado al pecador: "no se imputa pecado no habiendo Ley" (Rom. 5:13). La Ley no "hace" el pecado, pero, habiéndolo, por el hecho de la Caída, convierte el pecado en transgresión. La condenación del mal crece en severidad, ya que el pecador viola el mandato conocido, de modo que "la Ley obra ira" (Rom. 4:15).

3) *Rebeldía*. Por el proceso de la revelación de la Ley, el conflicto entre el bien y el mal se agudiza, quedando desenmascarado el pecado como *rebeldía*. La prohibición de la Ley, lejos de crear en el pecador el deseo de obedecer, provoca los escondidos deseos del "yo", según la observación del Sabio: "Las aguas hurtadas son dulces, y el pan que se come a escondidas es sabroso" (Prov. 9:17). Así se inflama el deseo (Rom. 7:8), el pecado revive y se despierta a nueva vida (Rom. 7:8.b, 9), se transforma en concupiscencia y cumple los hechos que de ella surgen, manifestándose la raíz del "pecado" en multitud de "pecados" (Rom. 7:8 con 5). Por ende la Ley es "la fuerza del pecado" que lo obliga salir de

los recintos secretos del corazón, para evidenciarse en público (1 Cor. 15:56). Podemos pensar en una barra de hierro que ha estado calentándose en la lumbre del forjador. No se ha puesto al rojo aún, pero contiene subidos grados de calor, de modo que, al ser salpicada con agua, ésta chisporrotea como si protestara contra el calor. Las gotas de agua no crean el calor, pero revelan su existencia y lo convierten en algo activo.

Pero el espíritu de rebeldía en contra de la Ley coadyuva, a pesar suyo, en la obra reveladora de la Ley, pues se pone en evidencia, en grado creciente, la naturaleza del pecado que antes parecía "dormido". Por ende, por medio de la Ley, cada embestida del mal coopera en la labor de revelar su esencia, obrando Satanás en este caso en contra de sí mismo.

No es que el pecado proyectaba tal cosa, pues habría preferido utilizar la Ley como "ocasión", o como piedra de tropiezo, que hundiera la humanidad en una perdición creciente (Rom. 7:8 y 9). Bajo tal aspecto, no sólo la debilidad del hombre, sino también el "pecado", tomando ocasión por el mandamiento engaña al hombre y por él le mata (Rom. 7:11). ¿Hemos de pensar —razona Pablo— que lo bueno vino a ser muerte para mí? ¡En ninguna manera! Era fundamentalmente el pecado mismo que obró en mí la muerte por medio de lo que en sí es bueno (Rom. 7:10-13). Así, en esta etapa, el don de Dios, intimado para vida, fue convertido en una arma mortífera; su cetro de justicia y de gobierno llegó a ser puñal y el colirio que había de devolver la vista se trocó en veneno, pues Satanás intenta dar fin a la humanidad por medio de lo que en sí es santo, la Ley de Dios.

Pero en este punto percibimos la operación de las providencias soberanas y victoriosas de Dios, pues por el proceso que Satanás quería aprovechar queda revelada en toda su crudeza la naturaleza del pecado como rebelión contra Dios, como enemistad contra el Altísimo, como un movimiento subversivo en la esfera del espíritu, como aquello que intenta usurpar el Trono del Dios soberano. Dios permite que el proceso siga adelante, pero únicamente con el fin de que se vea al pecado como "sobremanera pecaminoso" (Rom. 7:12 y 13). Según la traducción literal de Rom. 5:20 "la Ley entró de un lado con el fin de que abundase la transgresión." Así el mal intentó servirse de la Ley en su propio provecho (Rom. 7:13), pero en la realidad aconteció todo lo contrario, pues el bien aprovechó el mal para adelantar sus propósitos, revelando cumplidamente el pecado. La paciencia de Dios dio por resultado una condenación más severa del pecado.

EL AUTOCONOCIMIENTO DEL PECADOR

Los senderos que llevan a la meta determinada por Dios se envuelven primeramente en mayor oscuridad, pues la Ley que revela la naturaleza del pecado no puede por menos que descubrir al mismo tiempo la culpabilidad del pecador. Notemos que el pecado no es "sólo "culpabilidad" como término abstracto, sino "la culpabilidad" de un pecador determinado, y de todo pecador, ya que es imposible separar la infracción del precepto del delincuente, de modo que la sentencia recae sobre el individuo que quebranta la Ley, quienquiera que él sea.

LA CULPABILIDAD DEL PECADOR

Cuando el pecador queda descubierto como culpable, bajo pena de muerte, pierde el disfrute de la vida. La Ley ha aumentado grandemente la responsabilidad del reo, hasta el punto de colocarle bajo "maldición "(Deut. 27:26; Gál. 3:10). De nuevo recordamos que "la Ley obra ira" (Rom. 4:15). Lo que antes se consideraba como "vida" deja de serlo, según la declaración lapidaria de Pablo en Rom. 7:9 y 10: "Yo, sin la Ley, vivía en otro tiempo; pero venido el mandamiento, el pecado revivió y yo morí." Para el alma que percibe su situación la "vida" ya no es más que el anticipo y la expectación del justo juicio de Dios. La Ley, que a veces se describe como la "letra", no deja de "matar" (2 Cor. 3:6), aun siendo santa en su carácter, justa en sus sentencias y sana en su intención (Rom. 7:12). A pesar de todo ello, se revela como el siervo de la muerte y del juicio, que efectúa la muerte del pecador sin ser en sí la causa de ella (2 Cor. 3:7 y 9).

La flaqueza del pecador

A pesar de todo lo que la Ley revela en cuanto a la naturaleza perdida del pecador, puede existir en éste una intención, una cierta "voluntad", que preferiría seguir lo bueno si pudiera, razonando su "mente" a favor de la justicia divina (Rom. 7:18 y 25). Esta parte del "ego" lucha contra el mal y da su alegre asentimiento a la Ley (Rom. 7:16), aun deleitándose en la Ley de Dios según el hombre interior (Rom. 7:22). El conflicto que resulta de las dos tendencias se expone bajo una forma trágica y dramática en el cap. 7 de Romanos. Este capítulo no presenta la experiencia del cristiano después de su conversión como pensaban Agustín, Jerónimo y los reformadores) ni su experiencia antes de su conversión (según las ideas de Neander, etc.). Antes bien, Pablo habla de sí mismo como si fuese posible considerar su condición *en sí mismo*. En Rom. 7:25 "autos" ("ego", o "yo") equivale al "yo de mí mismo", que procura mantenerse por sus propias fuerzas, aparte del auxilio del Espíritu Santo. En las discusiones del cap. 7 Pablo se considera como "en sí mismo", en contraste con el cap. 8, donde toma en cuenta siempre que está "en Cristo". Así que, estos dos capítulos no tratan de dos experiencias sucesivas, sino de dos condiciones y de dos maneras de considerar el asunto que Pablo tiene delante. Aun si se trata de un cristiano regenerado, es posible (como algo anormal, pero frecuente) que puede "hallarse en el cap. 7 de Romanos" en cuanto a su experiencia, al par que, desde el punto de vista de su posición, le corresponden las verdades del cap. 8; sin duda es su deber andar constantemente conforme a las normas del cap. 8.

A primera vista parece fácil conseguir la victoria en este conflicto, pues el "bueno está conmigo" (Rom. 7:18, "parakeitai" = "se halla a mano"). Sin embargo, se describe una serie de derrotas, y por fin el hombre confiesa que no se entiende a sí mismo porque "lo que obro no lo entiendo; pues no lo quiero, eso practico, antes lo que aborrezco, eso hago" (Rom. 7:15, 16, 18). Percibe el luchador que él mismo no es capaz de determinar sus acciones, sino que decide su conducta el pecado que mora en él, de modo que no es señor en su propia casa, hallándose lacerado y magullado por la lucha interior. Confiesa que es incapaz de hacer el bien, hallándose "vendido bajo el pecado", operando el pecado como "ley" o "norma" que determina las acciones de su esclavo (Rom. 7:15-23).

(*Nota del traductor*: Como observa Erich Sauer, muchos expositores analizan el cap. 7 de Romanos de forma diferente, lo que no resta valor del profundo pensamiento del autor. Hacen ver, como condición esencial para una recta exégesis, que la sección 6:1-8:17 de Romanos es un pasaje homogéneo, que trata del tema de la santificación surgiendo éste a su vez de la presentación del gran tema de la justificación de la fe (véase el fin del cap. 5 y el principio del cap. 6). Según manifestamos en el acto del bautismo, el creyente murió al pecado en Cristo y vive por la potencia de su resurreción, y de este hecho básico Pablo saca la lógica conclusión: "Nosotros que morimos al pecado, ¿cómo viviremos aun en él" (Rom. 6:2 y 3). Lo que Dios ha hecho a favor del creyente en Cristo ha de ser apropiado por la fe, tomándose como norma de vida (Rom. 6:11). El hombre fiel pasa enteramente al servicio de su nuevo Dueño, sabiendo que, por la ayuda de la gracia divina, el pecado no se enseñoreará de él (6:12-23 con referencia especial al v. 14). Pero, frente al problema judaico y a diversas enseñanzas sobre la Ley y su cumplimiento surgía la cuestión: "¿Puede la Ley ayudarme a llevar una vida de santificación práctica, señalando los pecados a evitar?" Un estudio de Rom. 7:1-6 aclara diáfanamente que Pablo adelanta un "NO" rotundo a la sugerencia, reiterando el concepto de la muerte al pecado y la potencia de la vida de resurreción en Cristo. Al contrario —afirma— la Ley manifiesta los efectos pecaminosos de la carne (7:5). Tal declaración puso de nuevo sobre el tapete la cuestión de la función de la Ley, siendo implícita la pregunta: ¿Será mala si agrava el pecado? No hace falta añadir nada a las buenas razones que Sauer ha adelantado sobre la utilidad y la función de la Ley, pero quizá es preciso tomar en cuenta que Pablo tuvo que aprender que la Ley es *espiritual*, una luz que escudriñaba el secreto de los deseos del hombre según el mandamiento "No codiciarás" (7:7 y 14). Bajo la Ley externa "vivía en otro tiempo", estimándose "sin culpa" en cuanto a la justicia que se halla en la Ley (7:9 con Fil. 3:6), como buen fariseo, cumplidor de la tradición de sus padres. Pero cuando vino la Ley en potencia espiritual, según las normas del Maestro en Mat.

5:17-48, Saulo de Tarso tuvo que "morir", pues nada resistía la acción eficaz de una Ley que sentenciaba todo *deseo* que no se conformaba con la voluntad de Dios. Cabe interpretar el difícil pasaje de 7:7-25 (además de la definición de la función de la Ley, ya entendida como espiritual) como contestación a la pregunta implícita: "¿Qué pasaría si yo, ya creyente y deseoso de llevar mi santificación posicional a la práctica, procurara auxiliarme por los mandatos de la Ley?" El hombre interior, renovado por el Espíritu de Dios, aprobaría todo lo bueno, pero, en la práctica, el esfuerzo se haría inútil por la operación de "la ley del pecado y de la muerte". La Ley enseñaría al creyente que tan inútil es el mero esfuerzo humano para la santificación como lo había sido para la justificación. Sin embargo, se vislumbra la victoria, aun en medio de la lucha y de la desesperación (7:25), y, sin falta de continuidad, pasamos a la solución divina: el creyente, además de gozarse en su posición como identificado con Cristo en su Muerte y su Resurrección (que le hace ajeno al pecado), dispone de las santas energías del Espíritu Santo que le capacitan para andar, no conforme a la carne, sino conforme al Espíritu de la Resurrección (Rom. 8:1-11). Como bien dice Sauer, todo creyente puede hallarse envuelto en la agónica lucha de 7:15-24 si intenta lograr la victoria sobre el pecado por medio del esfuerzo de la voluntad, olvidándose de la nueva ley de su existencia: la "del Espíritu de vida en Cristo Jesús", pero toda exégesis de detalle ha de formularse en relación con el tema común a toda la sección homogénea de 6:1 a 8:17. Esta exégesis sugerida no insiste en relacionar la lucha que se describe con un período dado de la biografía espiritual de Pablo, quien emplea el "yo" en sentido representativo, pero tiene el mérito de encajarse dentro del tema general de la sección señalada de esta ordenada epístola, que no trata aquí del hombre *como hombre,* sino del hombre en Cristo y de su victoria sobre el pecado. (Fin de la nota del trad.).

Presenciamos una batalla para la posesión de la fortaleza del alma del hombre que se libra entre dos reinos: el de la "ley de Dios" y el de la "ley del pecado", o sea, la "ley en mis miembros", notándose varias expresiones en el griego con connotaciones bélicas, tales como "antistrateuomenon" ("luchando contra un enemigo") y "aichmalotizonta" (arrastrado como preso"). Las leyes carnales, que constituyen la vanguardia de las huestes del mal sobre este campo de batalla de la personalidad, siempre logran la victoria sobre "la ley de la mente", que se considera aquí como un destacamento de las huestes de la Ley de Dios. Por lo tanto, el alma siempre queda vencida, y tan constantemente que la derrota puede describirse como una "ley" (Rom. 7:23 con 21). La Ley de Moisés no tiene potencia para socorrer al alma (Rom. 8:3), limitándose su función a iluminar el caos del pecado y de la rebelión. Pero la luz despierta en el hombre la percepción de su verdadero estado.

La perdición del pecador

En medio de la esperanza el alma llega a la desesperación, y, paradójicamente, en medio de la desesperación se enciende la antorcha de la esperanza: "¡Desgraciado de mí! ¿Quién me librará del cuerpo de esta muerte? Gracias a Dios por Jesucristo Señor nuestro." Avergonzado, pues, por cuanto ve en su interior, alza la vista para buscar el remedio en Cristo.

Pero la agónica exclamación demuestra que la Ley ha cumplido su verdadera obra, produciendo la desesperación frente a todo lo humano y enfocando la luz sobre la necesidad de esperar al Santo y Divino Redentor. Al presentarse Cristo como "fin (meta) de la Ley", ésta puede desaparecer, pues al llegar a su consumación llega también al fin de su obra especial (Rom. 10:4).

La libertad del Nuevo Testamento surge, por lo tanto, del propósito de la Ley del Viejo Pacto (Rom. cap. 7 con Gál. cap. 3). El espantoso camino de la muerte por el cual la Ley condujo al pecador, llegó a ser, *en Cristo,* la muerte del pecador frente a la Ley: "Yo, por la Ley, morí a la Ley, a fin de vivir para Dios" (Gál. 2:18; comp. Rom. 7:1-6; Col. 2:20 y 21). La Ley arrastró al pecador por un camino descendiente, hasta la desesperación y la muerte de toda esperanza humana; pero, por una bendita paradoja, lleva el alma contrita al mismo tiempo por un camino ascendiente, al final del cual puede echar mano a la vida. He aquí "el dolor según Dios" que obra salvación (2 Cor. 7:10). Primero es el descenso hasta el infierno del conocimiento de sí mismo como pecador perdido y sentenciado a muerte, y luego el ascenso celestial que le conduce al pleno conocimiento de la salvación en Cristo. El propósito de aquel otro apartado de la Ley —las ordenanzas del servicio divino por medio del sacerdocio y del Templo— fue el de testificar más exactamente de Cristo en quien se encarna el camino de la vida a través de la muerte.

7

El camino de la vida a través de la ley

"La ley de Jehová es perfecta, que convierte el alma" (Salmo 19:7)

LOS SERVICIOS DEL TABERNACULO Y DEL TEMPLO

En los servicios del Templo hebreo discernimos dos propósitos principales: el de presentar las relaciones que existían entre Dios e Israel en el Reino, y el de profetizar la Obra de Cristo por medio de tipos. El primero ha de considerarse como simbólico y el segundo como típico.

Un símbolo viene a ser la vestidura visible de una verdad interior y superior que, por el momento, queda invisible, siendo tanto la impresión como la expresión de una realidad espiritual sobre un plano superior a la percepción de los sentidos.

Un tipo es un símbolo profético, o sea, una persona, un artículo, una institución o un acontecimiento que se refiere a Cristo y a su Obra redentora, siendo "sombra de bienes venideros" y la manifestación anticipada de "cosas celestiales" (Heb. 9:11 y 23; 10:1; Col. 2:16 y 17).

Por lo tanto *el símbolo* es útil para los tiempos de su institución limitándose al A. T. y relacionándose con Israel. En cambio *el tipo* habla de Cristo, señala hacia el porvenir y constituye una fase de la profecía mesiánica. El símbolo queda dentro de la Ley; el tipo anticipa la gracia y llega a ser un fragmento del Evangelio engastado en el pacto antiguo, una parte del Nuevo Testamento en medio del Antiguo.

En vista de que el A. T. es una revelación divina en preparación para la plena manifestación de la salvación, y teniendo en cuenta la unidad histórica y orgánica de las Sagradas Escrituras, no solamente tenemos el derecho de buscar la interpretación de los tipos sino también el deber de efectuarla. Además, el principio de la interpretación queda establecido por el mismo Señor Jesucristo (Juan 3:14; 6:32 y 33), por el apóstol Pablo en alto grado (1 Cor. 5:7 y 8; 10:4 y 11; Rom. 5:12-19) y por el autor de la Epístola a los Hebreos con referencia especial a los caps. 5 a 10.

Siguiendo estos principios básicos, discernimos *dos fases fundamentales* en el culto divino del A. T.

Simbólicamente presenta la comunión de Israel con Dios en el Antiguo Testamento.

Típicamente presenta la comunión del creyente con Dios que llega a realizarse en el N. T.

Analizando la segunda fase vemos:

El valor típico de los sacrificios, que ilustraban la base de la salvación del N. T.

El valor típico del Tabernáculo que presentaba

a)	El concepto novotestamentario del mundo desde el punto de vista del plan de la salvación.

b)	Al Mediador de la salvación según la revelación del Nuevo Testamento.

c)	La comunión que surge de la salvación consumada en el Nuevo Testamento.

El culto del Tabernáculo cumplía su cometido típico por los medios siguientes:

a)	*El lugar del servicio divino.* El Tabernáculo se dividía en tres secciones: el lugar santísimo, el lugar santo, y el atrio. En el desarrollo de la historia se utilizaban tres distintos lugares sucesivos para el culto: el Tabernáculo, el Templo de Salomón y el Templo de Zorobabel (ampliado por Herodes).

b)	*Las personas dedicadas al servicio divino.* El sumosacerdote, los sacerdotes y los levitas. Estos últimos se dividían en tres categorías: los hijos de Gersón, los hijos de Coat y los hijos de Merari (Núm. cap. 4).

c)	*Las actividades del servicio divino.* Ofrendas (con o sin sangre); preceptos relacionados con la purificación (después de alumbramientos, del contacto con cadáveres, en la enfermedad de la lepra, etc.) ; prácticas religiosas, tales como la circuncisión y los votos.

d) *Las épocas del servicio divino.* Los sábados; las siete fiestas del calendario religioso; el año sabático; el año del jubileo.

LA COMUNION DE ISRAEL CON DIOS EN EL A. T.

Por medio del lazo cuádruple de las ordenanzas anteriormente notadas Jehová efectuaba la unión entre sí mismo y su pueblo. Los preceptos morales servían para señalar *la distancia* que existía entre el Santo y el pecador, pero la finalidad principal del culto ceremonial era la de indicar la posibilidad de la comunión con Dios, a pesar de la distancia. Desde un punto de vista hacían "recordación de los pecados" (Heb. 10:3), cumpliendo el mismo fin que los preceptos morales. Sin embargo, para el israelita fiel encerraban como significado primordial *el perdón* de los pecados (Lev. 4:20; 5:10), lo que señalaba, además, la posibilidad de la comunión con el Altísimo. Los sacerdotes eran —según palabras de Dios a Moisés— "los que se me acercan" "Lev. 10:3) y el lugar del culto era "el Tabernáculo de Reunión", o sea, el lugar donde Dios y su pueblo habían de encontrarse (Éx. 33:3; 40:34). El Propiciatorio que cubría el Arca del Pacto llegaba a ser el centro santísimo de todo el sistema de culto, diciendo Dios a Moisés: "Allí tendré entrevistas contigo a tiempos señalados, y hablaré contigo desde encima del Propiciatorio, de en medio de los dos querubines." (Éx. 25:22).

Hallamos, pues, como conceptos primordiales del culto de sacrificios, no sólo *la expiación,* sino también *la reconciliación,* no sólo la satisfacción de la justicia divina, sino también la manifestación de una comunión entre Dios y su pueblo hasta donde fue posible realizarla en el régimen de sombras, vislumbrándose además el amor redentor de Dios. Esta reconciliación llegó a ser posible porque la sangre "cubría" el pecado. Cuando hallamos la repetida frase "para hacer expiación por él" en los primeros capítulos de Levítico, hemos de saber que el hebreo original quiere decir "para cubrir sobre él" (heb. "kaphar"). Del mismo verbo se deriva "kapporeth", "aquello que cubre", o sea el Propiciatorio que cubría las tablas de la Ley dentro del Arca del Pacto. El sistema levítico no podía quitar los pecados porque "es imposible que la sangre de toros y de machos cabríos quite los pecados" (Heb. 10:4, 9, 11), siendo evidente que sólo la sangre de Cristo pudo efectuar la obra de remisión. Con todo, los sacrificios eran sombras que anticipaban la realidad del Gólgota, de modo que la sangre derramada podía "cubrir" aquellos pecados que surgían de la debilidad de la carne, siendo eficaces para las almas sumisas que buscaban el perdón y el modo de acercarse a Dios.

El Pacto antiguo no hacía provisión alguna para pecados voluntarios que resultaban de un propósito fijo que obraba conscientemente contra la santa Ley de Dios, y el que pecaba "con mano alzada" había de ser apedreado (Núm. 15:30; Lev. 24:10-23). Es necesario contemplar el pacto sinaítico en su singularidad, siendo imposible que mediara un perdón completo de los pecados. Se trataba de la purificación exterior, de anular ofensas contrarias a los estatutos del Pacto viejo, que surgían de la debilidad y de la ignorancia (Núm. 15:22-29), constituyendo la prefiguración del perdón verdadero.

(*Nota del trad.* Con todo, el israelita piadoso podía exclamar con David: "¡Bienaventurado aquel cuya transgresión ha sido perdonada y cubierta su pecado! ¡Bienaventurado el hombre a quien Jehová no atribuye el pecado!" (Sal. 32:1 y 2). Al pensamiento de que los sacrificios levíticos anticipaban la Obra de expiación de la Cruz, hay que añadir este otro: que la Obra redentora había sido preordinada por el Dios Eterno y Soberano desde antes de los siglos, de modo que, en la voluntad de Dios, la provisión estaba hecha antes de cometerse el primer pecado, de donde proceden los indicios de "sacrificios de sangre" en los albores de la raza. Desde este punto de vista divina Cristo era siempre "el Cordero que fue inmolado *desde la fundación del mundo*" (Apoc. 13:8). La sangre de los animales no podía procurar el perdón ni total parcial, pero podía hablar de una perfectísima Obra de expiación y de redención llevada a cabo por Cristo, "conocido ya, de cierto, antes de la fundación del mundo, pero manifestado al fin de los tiempos por amor a vosotros que por él creéis en Dios..." (1 Ped. 1:18-21). Todos los santos del A. T. fueron salvos por la Obra de Cristo, bien que la presentación de la Cruz llegaba a sus ojos a través de los sutiles velos de los ritos y ordenanzas. Lo importante era la actitud de sumisión y la fe, que hacía posible que los verdaderos hijos de Abraham fuesen "justificados" a la manera de su progenitor (Gén. 15:6). Bien claramente ha dicho Sauer en el capítulo anterior que el sistema levítico (de sacrificios) sostenía toda la estructura de la Ley por presentar la Obra de la Cruz que es de valor infinito. (Fin de la nota del trad.)

Pensando en la humanidad en su totalidad antes de la Cruz, no se ve más que una "paresis" (Rom. 3:25, griego) por la que Dios "pasó por alto los pecados anteriores". En Israel, sobre la base de los sacrificios, que hablaban de la Cruz, había "aphesis", o el perdón de los pecados (Sal. 32:1), y una relativa comunión con Dios de parte de la nación. Se hallan, pues, dos hilos en las expresiones de los salmistas y profetas del A. T., el del regocijo ante la Ley, y el del temblor que conduce a la desesperación. En Sal. 32:11; 33:1; 68:4 hallamos la exultación de quienes ven las bendiciones de la Ley que dan vida. Para tales santos del A. T. la Ley no sólo revelaba la culpabilidad del infractor de la Ley, que conduce a la desesperación, sino que había llegado a ser para ellos "la alegría del corazón" (Sal. 19:8), una "bienaventuranza" (Sal. 32:1) y "una delicia" (Sal. 119:47; 36:9).

EFECTOS DE LA LEY

Por ella es "el conocimiento del pecado", escribe Pablo (Rom. 3:20) "Te corona de misericordia", canta David (Sal. 103:4).

"La letra mata", declara el Apóstol (2 Cor. 3:6).

"La Ley convierte (o "vivifica") el alma", exclama el salmista (Sal. 19:8).

"¡Miserable hombre de mí!", gime el hombre convicto de Rom. 7:24.

"¡Bienaventurado aquel cuya transgresión ha sido perdonada!", dice David con regocijo (Sal. 32:1).

"Maldito todo aquel que no permanece en todas las cosas escritas en el Libro de la Ley", cita Pablo en Gál. 3:11.

"¡Jehová te bendiga!", pronunciaba el sumosacerdote, guardián de la Ley, en Núm. 6:24.

Todas estas expresiones se refieren a la misma Ley, y, por paradójicas que parezcan, son exactas, ya que la Ley es cual un imán en forma de barra, con polos opuestos en cada extremo, que, colgado libremente, indicará el Polo Norte, sin perder su polaridad opuesta. Así la Ley señala a Cristo como la única Meta, colocada fuera de sí misma, sin que por eso deje de adelantar fines aparentemente opuestos, exigiendo una santidad basada en amor para la conducta de los fieles y a la vez manteniendo distancia por medio de los preceptos morales, ilustrando, además, la comunión por medio de sus reglamentos ceremoniales. Sujeta al individual por medio de sus reglas, pero a la vez le liberta a través de las ordenanzas sacerdotales. Por una parte manifiesta la autoridad divina, y por otra ilustra la redención; sus preceptos *descubren* el pecado, pero su sangre expiatoria *cubre* los pecados; en uno de sus aspectos subraya la necesidad de la propiciación, y en otro proclama el hecho de la reconciliación. Sus leyes morales pueden concebirse como un "palacio de justicia", pero las ordenanzas para el sacerdocio y los sacrificios convierten el palacio en un Templo donde es posible el encuentro con Dios.

Sin embargo, ambos aspectos forman parte de una obra total, de la manera en que los dos polos que atraen o repelen no dejan de pertenecer a un solo imán. Toda vida espiritual, aun en el Nuevo Pacto, se manifiesta bajo el signo de la polaridad, o sea, de tendencias aparentemente opuestas. Sin embargo, no hay más que una Ley de Israel (Sant. 2:10), un solo Mediador y una sola Meta, que es Cristo.

En Cristo se halla el cumplimiento de ambas tendencias, pues, sobre la base de su Obra, los preceptos morales desembocan a la gracia y al perdón de los pecados; mientras que la sombra de la Ley ceremonial se convierte en la verdad de la sustancia de la salvación (Col. 2:17; Heb. 10:1). En todo se ve que "la Ley fue dada por medio de Moisés, más la gracia y la verdad vinieron a ser por medio de Jesucristo" (Juan 1:17).

Todo lo anterior demuestra que es falso el concepto de un antiguo Pacto que no es más que un paso para dar entrada al Nuevo, cesando luego de tener importancia. Aun los santos del A. T. disfrutaban de maravillosos tesoros de fe, como algo propio del antiguo régimen en sí, por lo que se ha dicho que "el Espíritu Santo constituía el alma escondida de la Ley" (comp. 1 Ped. 1:11; Heb. 3:7; Éx. 31:3). Sólo así pudo el Salterio de la congregación del Antiguo Testamento convertirse en el "Himnario" de las primeras comunidades del N. T. (1 Cor. 14:15 y 26; Efe. 5:19); Col. 3:16). Desde el punto de vista de la meta, el antiguo Pacto se halla subordinado al Nuevo, pero no por eso deja de cumplir los propósitos de Dios con autonomía espiritual con respecto a las generaciones que precedieron el Advenimiento. El Antiguo Testamento sin el Nuevo sería un templo sin la cúpula o torre, pero el Nuevo sin el Antiguo sería una casa sin fundamento.

Así que el Antiguo Testamento retiene sus derechos al par que el Nuevo hace patente sus privilegios. El Nuevo Testamento, bien que velado, se halla contenido en el Viejo; el Antiguo se revela en el Nuevo, y, a la vez, se ensancha maravillosamente. Según el conocido dicho de S. Agustín: "El Nuevo Testamento se esconde en el Antiguo, mientras que el Antiguo queda revelado en el Nuevo." El Antiguo Testamento es el capullo donde se encierra toda la hermosura de la flor; el Nuevo Testamento es la flor en pleno desarrollo, que despliega sus glorias y esparce sus aromas. De ahí la diferencia que existe entre ambos Testamentos, a pesar de su unidad esencial.

LA SALVACION NOVOTESTAMENTARIA EN EL ANTIGUO TESTAMENTO

La declaración fundamental del A. T. es la siguiente: "Jehová tu Dios, Dios uno es." Este firme monoteísmo se contrasta con las religiones politeístas del Oriente antiguo —pensamos especialmente en las de Egipto y de Mesopotamia—, como también en las religiones de Grecia y de Roma del período clásico. El conocimiento del Dios único resplandeció con creciente claridad en el círculo de la revelación de Dios en el A. T.

Como complemento de la verdad en cuanto a Dios, se subraya también la finitud y el estado pecaminoso de la naturaleza humana caída. Dios es eterno, y nosotros somos criaturas del tiempo. Él es Santo, pero nosotros pecadores. Él es Fuente de Vida, mientras que nosotros nos hallamos sometidos a la muerte. Por ende, si ha de haber unión entre Dios y los pecadores, él tiene que tomar la iniciativa, creando el enlace por un acto suyo que introduzca elementos de la Eternidad en la esfera del espacio y del tiempo.

El Pacto del A. T. estableció este "punto de unión", donde la Deidad y la humanidad se encuentran (Éx. 25:22). Este centro moral de los asuntos del mundo da continuidad a toda la historia y la provee de una meta, siendo un punto de contacto entre el tiempo y la Eternidad; o sea, un lugar donde el pecador puede entrar en la presencia del Santo. Pero si el pecador ha de poder vivir en la presencia de Dios, el lugar de reunión tiene que estar provisto de elementos contrastados, que abarquen tanto una negación como una afirmación. Lo viejo ha de derrumbarse con el fin de dejar lugar para lo nuevo; es decir, ha de quitarse el pecado e introducirse la santificación; ha de haber perdón, seguido por un nuevo señorío; ha de haber reconciliación y luego una clara guía que conduzca al creyente por el nuevo camino. Según las expresiones del A. T., el pecado ha de ser *cubierto* y el hombre reconciliado ha de ser *instruido;* o sea, primeramente hallamos "kappore th" y luego el "tora", pues sólo la propiciación permite que las tablas de la Ley sean utilizadas. Tanto el propiciatorio como las tablas de la Ley se hallan íntimamente relacionados con el Arca del Pacto, el símbolo céntrico de todo el culto divino del A. T. (Éx. 25: 17-22; Heb. 9:4).

El nuevo centro no era un punto geográfico estable, sino que se adelantaba según el desarrollo de la historia. Acompañaba a Israel a través del desierto mientras era un pueblo nómada. Después de posesionarse Israel de la tierra, llegó a establecerse en un Templo. Sin embargo, este Templo de piedra fue preordinado a la destrucción y tuvo que ser reemplazado por la Iglesia, la "casa espiritual" edificada por medio de "piedras vivas" (1 Ped. 2: 5). Así, el "punto de reunión", el centro moral del mundo, se traslada y se transforma en el curso de la historia, quedando Cristo con su Iglesia en esta dispensación hasta la consumación del siglo.

Se subraya, pues, la continuidad y la unidad de la obra divina de la reconciliación, siendo Cristo la consumación del movimiento que fue iniciado por el pacto abrahámico. Corresponde a Jesús el título *del Cristo,* por ser el "Ungido" por Dios, el tema de las profecías del A. T. y el objeto de las esperanzas de Israel (Sal. 2: 2; 1 Sam. 2: 10; Dan. 9: 25). Este título, "el Cristo", expresa en sí la unidad indivisible de la revelación de Dios en los dos Testamentos.

Como consecuencia de esta unidad histórica que enlazaba los milenios fue posible que Dios adelantara presentaciones de la salvación venidera aun en el antiguo régimen, que consistían en ciertras profecías por medio de palabras y obras, las lecciones relacionadas con distintos cargos e instituciones, tendencias históricas y acontecimientos que afectaban a individuos. Todo ello señalaba hacia Cristo y su obra redentora. No nos ha de extrañar, pues, que el Señor y sus Apóstoles reconocieran a menudo las lecciones típicas y proféticas del A. T. que, sin perder su significado en relación con el momento histórico, podían ser enfocadas también desde el punto de vista de la Meta de su cumplimiento final. He aquí su verdadero significado (Col. 2:17; Heb. 10:1). Así la serpiente de metal se señala como tipo de la Cruz (Juan 3:14); las experiencias del profeta Jonás prefiguran la Resurrección (Mat. 12:40) y el maná en el desierto tipificaba a Cristo como Pan de Vida (Juan 6:31-35). Sobre todo son típicas las ordenanzas que regulaban el sacerdocio y los sacrificios, ya que, con anterioridad al advenimiento del Cristo, presentaban su obra a través de los símbolos. Reflejaban la semejanza de Cristo como el Origen de todo, al par que prefiguraban a Cristo en la crisis del cumplimiento histórico (Heb. 8:5; 9:23-25).

Ya hemos visto que el valor típico de los sacrificios del A. T. no resta importancia a su validez para las generaciones anteriores a Cristo (Heb. 10:4), aun cuando toda la virtud temporal brotaba en último término del Sacrificio del Gólgota. En sí eran débiles, pero por su simbolismo eran eficaces, de modo que, siendo pobres, enriquecían a muchos. A pesar de su impotencia intrínseca, dispensaban multitud de bendiciones, pudiendo compararse a letras de cambio que en sí no son más que hojas de papel, sin embargo, en vista de la fecha del cobro, se manejan como si poseyeran el valor de metálico. Así Cristo, gracias a su Sacrificio cruento de la Cruz, ha pagado el valor total de todas las "letras de cambio" emitidas con miras a su Obra durante los siglos anteriores.

EL SACRIFICIO MOSAICO

La inmolación de las víctimas constituye el acto supremo del culto del Templo de Israel. Cuatro condiciones son necesarias para que el acto del sacrificio cobre valor.

a) *La víctima ha de ser inmaculada.* La perfección de la víctima animal habla de la santidad del Señor Jesucristo, quien se hallaba libre del pecado heredado gracias a las circunstancias milagrosas de su nacimiento, y quien jamás incurrió en acto de pecado alguno en el curso de su andar en este mundo (1 Ped. 1:19).

b) *La imposición de manos.* En toda ofrenda voluntaria, el oferente tenía que colocar su mano sobre la cabeza de la víctima que estaba para ser inmolada. Este acto significaba que se establecía una identidad entre el oferente y el sacrificio. En el cumplimiento del simbolismo èl Señor Jesucristo aceptó la responsabilidad de los pecadores delante de Dios, asumiendo, vicariamente, su culpabilidad. Cuando Cristo, puro y sin mancha, rogó a Juan que le bautizara —significando el bautismo de Juan el arrepentimiento para el perdón de los pecados— manifestó por un acto simbólico que estaba dispuesto a tomar el lugar del pecador, identificándose con él con miras a llevar los pecados del mundo. El significado del bautismo de Jesús fue consumado históricamente en la Cruz (Mat. 3:14 y 15; 1 Ped. 2:24).

c) *La inmolación de la víctima.* La muerte cruenta de la víctima constituía el corazón del rito, lo que subrayaba la necesidad de que Cristo, como Víctima expiatoria, fuese realmente "herido, castigado por Dios y afligido... traspasado por nuestras transgresiones, quebrantado por nuestras iniquidades, el castigo de nuestra paz sobre él..." (Isa. 53:4 y 5). La inmolación del sacrificio en el orden levítico viene a ser una profecía simbólica de la Cruz, pues "sin derramamiento de sangre no se hace remisión" (Heb. 9:22 con 13 y 14).

Las tres condiciones anteriores prefiguran la Obra de Cristo sobre la tierra, donde murió por nosotros, pues la obra de la salvación fue consumado "en los días de su carne" (Heb. 5:1-9).

Queda otra condición que ilustra una necesidad subjetiva y continua, pues lo que se consiguió históricamente ha de ser apropiado por medio de la fe: la fe que es imprescindible para establecer la unidad orgánica entre el Fiador y el pecador perdonado (Juan 6:53). Por este acto de apropiación el Cristo que padeció *por* nosotros llega a ser el Cristo *en* nosotros. Además, el sacerdocio que se consumó sobre la tierra, cuando se ofreció a sí mismo según el simbolismo del orden de Aarón, ha de reemplazarse por su sacerdocio celestial, según el orden de Melquisedec. Notemos, pues, la cuarta condición:

d) *El comer de la carne de los sacrificios.* Nadie comía la carne de los holocaustos ni de la ofrenda por el pecado que se quemaba fuera del real; pero de los demás sacrificios había porciones para los sacerdotes, y, tratándose del sacrificio de paces, hasta el oferente tenía tanto el derecho como la obligación de comer las porciones que le fueron señaladas. He aquí la clave para entender el lenguaje de Juan, cap. 6, que parecía "duro" y "difícil" a los judíos y aun para algunos que se llamaban discípulos. El Señor declaró solemnemente: "De cierto, de cierto os digo: Si no coméis de la carne del Hijo del hombre y bebéis su sangre, no tenéis vida en vosotros..." (Juan, 6:53-57). Recordemos la continuidad de la Humanidad de Cristo en su Resurrección física además del envío del Espíritu Santo. El creyente, nacido de nuevo, "come y bebe", por un acto de fe, participando en todo ello; de ahí surge la comunión orgánica entre la Cabeza del Cuerpo místico y todos sus miembros.

Por medio de sus símbolos, pues, el sacrificio mosaico abarca toda la Obra de Cristo desde el Nacimiento hasta el bautismo, del bautismo hasta la Cruz, abriendo perspectivas aún más lejanas, pues señala hacia la Resurrección, el descenso del Espíritu y la inauguración del sumosacerdocio eterno según el orden de Melquisedec.

EL TABERNACULO

En la historia de Israel tres lugares principales fueron dedicados sucesivamente al culto divino: el Tabernáculo de Moisés en el Desierto, que fue colocado luego en Silo dentro de Canaán (1 Sam. 1:3; período = 1500-1000 a. C.); el Templo de Salomón en el monte Moría (1 Reyes 6; período = 1000-586); el Templo de Zorobabel, edificado después del retorno de un remanente de los judíos tras el exilio babilónico (Es. 3:8) y grandemente extendido más tarde por Herodes (Juan, 2:20; período = 521 a. C. a 70 d. C.). Básicamente, los Templos seguían el plan para el Tabernáculo que fue revelado a Moisés en el monte de Sinaí (Éx. caps. 25 a 27 con 30), y todos significaban lo mismo con referencia al plan de salvación. Simbólicamente, el Tabernáculo constituía: a) una imagen del universo; b) un tipo del Redentor del mundo; c) una representación del camino de salvación del creyente y de su comunión con Dios.

Una imagen del universo

He aquí el sublime simbolismo que se deduce de la forma general del Tabernáculo, considerada dentro de la perspectiva del Reino de Dios.

Tanto Filón de Alejandría (contemporáneo de Jesús), como Josefo, el historiador de los judíos, consideraban que el Tabernáculo era tipo del universo. Bíblicamente se destaca el concepto claramente en lo relacionado con el Día de Expiaciones, cuando el sumosacerdote efectuaba su entrada anual en el Lugar Santísimo con la sangre de los sacrificios ofrecidos por él mismo y por el pueblo. El comentario inspirado del autor de Hebreos es de gran importancia como clave para entender el significado (Lev. cap. 16; Heb. 9:23 y 34 con 8:1 y 2).

Todos los vasos del Tabernáculo eran copias de cosas en los Cielos (Heb. 9:23), pero, después del Gólgota, Cristo "no entró en el santuario hecho de manos, figura del verdadero, sino en el mismo Cielo, para comparecer ahora a favor nuestro en la presencia de Dios". Se deduce de este importante texto que el santuario terrenal se calcaba sobre el celestial. De la manera en que el sumosacerdote aarónico, en el Día de Expiaciones, recogía la sangre del macho cabrío sacrificado sobre el altar de bronce en el atrio del Tabernáculo, pasando luego a través del Lugar Santo hasta llegar al Lugar Santísimo (Lev. 16:11-14), así Cristo, sacerdote según el orden de Melquisedec, en virtud de su propia sangre —es decir, en virtud del sacrificio de sí mismo sobre la Cruz (Heb. 9:12)— entró en el Lugar Santísimo celestial, con el fin de comparecer delante del Trono de la Gracia de Dios (Heb. 4:16). Dejó el "altar de bronce" del Gólgota para atravesar los cielos (Heb. 4:14), llegando luego al lugar que está "sobre todos los cielos", glorioso sitio donde Dios se manifiesta de forma especial (Heb. 7:26; Efe. 4:10). Así el atrio corresponde a la tierra, el lugar santo al Cielo, y el lugar santisimo al Cielo de los cielos donde se halla el Trono del Omnipotente.

Sobre la tierra Dios lleva a cabo ahora una obra doble, ya que justifica y santifica a los redimidos. Correspondiendo a esta labor vemos en el atrio del Tabernáculo tanto el altar del holocausto (o "de bronce"), símbolo de la justificación que se basa sobre la obra de expiación, como el lavacro donde se lavaban los sacerdotes, símbolo de la purificación, o de la santificación práctica (Efe. 5: 25 y 26).

En el Cielo se manifiesta la vida y la gloria del Eterno en medio de espíritus celestiales. La correspondencia típica se halla en el Lugar Santo donde se colocaba la mesa de los panes de proposición, figura del Plan de Vida (Juan 6:48), con el candelero (luz) y el altar de incienso, símbolo por excelencia de la adoración (Sal. 141:2; Apoc. 8:3). Bordadas en el Velo y en las cortinas que rodeaban el altar se hallaban figuras de querubines, y más allá del Velo los querubines del Arca del Pacto (Éx. 26:1).

En el Cielo de los cielos se sitúa el Trono de Dios. Allí se hallan las eternas normas de justicia de la manera en que las tablas de la Ley descansaban dentro del Arca (1 Rey. 8:9). De allí brota la Fuente de la Gracia que procura el perdón de los pecados y convierte el Trono de la soberanía de Dios en el "Trono de la Gracia" (Éx. 25:17; Heb. 4:16). Allí resplandece la inefable gloria de Dios, que, como la nube de la "Shekinah" en el Tabernáculo, ilumina todas las esferas (Éx. 40:34 y 35; 1 Tim. 6:16).

UN TIPO DEL REDENTOR DEL
MUNDO

Todas las parte del Tabernáculo hablan de Cristo de una forma o de otra, y por fin el Verbo Eterno llegó a morar entre nosotros como en un tabernáculo, y "vimos su gloria", según la sublime declaración de Juan. El verbo es "eskenosen", de la base de "skene", una tienda de campaña (Juan, 1:14). Eso no es una idea que se sacó a luz durante el siglo XIX, pues se halla ya en los escritos de Cocceius, profesor de Teología en Leiden que murió en el año 1669. Damos a continuación unos cuantos ejemplos del cumplimiento en Cristo de elementos en el Tabernáculo y su servicio.

> *El altar de holocaustos* (*de bronce*) presenta a Cristo como Aquel que se ofreció en sacrificio para procurar nuestra *justificación* (1 Cor. 1:30).
> *El lavacro del atrio* servía para la limpieza de los sacerdotes y habla de *nuestra santificación* (1 Cor. 1:30).
> *El Lugar Santo* corresponde a los "lugares celestiales" donde se hallan los creyentes "resucitados en Cristo" como *sacer-*

dotes espirituales que sirven y adoran a Dios (Efe. 1:3; 2:6; Heb. 9:24; 1 Ped. 2:4-9).

El candelero con sus siete lámparas presenta a Cristo juntamente con su pueblo, como *Luz del mundo* (Juan 8:12). *Los panes de la proposición* hablan de Cristo como *Pan de Vida* (Juan 6:48).

El sumosacerdote es tipo de Cristo, no sólo como Sacerdote según el orden de Aarón que se ofrece a sí mismo en la Cruz, sino también como Sacerdote real según el orden de Melquisedec, quien comparece por nosotros delante del Trono de Dios (Heb. caps. 5 a 10).

El altar de incienso, o de oro, se situaba delante del Arca del Pacto, bien que separado de ella por el Velo. Allí los sacerdotes quemaban el incienso mañana y tarde. Cristo es la base y la sustancia de la adoración de los santos y de toda ella pasa por sus manos. Él también intercede por nosotros (Heb. 7:26; Sal 141:2; com. Juan cap. 17).

El Lugar Santísimo es donde se manifestaba la gloria de Dios quien se presenciaba entre su pueblo. El sumosacerdote aarónico no podía permanecer allí, pero sí nuestro Sumosacerdote en el antitipo, ya que él ha consumado la Obra una vez para siempre. El Arca y el propiciatorio hablan de Cristo como único Medio para la manifestación de la presencia de Dios, gracias a la Encarnación y a la Expiación. En el Apocalipsis se ve al "Cordero como inmolado" en medio del Trono, recibiendo eterna adoración de su pueblo redimido (Apoc. 5:6-14). En Rom. 3:25 él es el Propiciatorio que presenta la sangre de expiación.

UNA PREFIGURACIÓN DEL CAMINO DE LA SALVACIÓN DE LOS CREYENTES Y DE COMUNIÓN CON DIOS

Puesto que los creyentes han de estar hechos conforme a la imagen del Hijo, no es de extrañar que el Tabernáculo revele también algo de su camino y de su comunión (Rom. 8:29; 1 Juan 3:2).

La vida básica de los creyentes según el simbolismo del *altar*

de holocausto ... ... se hallan *justificados* de la sentencia de la Ley y libertados de la oscuridad y poder del pecado.

La vida interior de los creyentes según el simbolismo del *lavacro* ... ... siendo *santificados* en Cristo, el proceso de santificación continúa por medio "del lavamiento del agua por la Palabra" (Efe. 5:26).

La vida exterior de los creyentes según el simbolismo del candelero y sus siete lámparas ... ... son *luminares* que brillan en este mundo, *testigos* de su Señor (Fil. 2:15; Mat. 5:14-16).

La vida celestial de los creyentes según el simbolismo del *altar de oro* ... ... ofrecen ellos el incienso de *adoración* (Apoc. 8:3; Sal. 141:2).

La vida activa de los creyentes según el simbolismo de los *panes de la proposición* ... ... *son fortalecidos* por el Pan de Vida (Juan 6:48).

La vida futura de los creyentes según el simbolismo del *Arca del Pacto* ... ... se apresuran, en pos del Autor y Consumador de su Fe, para presentarse delante del *Trono de Dios*.

El simbolismo del Tabernáculo profetiza la Meta del plan de la Redención, encerrando el elemento predictivo más destacado de la Ley y sirviendo de enlace entre la Ley y los Profetas.

LA SUPERIORIDAD DEL ORDEN NOVOTESTAMENTARIO

Hay varias expresiones y consideraciones que subrayan la inmensa superioridad de la obra consumada, aun concediendo la relativa importancia de todos los tipos (Mat. 13:16 y 17).

a) Bajo el *Antiguo Pacto* una parte representaba la totalidad, como en los casos siguientes: una duodécima parte en lugar de las doce del total, ya que una sola tribu —la de Leví— prestaba servicio activo alrededor del Tabernáculo (Núm. 8:16-19, comp. Ex. 19:6); una décima parte en lugar de las diez del total, como en el tributo del diezmo (Lev. 27:30); una séptima parte en lugar de las siete del total, como en la observancia del sábado, el séptimo día.

En vivo contraste con los datos anteriores, bajo *el Nuevo Pacto* hallamos lo siguiente: no se habla de una tribu sacerdotal, sino del sacerdocio espiritual de todo el pueblo de Dios (1 Ped. 2:5

y 9); no se entrega a Dios la décima parte, sino la totalidad (Col. 3:17); no se consagra un día entre siete, sino toda la semana, todo el mes, todo el año, toda la vida y toda la Eternidad (Col. 2:16 y 17; Rom. 14:5, 7, 8).

b) Bajo *el Antiguo Pacto* sólo la "sombra" estaba presente, pero en *el Nuevo Pacto* se ha revelado el "cuerpo", o sea, la realidad espiritual que dio lugar a la sombra anterior. "La gracia y la verdad llegaron a ser por medio de Jesucristo" (Juan 1:17), que también indica la esencia espiritual y eterna, la realidad que se encarnó en Cristo.

c) Bajo *el Antiguo Pacto* leemos de "concesiones" que fueron permitidas a causa de "la dureza del corazón" del pueblo carnal, que restaban de la perfección del propósito de Dios; v. gr.: la venganza sobre el homicida (Jos. cap. 20); poligamia (Gén. cap. 30; Deut. 21:15; 1 Rey. 11:1-3; Mat. 19:8); la esclavitud (Lev. 25:44-46) y pleitos (Éx. 21:24; Mat. 5:38-40).

Bajo *el Nuevo Pacto,* en el Reino de Dios, cesan todas estas concesiones y no queda más que la Palabra firme del Legislador Divino: "Mas YO os digo..." (Mat. 5:22, 34, 38, 39).

Muchos sacrificios.... un solo
Sacrificio

La superioridad del Nuevo Pacto se echa de ver sobre todo en la ofrenda del cuerpo de Jesucristo hecha una vez para siempre. Ya hemos visto que el corazón del sistema levítico era la inmolación de las víctimas, de modo que el Nuevo Pacto necesariamente cobra todo su significado por el Sacrificio de valor infinito que fue presentado en el Calvario en la consumación de los siglos.

Podemos formar una idea de la multiplicación de sacrificios bajo el sistema levítico por calcular el número de sacrificios "oficiales" que se inmolaban cada año. Tomando por base las cifras de los caps. 28 y 29 de Números, llegamos al número global de 1.273 anualmente. Si multiplicamos este número por los años que corrieron desde Moisés hasta Cristo, llegamos al total de *casi dos millones,* que deja sin contar los sacrificios privados que serían muchísimos más (Lev. 1:3; 4:5). En marcado contraste leemos en Heb. 10:14: "Con una sola ofrenda (Cristo) ha hecho perfectos para siempre a los que están siendo santificados."

De este modo Cristo cumple, con la mayor abundancia que caracteriza la gracia, todo lo que se encierra en la Ley. Esta era seto, freno, regla, barrera y espejo, pero el Nuevo Pacto es válido eternamente, siendo sellado por la sangre del Cordero (Dan. 9:24; Mat. 26:28). Como dijera Lutero en su Prefacio al Antiguo Testamento: "Por lo tanto, oh hombre, deja a un lado tus imaginaciones y tus sentimientos, para fijar tu mirada en la Sagrada Escritura, considerándola como un santuario noble, sublime y glorioso. También la hallarás como una riquísima mina, en la que nadie ha profundizado bastante hasta ahora, donde tendrás a tu disposición la sabiduría divina, sencillamente expresada como remedio contra todo orgullo humano. Aquí hallarás el pesebre donde yace el Cristo y los pañales que le envuelven, tales como los vieron los pastores al ser dirigidos por el ángel. Los pañales pueden parecerte pobres y míseros, pero precioso es el tesoro que envuelven, que es Cristo mismo."

8

∎∎∎∎∎∎∎∎∎∎∎∎∎∎∎∎∎∎∎∎∎∎∎∎∎∎∎∎∎∎∎∎

Los profetas de Dios

LAS FUNCIONES PROFETICAS

La Ley y la Promesa constituyen las dos columnas que sostienen la revelación del A. T., siendo la primera un pronunciamiento real y la segunda una manifestación profética. Las dos se unen en el Templo, ya que el servicio sacerdotal contiene elementos tanto de Ley como de Promesa.

Relacionadas con la revelación de Dios se destacan tres categorías de siervos de Dios entre el pueblo, ordenadas según los postulados del gobierno teocrático de Israel. Los *príncipes* (ancianos, jueces y reyes) llevaban la dirección política de la nación, mientras que los sacerdotes y profetas funcionaban como los mayordomos de lo interno y lo eterno. Los *sacerdotes* entraban en sus funciones por medio de su nacimiento de la familia de Aarón, constituyendo, por lo tanto, una clase permanente, guardianes a perpetuidad de los oráculos ya escritos de Dios (com. Heb. 7:16); en cambio, los *profetas* fueron llamados según las exigencias de la época, siendo portavoces de la revelación progresiva de Dios, siendo individual su vocación (1 Sam. 10:12).

Para describir las funciones proféticas las Escrituras emplean cuatro términos diferentes que revelan, a la vez, las cualidades que los siervos de Dios precisaban para poder ser testigos suyos.

LOS PROFETAS SON PORTAVOCES
DE DIOS

El término más corriente es el de "nabi" (voz hebrea que puede compararse con el verbo áraba "nabaa" = "hablar"). Son los intérpretes que Dios emplea para dar a conocer su voluntad, derivándose nuestra voz, profeta, de "prophetes" en el griego, que indica la persona que pronuncia un mensaje en nombre de otro; son, pues, los *portavoces de Dios*. Hemos de notar que el hecho de hablar el profeta en nombre de Dios no quiere decir que siempre ha de predecir el porvenir, bien que a menudo lo hace. Hallamos un término análogo en Jer. 15:19: "será entonces *como boca mía*". La relación entre el profeta y su Dios se ilustra por la de Aarón con su hermano Moisés: "Mira que te he constituido dios para Faraón y Aarón, tu hermano, será tu profeta (Éx. 7:1 y 2 con 4:15 y 16). El Espíritu de Dios "impulsó" a los profetas (2 Ped. 1:21), o, dicho de otra manera, Dios puso sus palabras en su boca (Deut. 18:18; Jer. 1:9). David, como profeta, exclamó: "El Espíritu de Dios habló por mí y su Palabra estuvo en mi boca" (2 Sam. 23:2), por lo que su lengua era como "pluma de escribiente muy ligero" (Sal. 45:1). Por tanto, los mensajes proféticos son "oráculos de Dios" (1 Ped. 4:11). El Dr. Evans hace constar el dato revelador de que la expresión "Así dice Jehová" se halla como 2.500 veces en el A. T., que era "la Biblia" del Señor Jesucristo y de sus Apóstoles.

LOS PROFETAS SON VIDENTES

La designación "roeh" (vidente) se halla en 1 Sam. 9:9; 1 Crón. 9:22; Isa. 30:10; etc. Subraya el hecho de que el siervo de Dios ha de ver lo que Dios revela antes de poder darlo a conocer por medio de sus inspirados mensajes (1 Crón. 29:29). Esta percepción de las verdades que Dios revela no viene siempre por medio de "visiones" en el sentido de un rapto místico, o éxtasis, pues significa más bien la totalidad del contacto del profeta con Dios que le capacita para pronunciar oráculos inspirados (Isa. 1:1). La revelación llega al mensajero por diversos medios.

Percepción por medio de los sentidos corporales. En este caso el profeta permanece "en el cuerpo", oyendo y discerniendo lo que

Dios revela por medio de sus sentidos normales. Esta percepción se contrasta con la que recibe estando "en el espíritu", o en éxtasis (comp. Núm. 12:8 con 2 Cor. 12:2 y 3; Apoc. 1:10).

Moisés oyó la Voz de Dios y vio la zarza que ardía (Éx. cap. 3); Samuel percibió la voz, sin que viera manifestación alguna (1 Sam. cap. 3); Daniel —en ciertas visiones— veía, pero no oía (Dan. 5:25); Abraham veía a sus visitantes celestiales y les oía hablar (Gén. cap. 18).

Percepción profética por medio del éxtasis. En estado de éxtasis los sentidos normales del profeta no funcionan, pero se despiertan sentidos interiores y espirituales (Apoc. 1:10). Según la experiencia de Balaam, los ojos del cuerpo no perciben nada, pero el ojo interno "ve" con maravillosa claridad (Núm. 24:3, 4, 15). A menudo, las revelaciones internas se presentan como "gráficos" que necesitan interpretación, sea por un mensajero celestial, sea por otros medios (Amós 7:7; Zac. 1:9; 4:4; Dan. 8:15; Hech. 10:9-23). El "oído interno" percibe muy directa y claramente el mensaje celestial (Hech. 22:17-21).

Percepción profética por el acrecentamiento de las facultades normales. La revelación por medio de sueños significativos no ha de confundirse con la del estado extático, ya que el sueño es una actividad normal de la mente cuanto el sujeto se halla dormido. En el caso de los sueños de José, Faraón y Nabucodonosor, Dios dio el mensaje por este medio, inspirando la interpretación. Generalmente intensifica la comprensión normal de profeta, que ya se ha aleccionado por la Palabra, elevando la expresión del mensaje resultante al plano de la inspiración. Pensemos en los himnos de alabanza de Ana (1 Sam. cap. 2); de María (Luc. cap. 1) y de Zacarías (Luc. cap. 1). En la revelación por sueños predomina el elemento gráfico, mientras que la intensificación de la comprensión es algo como un "sermón" que llega a ser un mensaje en palabras inspiradas.

Es muy verdad, pues, que "Dios... habló antiguamente a los padres por los profetas en muchas porciones y de diversas maneras" (Heb. 1:1), pero dentro de la variedad de la expresión percibimos un tema único; el santo amor del Señor que ha de ganar la victoria y ser glorificado en este mundo, obrando Dios por medio de sus juicios y de su gracia hasta la consumación de su Obra.

La perspectiva profética. Para la exacta interpretación de los mensajes inspirados hemos de tener muy en cuenta la ley de la perspectiva profética, que se basa en el hecho de que la esfera celestial no admite limitaciones de tiempo, como se ha dicho: "Ante los ojos del Eterno todos los acontecimientos se realizan en el tiempo presente." El profeta, en función de vidente, sale de la esfera temporal para adentrarse en la divina, que es supratemporal; como portavoz del Eterno se coloca por encima del concepto del tiempo y sus limitaciones. Desde su punto de vista como vidente podrá ver el acontecimiento futuro en "tiempo futuro" y así expresarlo (Isa. 9:7); pero también puede presentársele "en tiempo presente" y aun en "tiempo pasado" (Isa. 9:6, 77; comp. los tiempos del cap. 53 de Isaías). La perspectiva profética ha de entenderse a la luz de las consideraciones anteriores, pues a veces parece como si acontecimientos muy distantes en el tiempo se toquen en el mensaje, sin que por ello dejen de ser realmente históricos. La visión ha saltado el intervalo entre el presente y el futuro, aun cuando represente miles de años en el desarrollo de la historia.

De ahí surge tanto la perfección como la imperfección del método profético, pues acontecimientos cercanos y lejanos pueden juntarse en el oráculo como los picos de una cordillera para el viajero en terrenos montañosos. El regreso de Judá de Babilonia se une con el recogimiento de Israel en el tiempo del fin (Isa. 49:8-12; 43:5-7; 27:12 y 13), e, igualmente la manifestación del Señor en humildad con su apocalipsis en gloria (Isa. 61:1-3); acontecimientos tan distantes pueden ocupar un solo cuadro profético por constituir el primero un tipo del segundo.

En Isa. 61:1-3 hallamos una sublime profecía sobre el "año de jubileo" de Israel en un tiempo futuro. Cuando el Maestro leyó el pasaje en la sinagoga de Nazaret, dio fin a la lectura en medio de una oración gramatical, ya que él quería recalcar las verdades sobre su primera manifestación, mientras que las palabras siguientes pasan a la venida del Mesías en gloria (Luc. 4:18 y 19; comp. Mal. 3:1-4). No hay indicación alguna en tales pasajes que dos mil años, por lo menos, separan el cumplimiento que corresponde a la primera manifestación y la segunda, pero fue precisamente a causa de ello que los profetas "escudriñaban a qué época o a qué circunstancia de tiempo señalaba el Espíritu de Cristo que hablaba en ellos". Les fue revelado que no necesitaban fijar los acontecimientos profetizados en un calendario predeterminado, ya que no ministraban tales misterios para sí mismos, sino para el bien de generaciones futuras (1 Ped. 1:10-12).

Los profetas que vislumbran los "picos" perciben también los valles que los separan, pero sin que les sea revelada la anchura de los valles, o el significado de cada detalle. Siempre se destaca que los sufrimientos del Mesías han de preceder sus glorias (1 Ped. 1:11; Luc. 24:25 y 26), lo que supone un intervalo, sin que le sea dado al profeta medirlo, ni saber que había de llenarse con el llamamiento de la Iglesia. La formación de la Iglesia de creyentes judíos y gentiles era un secreto velado de todos los ojos hasta el tiempo señalado para su revelación (Efe. 3:2-10; Col. 1: 26; Rom. 16:25; Mat. 13:17).

Los siguientes pasajes son ejemplos de cómo las profecías mesiánicas guardan el orden: "padecimientos" y luego "glorias".

Padecimientos	*Glorias*
Sal. 2:1-3	Sal. 2:4-12
Sal. 8:4 y 5a	Sal. 8:6 y 7 con Heb. 2:5-9
Sal. 22:1-21	Sal. 22:22-32
Isa: 52:13-53:9	Isa. 53:10-12

La importancia del "tiempo del fin". Una y otra vez los oráculos proféticos desembocan al tiempo del fin, o sea, al reino del Mesías, seguido por los nuevos cielos y nueva tierra (Isa. 65: 17; 66:22). Sin embargo, sólo a la luz que viene por medio de los acontecimientos y profecías del N. T. podemos comprender que el reino mesiánico se manifiesta en primer término sobre la tierra vieja (Apoc. 20:2, 4-7) y eternamente sobre la nueva tierra (Apoc. 21:1; 22:5), interviniendo entre ambas etapas el juicio del mundo: más aún, la destrucción del mundo y su glorificación (Apoc. 20:9-15). Por lo tanto, los profetas pintan el cuadro de la nueva tierra con los colores del reino de gloria del viejo (Isa. 65:17-25) y la era milenial llega a confundirse con la gloria de la consumación.

La limitación de la revelación del A. T. había de completarse por la plenitud del N. T., como dijera el Maestro a sus discípulos: "Mas en cuanto a vosotros, bienaventurados vuestros ojos, porque ven; y vuestros oídos, porque oyen. Pues de cierto os digo que muchos profetas y justos anhelaron ver lo que véis y no lo vieron; y oír lo que oís, y no lo oyeron" (Mat. 13:16 y 17).

LOS PROFETAS SON ATALAYAS

El término hebro es "zophim". Como atalayas, los profetas, con su visión agudizada por el Espíritu de Dios, contemplan los amplios panoramas, tanto del presente como del futuro. "Me pondré sobre mi atalaya —dice Habacuc—, me colocaré sobre la fortaleza y estaré mirando para ver qué me dirá Dios" (Hab. 2:1, comp. Isa. 21:8). Los atalayas de Dios tenían que avisar a los hombres de su generación de los peligros que corrían a causa de su desobediencia, siendo ellos mismos hombres de su tiempo, condicionados por la historia, que se dirigían a sus contemporáneos. Llegan a ser los admonitores del pueblo, los exhortadores de la nación (Isa. 3:17), los consejeros y sobreveedores de los monarcas, y, como tales, la "conciencia" de la comunidad, al hacer la distinción entre el bien y el mal. Los profetas eran los guardianes y pastores del pueblo, señalados como tales por la manifiesta inspiración de sus mensajes (Zac. 10:2 y 3; 11:3, 16 y 17; Ez. 34:2).

Desde su elevada torre, los atalayas echaban su mirada hacia el porvenir, viendo llegar los juicios de Dios (Isa. 21:5-12) como también la gloria de la consumación: "¡La voz de tus atalayas! Alzan la voz, cantan juntos; porque ojo a ojo verán cuando Jehová se volviere a Sión" (Isa. 52:8; comp. 62:6 y 7). Resumiendo, los profetas, bajo este punto de vista, vienen a ser los consejeros, la conciencia, los ojos, los oídos y los sobreveedores del pueblo.

LOS PROFETAS SON VARONES DE DIOS

"Mas he aquí *un varón de Dios* que por revelación de Jehová vino de Judá a Betel..." (1 Rey. 13:1). La designación es corriente en los libros históricos y llama la atención al hecho de que los profetas son *hombres,* con su propia personalidad consagrada a Dios, llegando a ser los "santos hombres de Dios que hablaron siendo inspirados por el Espíritu Santo" (2 Ped. 1:21; comp. Mat. 13:17). Se habla de ciertos hombres que profetizaron circunstancialmente, sin ser consagrados a Dios —Balaam (Núm. caps. 22 a 24);

Saúl (1 Sam. 19:23; Caifás (Juan 11:51)—, pero son tristes excepciones de la regla, no siendo siervos de Dios en sentido permanente, ya que él desea no sólo la boca, sino también el corazón; no sólo la obra, sino también el obrero, según el principio de Lev. 10:3 e Isa. 52:11: "He de ser santificado por los que se me acercan y delante de todo el pueblo seré tenido en honra."

No hemos de olvidar, pues, que los profetas eran hombres con su propia personalidad, ya que Dios no anula la naturaleza humana, sino que la transforma; no la elimina, sino que la utiliza; pues no le interesan esclavos, sino amigos; no meros instrumentos, sino hombres que le sean personalmente consagrados (Amós 3:7; Juan 15:15).

Una diversidad de estilo. Dios utilizaba a estos santos varones según sus propios temperamentos y las circunstancias que les habían condicionado en el transcurso de su vida. Así, Amós emplea figuras familiares que saca de la vida del campo (Amós 7:14; 2:13; 3:4-6); Zacarías, el sacerdote, es el que convoca al pueblo para reedificar el Templo; el profeta Ezequiel (también sacerdote por nacimiento) describe el servicio sacerdotal del porvenir (Ez. 1:3; com. caps. 40 a 48). Amós e Isaías, según su temperamento, se expresan por medio del lenguaje majestuoso y apasionado, muy diferente de las cadencias suaves y patéticas de Jeremías y Oseas. Muy diferentes de los escritos de los profetas anteriores son los oráculos poéticos de Habacuc (cap. 3). A veces, las diferencias de vocación se indican hasta por los nombres de los profetas, que sirven como epígrafes para sus mensajes; así, "Isaías", el "evangelista" del A. T., significa "Jehová da salvación"; "Ezequiel", el "Moisés de la restauración", lleva un nombre que quiere decir "Dios fortalece"; el nombre de "Daniel", profeta por excelencia de la historia y del juicio del mundo, significa "Dios es juez".

La influencia de los acontecimientos contemporáneos. Es evidente que los mensajes proféticos se hallan condicionados por la historia contemporánea, pues la profecía no es una actividad espiritual que no se relaciona con la tierra, sino que surge de las necesidades de la época, teniendo por finalidad revelar la voluntad de Dios frente a personas y eventos del momento presente, pero con miras al porvenir. Los profetas se hallan en situaciones bien definidas, habiendo recibido la misión de dirigir la Palabra de Dios a sus contemporáneos, cuyas circunstancias también se perfilan con toda claridad. Por ende la presentación de los mensajes delata las formas y el colorido del medio ambiente, pero, aun siendo condicionados históricamente, no dejan de ser entreverados con la Eternidad, pues participan a la vez de lo humano y de lo divino, de lo temporal y de lo supratemporal.

Isaías podía profetizar sobre la cercana invasión de los asirios, y a la vez predecir el advenimiento de Emanuel (Isa. 7:12; Mat. 1:23); Oseas habló del éxodo de Egipto y a la vez profetizaba un incidente en la vida de la niñez del Mesías (Os. 11:1 con Mat. 2: 15); Jeremías preveía las lamentaciones en Rama asociadas con la transmigración del pueblo a Babilonia, y a la vez señalaba el lloro de las madres de Belén (Jer. 31:15 con Mat. 2:17 y 18). Varios profetas describen el retorno del remanente del pueblo de Babilonia, pero en términos que sólo podrán cumplirse cuando Israel sea plenamente restaurada a su tierra al inaugurarse el reino de paz (Isa. 11:11-16). Profetizan el reino de Dios en manifestación en el tiempo del fin, pasando imperceptiblemente a la consumación de todas las cosas (Isa. 65:17; 66:22; 54:11 y 12; comp. Apoc. 21:1, 18-21).

Los profetas predicen acontecimientos que llevan en sí el germen de otros eventos mayores, de donde resulta que el mismo acontecimiento, tema de la primera profecía, es en sí una predicción que exige el cumplimiento final. Todo ello surge de las interacciones de la Eternidad con el acaecer de la historia de este mundo.

Si buscamos ilustraciones del proceso de la inspiración y proclamación profética, no hemos de pensar en el siervo de Dios como si fuera un cauce que recibe el agua para pasarla a otros sin modificación alguna, sino más bien en instrumentos de música: tales como la flauta, la trompeta o el oboe, que presentan sus características tonalidades a piezas que toca el mismo instrumentalista. O cabe también la ilustración de una variedad de plumas que modifican sensiblemente la letra del mismo escritor. Así, los escritos proféticos llevan no sólo el sello de Dios, por plasmar mensajes divinos, sino también el sello del hombre y de su tiempo. Cada verdadero profeta actúa como "boca" del Señor, pero el tono de su voz puede elevarse o profundizarse según el tipo de mensaje (com. Isa. caps. 40 a 65 con caps. 13 a 23), variándose también según las "cuerdas vocales" de quien habla. Sin embargo, el coro profético canta en perfecta armonía bajo la inspiración y dirección de un solo Maestro.

LAS ETAPAS SUCESIVAS DE LA
FUNCIÓN PROFÉTICA

Discernimos siete períodos proféticos en las Escrituras:
1. Los principios que se extienden desde Adán a Moisés.
2. El período de Moisés hasta Samuel.
3. Desde Samuel hasta los profetas que dejaron escritos (Hech. 3:24). Es la época de las "escuelas de los profetas".
4. Los profetas que pusieron por escrito sus mensajes: Joel hasta Malaquías (c. 800 a 400 a. C.).
5. El período del silencio profético: Malaquías hasta Juan el Bautista.
6. El ministerio profético de Cristo (Heb. 1:1 y 2).
7. El ejercicio del don de profecía en las iglesias (1 Cor. 12: 10; 14:1-40; Efe. 4:11).

Se subraya que en la época del cumplimiento en el reino mesiánico no habrá necesidad de la profecía, ya que todos conocerán al Señor (Heb. 8:11; comp. Zac. 13:3-6; 1 Cor. 13:9 y 10).

PROFECÍAS VERBALES Y TÍPICAS

Debemos hacer una distinción entre profecías expresadas verbalmente (por ej., Miqu. 5:2; Isa. 9:1 y 2) y las profecías que son típicas. Una profecía típica predice por medio de palabras un tipo o prefiguración. Como tal tiene un cumplimiento doble, pues la parte verbal se cumple por la presentación del tipo, pero éste no se cumple sino en el desarrollo mesiánico de la salvación (Os. 11:1 con Mat. 2:15).

En este sentido, profecías relacionadas con el reino de Israel pueden encerrar también una predicción en cuanto al período de la Iglesia. Esta consideración nos provee de la clave para comprender por qué ciertas profecías del A. T., relacionadas claramente con Israel en el tiempo del fin por su contexto y por la comprensión del profeta y de sus oyentes, se hallan aplicadas en sentido espiritual a la dispensación actual de la Iglesia. Tenemos ejemplos en

Rom. 15:12 con Isa. 11:10; 1 Ped. 2:10; Rom. 9:25 y 26 con Os. 1:10; Hech. 2:16-21 con Joel 2:28-32; 1 Ped. 2:9 con Éx. 19:6, pero los inspirados autores del N. T. no piensan por un momento que esta aplicación ha de anular el cumplimiento futuro y literal (Rom. 11:29). Por ser Dios la Fuente de estas profecías, encerraban un sentido más hondo de lo que comprendían los profetas (1 Ped. 1:11 y 12). El sistema de "espiritualizar" las profecías del A. T. es falso, pues quita a Israel las promesas que Dios ha jurado cumplir a su favor. En cambio, la mera insistencia en el sentido literal y futuro no toma en cuenta la manera en que los autores en el N. T. aplican aspectos de estas profecías a su tiempo, "espiritualizándolos", que es el método normal. Hemos de tomar nota del uso espiritual de aspectos de las profecías por los Apóstoles, sin que por ello dejemos de aplicar las normas de una sana exégesis a las profecías tal como se hallan en el A. T.

Como ya hemos visto, las profecías del A. T. que predicen el reino de Dios en este viejo mundo, en sentido visible y glorioso, han de entenderse muy a menudo como "profecías típicas" de la consumación final en el nuevo mundo. Si no fuera así nos confrontaría el problema insoluble de que todas las promesas del Reino en el A. T. se limitan a un breve período de mil años, callando por completo la gran Meta de la historia de la Salvación.

(Nótese, sin embargo, el uso frecuente de la palabra "eterna" por los profetas con referencia al futuro de Israel, por ej., Isa. 9:7; 51:6 y 8; 60:21; Jer. 7:7; 25:5; Ez. 37:24 y 25; 43:7 y 9; Joel 3:20; Miqu. 4:6 y 7; Isa. 65:17 y 18, que abre los horizontes del Milenio para abarcar los siglos de los siglos. *Trad.*)

Hemos de entender que el cumplimiento literal del Milenio es también una profecía "típica" del Reino eterno. Las referencias directas y literales al medio ambiente terrenal se cumplirán, pero el corazón del asunto es la prefiguración del reino eterno, del cual el Milenio no es más que el "vestíbulo" que da entrada al "palacio". Al cuadro final pertenecen las naciones redimidas en la nueva tierra que halla su centro en la Nueva Jerusalén (Isa. 65: 17-25; 66:22; con Apoc. 20:1-10; caps. 21 y 22).

La interpretación cuádruple
de las profecías del A. T.

Las consideraciones anteriores nos llevan al siguiente resumen del cumplimiento cuádruple de las profecías del A. T. en relación con la historia de la Salvación.

1. Se cumplen en la historia contemporánea, con referencia a las circunstancias de los profetas y del pueblo.
2. Tienen aplicaciones espirituales y típicas con referencia a la dispensación de la Iglesia.
3. Se cumplirán literalmente en los tiempos del fin con referencia a Israel y las naciones del mundo en el tiempo de los juicios del Día de Jehová y de la inauguración del Reino en la tierra.
4. Se cumplirán "en profundidad" a la luz de la eternidad con referencia al nuevo cielo y nueva tierra.

Cada etapa puede considerarse como el vestíbulo que conduce al período siguiente. El A. T. nos lleva a la dispensación de la Iglesia, y ésta dará lugar al reino visible de Dios en la tierra. Pero el Milenio no es la Meta final, sino que también sirve de vestíbulo para introducir el nuevo cielo y la nueva tierra: el perfecto "palacio" de la consumación que constituye la meta de los propósitos de Dios.

9

El mensaje profético

EL VERBO Y LA PROFECIA

La fuente de todo conocimiento y la potencia para toda profecía se hallan en el Espíritu de Cristo (1 Ped. 1:11; 2 Ped. 1:21), puesto que no sólo es Cristo el Contenido y la Meta de toda profecía, sino también su origen, el manantial de su energía inherente. Cristo como el Logos (el "Verbo" de Juan 1:1 y 14) habló acerca de sí mismo por boca de los profetas. En otras palabras, el Logos inspiró toda la enseñanza en cuanto a la Persona y la Obra del Mesías. Lutero ya dijo que los profetas hablaban y actuaban "en el nombre del Cristo que había de venir".

La profecía desarrolla sus funciones y aclara su finalidad en relación con tres esferas principales.

1. Ilumina el pasado, sobre todo en los escritos históricos.
2. Pronuncia los juicios de Dios sobre lo presente, especialmente por medio de sus admoniciones y llamamientos al arrepentimiento.
3. Predice el porvenir para avisar a los rebeldes y consolar a los humildes, exponiendo los temas siguientes:
   a) El juicio sobre Israel.
   b) El juicio sobre las naciones del mundo.
   c) La conversión de Israel.
   d) La conversión de las naciones del mundo.
   e) El Mesías y su Reino.

LA ILUMINACION DEL PASADO

Siendo portavoces y "boca" de Jehová, los profetas no sólo predecían acontecimientos futuros, sino declaraban los juicios de Dios tanto sobre lo pasado como sobre lo presente. Debido a eso, uno de sus cometidos más importantes llegó a ser la redacción de los libros históricos, por los que vemos la historia según la luz que procede de Dios. Aprendemos que cada uno de los profetas Samuel, Natán y Gad escribía crónicas de la vida de David (1 Crón. 29:29), mientras que los profetas Ahías e Iddo continuaban tales trabajos históricos (2 Crón. 9:29). Semaya era cronista durante el reinado de Roboam (2 Crón. 12:15), y Jehú, hijo de Henani, lo era en tiempos de Josafat (2 Crón. 20:34). Por eso los libros históricos no constituyen una sección aparte en la Biblia hebrea, sino que se llama "los profetas anteriores".

Hay una diferencia fundamental entre la historia profana y la bíblica, ya que ésta no se interesa tanto en la mera presentación de hechos realizados, sino que saca la instrucción que ofrecen los acontecimientos y ejemplos, contando la historia "a lo divino". Por eso los cuadros del pasado llegan a ser los "espejos" del presente, ya que dan a conocer tanto el corazón humano como los caminos de Dios, de forma que la palabra histórica se reviste de plena validez hoy en día. Notemos, además, que los historiadores proféticos han sabido librar sus obras por completo de todo colorido nacionalista, hasta el punto de subrayar los fracasos y los pecados de los héroes nacionales más admirados. Así, ponen de manifiesto las cualidades que, según Lutero, habían de caracterizar al historiador honrado, que ha de ser hombre excelente, con corazón de león, resuelto a escribir la verdad desnuda. No formulan asombrosas leyendas de santos ni se prestan a adorar héroes deificados, pues, según su perspectiva, el héroe no pasa de ser un instrumento en las manos de Dios. Así Ciro (Isa. 45:1) y los varios "salvadores" y caudillos que Dios levantaba para la liberación de su pueblo (Jue. 3:9; 2 Rey. 13:5; Neh. 9:27). Muy honradamente hacen mención de rasgos buenos en las vidas de hombres malos, como en el caso del arrepentimiento de Acab (1 Rey. 21:27-29), y, como ya hemos notado, no callan las caídas de los hombres de Dios, describiendo la "media-mentira" de Abraham, la impaciencia y mal humor de Moisés, el adulterio que cometió David, la idolatría de Salomón y el desaliento de Elías.

Gracias a métodos tan honrados y sinceros, la historia de los antepasados y las narraciones de tiempos pretéritos llegan a ser lecciones para todas las generaciones sucesivas, y aun para el día de hoy (por ej., 2 Rey. 17:7-23). La historia bíblica tiene aliento vital —a diferencia de la relación de hechos pretéritos que se encierran en el pasado como fósiles en la roca—, y por eso actúan continuamente sobre la conciencia de los hombres que quieren escuchar "palabra del Señor" en el día de hoy. La narración sagrada no es tanto un relato, sino un mensaje; no es impersonal, sino que se dirige a cada hombre en su relación con Dios; no necesita la introducción de "érase un tiempo", sino que anima a la acción mientras se dice "hoy".

EL JUICIO SOBRE LO PRESENTE

La corrupción de Israel

La profecía no es meramente el producto de la mentalidad judaica, puesto que los mensajes del A. T. atacan fuertemente la manera de vivir de los judíos al apartarse de Dios. Los profetas castigaban los pecados del pueblo sin misericordia (Isa. 58:1), nombrándose la avaricia y la rapacidad (Isa. 5:8; Amós 6:4-6; Miqueas 2:2); la usura y la extorsión (Ez. 22:12 y 13); la expoliación de los pobres (Isa. 1:17; Miq. 3:2 y 3; Amós 2:7; 4:1; 5:11; 8:4-6); la opresión de las viudas y los huérfanos (Isa. 10:2; Jer. 5:28); el soborno en los juicios (Isa. 1:23; 59:4); el engaño en los negocios por medio de medidas falseadas (Miq. 6:11; Ez. 45:10-12; Isa. 2:6); la altivez (Isa. 2:12-17); la beatería (Isa. 58:2-5; Jer. 7:4; Os. 7:14; Miq. 3:11); la justicia propia (Mal. 1:6; 2:17; 3:13); el formalismo religioso (Isa. 1:11-17; Mal. 1:10; Amós 5:21-23; Os. 6:6); la idolatría (Ez. cap. 8, etc.).

Los profetas describen al pueblo como "apóstata" (Jer. 3:8 y 11), su incienso como "abominación" (Isa. 1:13), sus sacrificios como "homicidios" (Isa. 66:3) y sus ofrendas vegetales como "la sangre de cerdo" (Isa. 66:3). El corazón del pueblo rebelde es "de piedra" (Ez. 36:26), sus manos están "llenas de sangre" (Isa. 1:15), destilando su lengua "veneno de áspid" (Sal. 140:3).

Jerusalén se asemeja a una "ramera" (Isa. 1:21; Ez. 16:23; Os. caps. 1 a 3) y la nación a "Gomorra" (Isa. 1:10; Ez. 16:46). Sus príncipes son "rebeldes" y "camaradas de ladrones" (Isa. 1:23), "asesinos" (Isa. 1:21; Ez. 22:6), parecidos a los "príncipes de Sodoma" (Isa. 1:10). "El mejor de ellos es como una zarza, el más recto es peor que un seto de espinos", exclama Miqueas (7:4, comp. Éx. 3:2). Parecidamente Isaías lamenta sobre la maldad del pueblo: "¡Ay de ti, nación pecadora, pueblo cargado de iniquidad, raza de malhechores, hijos de vida estragada!" (Isa. 1:4). Por fin, después de siglos de paciencia, Jehová declara acerca de Jerusalén por boca de Jeremías: "Esta ciudad ha sido para mí objeto de mi ira y de mi indignación desde el día en que fue edificada hasta el día de hoy" (Jer. 32:31).

LA DIFÍCIL MISIÓN DE LOS PROFETAS

Entre el pueblo apóstata los profetas se erguían enhiestos como "columnas de hierro y muros de bronce" (Jer. 1:18) y era necesario que sus frentes fuesen más duras que el pedernal (Ez. 3:8 y 9). No eran llamados para ablandar los golpes con "almohadillas" (Ez. 13:18) ni para blanquear paredes ruinosas (Ez. 13:10), ni les fue permitido clamar "¡Paz! ¡Paz!" cuando no había paz (Jer. 6:14; Ez. 13:10).

Con todo, se caracterizaban por un amor ardiente para con su pueblo, siendo, en verdad, los más escogidos de los patriotas (comp. Rom. 9:1-3). Precisamente por ello les era imposible callar los pecados de sus compatriotas, aun cuando las denuncias laceraban sus propios corazones (Jer. 4:19). No podían ser confundidos con los profetas mentirosos, pues sus métodos no se prestaban a sacar dinero de los bolsillos de los incautos (Miq. 3:11; Dan. 5:17; Ez. 13:19). Hablaban constreñidos por una presión interior, siendo persuadidos por el Señor de la veracidad de sus mensajes (Jer. 20:7). Su servicio no constituía una "profesión", sino una "vocación", llevándose a cabo no por el ejercicio de su propia voluntad, sino bajo una "necesidad" impuesta desde arriba. No era tanto que ellos "poseían" un mensaje, sino, al contrario, que el mensaje divino les "poseía" a ellos, pudiendo exclamar como Pablo: "¡Ay de mí si no predicara!" (1 Cor. 9:16).

Aun siendo hebreos por excelencia, no eran tanto profetas nacionales como portavoces del Reino de Dios; no movían las masas a la manera de los demagogos, sino que se alzaban en su dignidad de siervos de Dios, inspirados por el Espíritu, como solitarios picos montañosos sobre las llanuras y marismas de los asuntos contemporáneos. Aun siendo los más abnegados de los patriotas, adquirían fama de pesimistas, traidores, oscurantistas y enemigos de la patria (1 Rey. 18:17; 21:20; Jer. 37:13 y 14). Por ello eran odiados, despreciados y perseguidos (2 Crón. 36:16; Jer. 38:28). Algunos fueron lapidados, otros aserrados o matados por distintas y crueles maneras. A otros les tocaba en suerte vagar por los desiertos y desfiladeros, viviendo en cavernas; pero, con todos, tal era su dignidad, que el mundo no era digno de que pisaran la tierra (Heb. 11:33-40).

Tales eran los profetas de Israel, y, en vista de la calidad de su testimonio, llega a ser un craso error repudiar su obra juntamente con la repulsa de la maldad de los judíos rebeldes. Es el Talmud y no el Antiguo Testamento que representa el espíritu de la mayoría de los judíos, pues el A. T. es preeminentemente el producto del Espíritu Santo a través de siervos de Dios que él levanta en medio de Israel (1 Ped. 1:11; 2 Ped. 1:21; Heb. 3:7). Entre estas dos bibliotecas —la bíblica y la talmúdica— existe el mismo abismo espiritual que mediaba entre Jesús y los fariseos. Jehová, el Dios del Antiguo Testamento, dice a Ezequiel: "No temas... aunque ellos sean zarzas y espinos contigo, y aunque tú habites en medio de escorpiones... porque casa rebelde son" (Ez. 2:6). El Señor, por su gracia, triunfará a través del resto fiel de Israel, pero *a pesar de* la mayoría rebelde. El Antiguo Testamento, desde un punto de vista, no es el libro de la religión nacional judaica que se desarrolla según su carácter racial, sino el libro de Dios que explaya su revelación contraria a tal religión, de modo que es preciso distinguir cuidadosamente entre las verdades divinas del Antiguo Testamento y los preceptos morales —enseñados y aplicados en el espíritu propio de la literatura talmúdico-farisaica—. Quizá Dios escogió precisamente a este pueblo con el fin de que, sobre el negro fondo de su rebeldía y hostilidad, pudiese explayar más cumplidamente tanto la solemnidad de sus juicios abrumadores frente a los pecados empedernidos como la profundidad de su gracia perdonadora frente a los humildes de corazón (Hech. 7:51; Luc. 4:25-27; Mat. 8:10; 11:21 y 23; 12:42; Rom. 2: 24; 9:22-24).

Los ejemplos educativos del Antiguo Testamento

La carrera de Israel es una lección gráfica y vívida que se presenta sobre el escenario de la historia del mundo, sirviendo de amonestación a todas las naciones y de espejo para cada pecador (1 Cor. 10:1). ¡Que no seamos como los prevaricadores de entonces! Hipócritas, fornicarios, adúlteros, cobardes, mentirosos y asesinos se han hallado no sólo entre el pueblo judío, sino entre todos los pueblos en todo tiempo, y como ha sido en el pasado así será también en el porvenir. Las lecciones del A. T. se aplican a todos, ya que no pretende ser ni la historia del pueblo judío como tal ni una colección de relatos personales de carácter "piadoso", sino el testimonio del Espíritu Santo, quien denuncia el pecado de todos los hombres al par que revela la gracia divina, siempre dispuesta a perdonar y recibir a los pecadores que se arrepienten y creen. Con el fin de señalar el camino de la salvación y de la bendición divina, el A. T. enfoca su luz sobre la manera en que los cobardes, mentirosos, perjuros, homicidas, etc., pueden parar en su loca carrera al oír el llamamiento de Dios, disponiéndose a emprender otro camino —el de la vida— en obediencia a Dios.

Tales consideraciones nos ayudan a comprender por qué se incluyen en el A. T. ciertos relatos que, al parecer de algunos, ofenden contra el pudor. La franqueza "brutal" de los autores proféticos lleva en sí la prueba de la veracidad y la incorruptibilidad de toda su obra, y la Biblia llega a ser el Libro de toda la humanidad precisamente porque retrata la humanidad tal cual es. Tal cuadro no puede ser agradable, porque la raza se ha hundido en la más horrible corrupción, y estos males no pueden diagnosticarse por medio de "una novela rosa" (Sal. 14:2 y 3). Admitiendo todas las diferencias y variaciones que pueden existir entre diferentes razas humanas, con una medida de superioridad o de inferioridad en cuanto a su grado de civilización, o sus aptitudes para la misma, con todo, el veredicto bíblico se mantiene firme en su totalidad contra todo intento diabólico de "autodeificación": "No hay distinción; pues todos pecaron y no alcanzan a la gloria de Dios"... "¿Dónde está, pues, la jactancia? ¡Fue excluida!" (Rom. 3:22 y 23, 27).

En cuanto a las venganzas, la poligamia, la esclavitud y los métodos crueles de hacer la guerra que se mencionan en el A. T., hemos de tener en cuenta que el régimen anterior constituye una etapa educativa anterior a la revelación del Nuevo Testamento que arroja plena luz sobre todos los problemas de los hombres. La primera etapa no podía explayar la plenitud que corresponde al advenimiento de Cristo y que se funda sobre la Obra de la Cruz, notando el mismo Señor ciertas "concesiones" anteriores debidas a la dureza del corazón de los hombres (Mat. 19:8). Estas desaparecen cuando Cristo anuncia la consumación de la Ley espiritual diciendo, como majestuoso Legislador: "Mas yo os digo..." (Mat. 5:22, 28, 32, 34, 39, 44).

Sobre el exterminio de los canaanitas de Palestina hemos de tomar en cuenta otras importantes consideraciones, pues los pueblos son organismos nacionales, exhibiendo una solidaridad que surge de su origen, su sangre, las costumbres aprendidas desde la niñez, etc. Llegan a tener un "alma colectiva" y una responsabilidad colectiva también. No sólo eso, sino que la paciencia de Dios esperó hasta que los pueblos de Canaán fuesen *maduros para el juicio*, o sea, hasta el momento en que la persistencia de la vida nacional, corrompida por los más horrendos vicios, en lo que se evidencia una rebeldía total contra la luz, constituía un mal mucho mayor para la humanidad que no su exterminio. Por eso Dios no dio la tierra en seguida a Abraham, sino que la concedió 400 años de prórroga, que Dios explicó al patriarca en estas palabras: "Aún no ha llegado a su colmo la iniquidad de los amorreos" (Gén. 15: 13-21, esp. el v. 16). El mismo Dios que extiende su gracia a sus amigos —aquellos que se disponen a recibir sus dones— ha de manifestar su justicia frente a sus enemigos. Por eso las promesas han de esperar la manifestación de la justicia divina y la adquisición de la tierra de Canaán fue condicionada por el juicio sobre los canaanitas y éste por consideraciones de la justicia divina que esperaba la madurez del pecado; aquel "colmo" que precisaba la intervención en juicio de parte de Dios.

LA PREDICCION DEL PORVENIR

Los juicios sobre Israel

Se destaca la gran lección de que no puede haber salvación sin el arrepentimiento. Los componentes individuales de una nación tienen que arrepentirse, extendiéndose el espíritu de sumisión a toda la nación antes de que ésta pueda ser elevada a un estado de bienestar permanente y de bendición real. De vez en cuando leemos de "reformas" en los libros históricos, pero dependían en gran parte de la acción de algún rey piadoso, como Josafat, Ezequías o Josías. Aparentemente no llegaban a los profundos estratos de la sociedad nacional, de modo que los profetas empleaban expresiones como las siguientes: "¡Ay de tí, nación pecadora, pueblo cargado de iniquidad, raza de malhechores, hijos de la vida estragada!" (Isa. 1 :4)... "¡Tocad la bocina en Gabaa y la trompeta en Rama... el enemigo está detrás de tí, oh Benjamín!" (Os. 5 :8)... "Israel ha desechado lo que es bueno; ¡que el enemigo le persiga!" (Os. 8 : 3).

Los juicios que habían de sobrevenir al pueblo se describen en términos dramáticos y trágicos; había de haber destrucción (Isa. 1 :28; Os 4 :6), el pueblo sería hollado (Isa. 5 :5); los altares serían desolados (Ez. 6 :4); las naciones habían de quebrar al pueblo como vaso de alfarero (Isa. 30 :14 comp. 5 :25; Ez. 23 :22 y 23); la tierra sería desolada a causa de catástrofes naturales (Joel 1 :2-12; Amós 4 :7-10); el pueblo había de ser echado de la presencia de Dios (Jer. 6 :30; 7 :15; 32 :31). He aquí la suerte de los judíos apóstatas según las declaraciones de los profetas del A. T., cuyos fatídicos oráculos se multiplican frente al pueblo infiel. El estado judaico había de caer en ruinas (Jer. cap. 25; Ez. cap. 4); los individuos pasarían vergüenza (Jer. 29 :18); el pueblo había de ser tratado con desprecio por las naciones que lo odiaban (Jer. 24 :9; 25 :18; 26 :6); la ira de Dios había de ser manifestada como fuego que ardía (Jer. 4 :8) y como inundaciones de aguas (Os. 5 :10); Dios se presentaría a su pueblo como su "terror" y como "león" dispuesto al ataque (Isa. 2 :21); Os. 5 :14); con todo, estas tribulaciones no serían sino el preludio del verdadero "día de Jehová" de los tiempos del fin (Joel cap. 2). He aquí el lenguaje de los profetas frente a Israel al querer llevarles de nuevo "a la Ley y al Testimonio", sin los cuales no habría para Israel un amanecer (Isa. 8:20).

Los juicios sobre las naciones

Las naciones, instrumentos muchas veces para el castigo de Israel, tampoco podían escapar de los juicios de Dios, ya que se entregaban a horribles pecados, por los cuales se hallaban bajo la ira de Dios. Se caracterizaban por la violencia (Hab. 1:9), por el amor al despojo (Nah. 2:12 y 13; Hab. 2:8); por el derramamiento de sangre inocente (Nah. 3:1), todo lo cual manifestaba su "naturaleza de fieras" que se ilustra en las visiones de Daniel (Dan. 7:3-7). A todo ello hay que añadir su soberbia, que les llevaba a la deificación de sus propias fuerzas (Isa. 10:12-15; 14:13; Jer. 50:31 y 32; Nah. 3:8; Ez. 27:3; 28:2-5; 31:1-14; Hab. 1:11; Ez. 28:9); su odio contra Israel y su desprecio frente a Jehová (Amós 1:11; Ab. 11; Isa. 10:5-7; 47:6; Jer. 48:27; 50:7; Ez. 25:3 y 6). Las naciones, pues, se hallaban maduras para el juicio.

Los profetas declaran que sus religiones no pasaban de peligrosas delusiones (Isa. 44:9-20; Jer. 50:38) y que sus dioses eran vanidades (Sal. 96:5), percibiendo que todo su hacer llevaba la mancha del pecado (Sal. 14:2 y 3). A pesar de todo ello, las naciones se atrevían a declarar que sus normas valían más que el temor de Jehová (Isa. 36:18-20; 10:10; Dan. 5:3 y 4), de modo que se rebelaban contra el Dios del cosmos, sin darse cuenta de que ellas —todas juntas— no pasaban de ser una gota de agua que cae del cangilón de la noria o un grano de polvo que se adhiere a los platillos de la balanza (Isa. 40:15 y 26).

Por lo tanto, el Señor pronuncia su sentencia contra ellas: "He aquí, que por la ciudad que es llamada de mi Nombre yo comienzo a traer el mal, ¿y vosotros por ventura habéis de pasar absolutamente sin castigo? No pasaréis sin castigo, porque yo llamo la espada contra todos los habitantes de la tierra, dice Jehová de los Ejércitos (Jer. 25:29). "¡Ay de Asiria!" que se llama "serpiente ardiente voladora" (Isa. 10:5; 14:29; 27:1). La espada había de desenvainarse contra Egipto (Ez. 29:8), "el dragón que está en el mar" (Isa. 27:1; Ez. 29:3). "Hoyo y lazo" esperaban a Moab, famoso por su arrogancia y su jactancia (Jer. 48:

43; Isa. 16:6). Jeremías había de presentar la copa de ira a todas estas naciones: "Toma de mi mano esta copa del vino de mi ardiente indignación, y haz que beban de ella todas las naciones a quienes yo te envío" (Jer. 25:15 y 16). Amón había de convertirse en lugar de pastos para camellos (Ez. 25:5), y Tiro, el gran puerto, llegaría a ser "roca desnuda" (Ez. 26:4). Elam llegaría a su fin (Ez. 32:23 y 24). y Edom (Duma) sería sumido en el silencio de la muerte (Isa. 21:11; 63:1-6). Entre todas las naciones destinadas al juicio se destaca Babilonia, "martillo del Señor", que había de quedar tan asolada como Sodoma y Gomorra (Jer. 51:20-23; Isa. 13:19 y 20; Jer. 50:40). Los profetas no limitaban su ministerio a Israel, sino que, cual atalayas, hacían resonar la nota de aviso y de amonestación para el mundo entero. Algunos discursos dirigidos a las naciones son largos y célebres, por ej., Isa. caps. 13 a 23; Ez. caps. 25-32; Dan. caps. 2, 4, 7, 8 y 11; Amós caps. 1 y 2).

LA CONVERSIÓN DE ISRAEL

Los profetas siempre terminan su ciclo de profecías con una nota de optimismo, pues "no hará siempre lobreguez para la que está ahora en angustia" (Isa. 9:1). Después del proceso de juicio, Sión será redimida (Isa. 10:21; Jer. 24:7; Os. 3:5) y, a la manifestación del Mesías, se constituirá en el núcleo de un pueblo renovado (Isa. 11:1; 4:3; 6:13; Ez. 37:26-28). Desde luego, en el fondo se halla la Cruz como base del perdón, pero los profetas no suelen ver más que la repentina intervención de Jehová en gloria, quien obrará en la plenitud de su gracia a favor de su pueblo.

Los profetas agotan toda la gama de los colores de su paleta literaria al querer presentar la plenitud de la salvación futura, y descripciones análogas se hallan en centenares de contextos. Tenemos que tener en cuenta siempre que las profecías de salvación sólo hallan su cumplimiento en el pueblo de Israel *convertido y renovado*, pues el A. T. no adelanta ni una sola promesa de señorío o de bienaventuranza para el "Jacob" rebelde, sea que se halle en Palestina, sea que perdure el esparcimiento judicial entre las naciones.

Cuando se manifieste públicamente el Mesías, Israel, hallándose en Palestina, pasará por la experiencia de un profundo arrepentimiento nacional, que dará lugar al "nuevo nacimiento" de la nación. Pero la potencia que obrará este maravilloso cambio no brotará de las energías nacionales, sino de Jesús de Nazaret, rechazado por largos siglos (Jer. 16:15; Zac. 12:10-14; Apoc. 1:7). Este milagro judío será tan eficaz que el pueblo, ahora tan manchado e inmundo, será por excelencia santo y limpio, y, después de tan profunda transformación, todas sus cosas, hasta la más insignificante, serán dedicadas a Jehová: "En aquel día habrá aun sobre las campanillas de los caballos el rótulo de SANTIDAD A JEHOVA, y las ollas en la Casa de Jehová serán como los tazones delante del altar" (Zac. 14:20 y 21). Será la resurrección de Israel de los muertos —tanto nacional como espiritual— que contempló Ezequías en su dramática visión (Ez. 37:1-14), que se enlaza también con la santidad del pueblo, que, a su vez, es la raíz de su bendición. La culminación de la bendición será la gloria manifiesta de Dios. Todo ello es una estupenda obra de gracia: "¡El celo de Jehová de los Ejércitos hará esto!"

LA CONVERSIÓN DE LAS NACIONES

Según la promesa original de Gén. 12:1-3, las naciones en general han de participar en las bendiciones que Dios derramará sobre la tierra, puesto que él no es Dios de los judíos solamente, sino también de los gentiles (Rom. 3:29). Las profecías dadas por medio de Israel consideran a las naciones como componentes de una sola familia, por lo cual todas ellas tendrán su parte en la salvación mesiánica. La insensibilidad de los pueblos frente a la revelación de Dios se cambiará en una visión perfecta de su Persona: "(Dios) destruirá en este monte la cobertura de las caras, la que cubre todos los pueblos, y el velo que está tendido sobre todas las naciones" (Isa. 25:7). Por primera vez en la historia *pueblos* se convertirán al Señor como tales, lo que dará lugar a pueblos y razas cristianas, a diferencia de esta dispensación (desde el Pentecostés hasta la Venida de Cristo) durante la cual Dios toma de entre los gentiles un pueblo para su Nombre (Jer. 3:17; Zac. 8:20-22; Isa. 2-3; Miqueas 4:2; Isa. 42-4; Hech. 15:14). La hermosa confraternidad de los pueblos en el milenio —con referencia especial a los antiguos enemigos de Israel— se describe en Isa. 19:19-25: "Habrá en aquel día altar para Jehová en medio de la tierra de Egipto y una columna para Jehová junto a su confín... y los egipcios darán culto a Jehová juntamente con los asirios... Jehová de los Ejércitos (los) bendecirá diciendo: ¡Bendito sea Egipto, pueblo mío, y Asiria, obra de mis manos, e Israel, herencia mía!"

No cabe promesa más amplia, pues no se trata aquí de la incorporación de naciones paganas, al convertirse, en la renovada república de Israel, sino de una alianza fraternal entre Israel y las naciones que se nombran sobre la misma base de la redención divina. La universalidad del culto a Jehová se describe en elocuentes términos en Mal. 1:11: "Desde el nacimiento del sol hasta donde se pone, mi Nombre ha de ser grande entre las naciones; en todo lugar se ofrecerá a mi Nombre incienso y ofrenda limpia, porque grande será mi Nombre entre las naciones". Aquí, con el colorido natural del A. T., los profetas anticipan la verdad novotestamentaria que explayó el Maestro ante la mujer samaritana, que el Padre había de ser adorado en espíritu y en verdad, sin referencia especial a esta ciudad o la otra, ya que el incienso de la adoración podría subir de cualquier lugar en la tierra (Juan 4:21-24).

Por fin se cumplirán las indicaciones de multitud de profecías y salmos: que tanto Israel en su tierra como las naciones en las suyas, serán regenerados espiritualmente y por la potencia de la gracia divina. Entonces el Señor reinará como Rey Divino sobre toda la tierra, gobernando toda la humanidad según las normas de la justicia y de la paz (Sal. 87:4-6; Zac. 14:9).

El Mesías y su Reino

La causa inmediata de la conversión de Israel y de las naciones será la manifestación en gloria del Mesías. Él se destaca como la consumación y el "sol" de toda profecía. "Los profetas brillan como estrellas y la luna —escribió Lutero—, pero Cristo sale como el Sol de justicia." Pedro reconoció este énfasis profético al declarar en la casa de Cornelio: "De *éste* testifican todos los profetas, que todo el que cree en él recibe por su Nombre remisión de pecados" (Hech. 10:43). No hacía sino recalcar las enseñanzas del Maestro mismo, quien declaró que él, como Mesías, era el tema de todas las secciones del A. T. (Juan 5:39; Luc. 24:25-27, 46). Parecidas declaraciones del gran Apóstol de los gentiles se hallan en 1 Cor. 15:3 y 4; Hech. 26:22 y 23. Al llegar el Rey, abrió el entendimiento de los suyos para que comprendiesen el testimonio de los heraldos que le habían precedido, de modo que sólo por medio del Nuevo Testamento hallamos la solución de los problemas del Antiguo.

10

■■■■■■■■■■■■■■■■■■■■■■■■■■■■■■■■■■■■■■

Las profecías mesiánicas

EL MESIAS QUE VENIA

A través de todo el A. T., Cristo es "el que venía", Centro del Evangelio que se iba formulando progresivamente. El A. T., pues, es como la tenue luz de la aurora que se aumenta en fuerza hasta el levantamiento del sol. En términos proféticos y típicos, el A. T. describe al Mesías haciéndonos saber lo que había de ser, mientras que el N. T. revela quién es el Cristo, identificándole con Jesús. Por lo tanto nadie conoce a "Jesús" que no le reconoce como el Cristo, ni nadie puede saber la verdad en cuanto al Mesías que no le identifica con Jesús.

Tengamos en cuenta que "Cristo" es la traducción griega del vocablo hebreo "Mesías" (= el Ungido) empleándose ya en la versión Septuaginta, que tuvo su origen entre los judíos de Alejandría en el tercer siglo a. C.

Los dos Testamentos se relacionan respectivamente con los dos nombres principales del Redentor, destacándose el de su vocación en el Antiguo y el de su personalidad humana en el Nuevo. Ambos son inspirados por el Espíritu Santo y complementan el uno al otro.

El retrato profético del Mesías en el A. T. perfila multitud de rasgos de su Persona y Obra.

A   *La Persona del Mesías:*

    a)   Su humanidad en relación con su familia, lugar y tiempo de manifestación.

    b)   Su divinidad que se vislumbra en forma velada.

B   *La Obra del Mesías*:

   a)   Su advenimiento en humildad.
   b)   Su advenimiento en gloria.

LA PERSONA DEL MESIAS

Aun antes de la encarnación, Cristo constituía el Centro de la historia de la Salvación, siendo la revelación escrita precristiana una "historia de Cristo" redactada antes de su manifestación. Desde cierto punto de vista, el A. T. es una autopresentación de la Persona que había de venir, puesto que Pedro declara que el "Espíritu de Cristo" inspiró a los profetas (1 Ped. 1:11).

Su humanidad

La profecía del A. T. adelanta hacia una meta en el curso de los siglos, o, cambiando la metáfora, empieza con una luz difusa que se concentra progresivamente hasta enfocarse en Uno cuyas características pueden identificarse con las de Jesús de Nazaret.

La familia. El Redentor del mundo desciende de la humanidad, siendo la Simiente de la mujer (Gén. 3:15), correspondiendo la profecía a la época de Adán y Eva.

Más tarde, la profecía de Noé (c. 2300 a. C.) indicó que el Mesías descendería de una raza determinada de la humanidad, la de Sem (Gén. 9:26).

De entre todos los semitas fue escogida la Simiente de Abraham, según las promesas de Gén. 12:1-3 (c. 1900 a. C.).

Varias naciones descendieron de Abraham, pero la promesa fue restringida a la de Isaac, y luego, a los descendientes de Jacob, c. 1850 a. C. (Gén. 26:3 y 4; 28:13 y 14).

De entre las tribus de Israel, fue tomada la de Judá, c. 1800 (Gén. 49:10; comp. 1 Crón. 5:2; Heb. 7:14).

Rubén era el primogénito de Israel, pero perdió sus derechos por un pecado de especial gravedad (Gén. 35:22) y con ello la posibilidad de ser antecesor del Mesías (1 Crón. 5:1; Gén. 49:3-4). De sus hermanos restantes, los mayores fueron excluidos por su sangrienta violencia en Siquem (Gén. 34:25), repartiéndose los derechos de primogenitura de la forma siguiente:

Una porción doble de la herencia material se concedió a José, cuyos hijos, Efraim y Manasés, fueron constituidos cabezas de tribus en Israel (Gén. 48:5; Deut. 21:15-17; 1 Crón. 5:1 y 2).

La dignidad sacerdotal pasó a Leví, cuyos hijos probaron su fidelidad al pie del Monte Sinaí (Ex. 13:2 y 15; 32:26-28; Núm. 3:12 y 45; 8:17 y 18).

El gobierno recayó sobre Judá, el cuarto hijo (Gén. 43:33; 48: 14, 18 y 19; 1 Crón. 5:2). De ahí resulta que Cristo es el León de la tribu de Judá" (Apoc. 5:5; Gén. 49:9 y 10).

Durante los siglos posteriores, el proceso de particularización se suspende, bien que Moisés (c. 1500 a. C.) hace referencia al advenimiento de un Profeta, semejante a sí mismo (Deut. 18:15; Hech. 3:22; 7:37) y, como hemos visto en capítulos anteriores; el sistema levítico señalaba hacia Cristo como Sumosacerdote (Ex. caps. 25 a 31; Lev. caps. 1 a 7, 16; Juan 5:46).

Un poco antes de la entrada de Israel en Canaán, el vidente gentil, Balaám, limitó su profecía mesiánica al Rey venidero, visto dentro del marco general del pueblo de Israel: "Le estoy viendo —exclamó— mas no es de ahora; le estoy mirando, mas no en tiempos cercanos. De Jacob ha salido una Estrella, y de Israel se ha levantado un Cetro" (Núm. 24:17).

Es preciso esperar el ministerio de Natán, profeta contemporáneo de David (c. 1050), antes de que la luz de la profecía mesiánica se enfoque en la simiente de David. Anteriormente se había inaugurado el reino de Israel en la persona de Saúl (c. 1100), que hemos apreciado como un paso retrógado desde el punto de vista de la teocracia, y una concesión a la dureza del corazón del pueblo (Ex. 19:5 y 6; Deut. 33:5; 1 Sam. 8:7; Mat. 19:8). Con todo, las providencias divinas habían de superar las limitadas ideas humanas, convirtiendo el falible reino de los hombres en el glorioso reino mesiánico del Hijo de David.

El Rey-Mesías, Hombre-Dios, había de surgir de la raíz de Israel, de modo que fue preciso que algún israelita fuese su antecesor según la carne. Eso no suponía necesariamente el establecimiento de una dinastía real, pues cualquier vástago de la tribu de Judá habría podido ser antecesor del Mesías. Con todo, una vez establecido el reino, siendo confirmado por Dios a pesar de los fallos humanos, Dios determinó que el antecesor necesario fuese un creyente, portador de la corona.

La misión de Natán a David y el mensaje que entregó al rey entonces (1 Crón. 17:3-14), es de gran importancia para el desarrollo del plan de Redención, ya que la profecía confirió las promesas mesiánicas a David, hijo de Isaí, vástago de la tribu real de Judá. De este momento en adelante el Mesías se describe como el "Hijo de David" (Isa. 11:1; Apoc. 5:5).

La importancia de David en el plan de Salvación puede deducirse del hecho que se nombra 980 veces en el A. T. y como 50 veces en el N. T., o sea, más de 1.000 en total. El nombre de "Jesús" también se halla alrededor de 1.000 veces.

El proceso de selección continúa entre los descendientes de David, escogiéndose Salomón y Natán (ambos hijos de Batseba) para ser transmisores de la bendición mesiánica (2 Sam. 5:13 y 14; 1 Crón. 3:5). José, "padre en ley" del Señor Jesucristo, descendió de Salomón (Mat. 1:6 y 16), mientras que María, madre de hecho de Jesús, descendió de Natán (Luc. 3:23 y 31). En cuanto a su nacimiento humano, pues, Jesucristo no desciende de la línea real más importante —la de los reyes anteriores —sino de la línea colateral de Natán. Sus derechos legales se derivan de Salomón, mientras que su descendencia orgánica procede de Natán, ambos hijos de David.

Muchos escriturarios (v.gr.: Lutero, Bengel, Lange, Delitzsch) creen que Mateo traza la línea genealógica de José, mientras que Lucas sigue la de María, o, más exactamente, la de su padre Elí, suegro de José (Luc. 3:23). El Talmud judáico menciona a María como hija de Elí.

Nota del trad. Si esto nos parece complicado, tengamos en cuenta que los hebreos trazaban las líneas genealógicas por los varones, de modo que el nombre de María no podía constar directamente; por eso, la relación "suegro-yerno" adquiere una importancia que no sería propia entre nosotros. Véase la última cláusula de Neh. 7:63. *Fin de nota.*

Por la concentración progresiva de la luz difusa de los principios, la profecía pasó de lo general hasta lo particular, del cargo a la Persona que había de asumirlo, de lo material a lo personal, del Mesías hasta Jesucristo. A través del A. T., el Padre atrae a los hombres al Hijo, de la manera en que, en el N. T., el Hijo los lleva al Padre (1 Cor. 15:28).

Más tarde, el reino terrenal se derrumbó, siendo Zedequías el último de la dinastía de David que llevara la corona (2 Crón. 36: 11-20). Con todo, el propósito de Dios permanece firme, por el cual el reino, el poder y la gloria se asocian con David, de modo que, en el tiempo del fin, Cristo llamado "David", pastoreará tanto a su pueblo como las naciones (Isa. 55:3; Ez. 37:24 y 25; Os. 3:5; Isa. 11:1-10; Jer. 23:5). El hombre consiguió el reino terrenal que él deseaba, pero las providencias divinas ordenaron que, desde tan débil punto de partida, llegara a ser el Reino Celestial donde Dios mantiene y manifiesta sus derechos, menoscabados en un principio por el hombre.

El lugar. La profecía de Natán determinó una vez para siempre que el Mesías había de descender de la familia de David (c. 1050 a. C.), pero no aclaró nada en cuanto al lugar y al tiempo de su manifestación. Más tarde, sin embargo, dos profecías destacadas echaron luz, tanto sobre el lugar como la fecha. Miqueas habló del lugar 300 años más tarde (c. 725 a. C.) en un oráculo que hallamos en Miqu. 5:2; Daniel, después del lapso de 500 años (c. 536), determinó la fecha (Dan. 9:24-27, comp. 9:1).

Betlehem-Efrata (= casa de pan) fue fundada por el héroe Caleb (1 Crón. 2:50 y 51), sirviendo de sede para el "juez" Ibzán (Jue. 12:8-10). Sin embargo, en los siglos anteriores a David adquirió fama poco halagüeña, relacionándose con la muerte y el luto en Gén. 35:19 y 20, con la idolatría en Jue. 17:7 y ss., con la inmoralidad y lucha fratricida en Jue. caps. 19 al 21 y con el hambre en Rut 1:1. También procedió del Betlehem el sacerdote idólatra de Mica (Jue. 17:7-10; 18:30). Según la norma de que Dios siempre escoge a lo humilde para la realización de sus propósitos, sacó de esta ciudad a David, antecesor del Mesías, determinando que había de ser el lugar de nacimiento del Hijo de David, "Cristo el Señor" (Miqu. 5:2; Luc. 2:11).

El tiempo. La profecía de Daniel, a lo que hemos hecho referencia, es el célebre oráculo de las "setenta semanas", o sea, de setenta períodos de siete años, que señala la culminación y fin de las predicciones mesiánicas. He aquí las declaraciones de Dan. 9: 25 y 26: "Sabe, pues, y entiende que desde que salga la orden de restaurar y reedificar a Jerusalén, hasta el Mesías el Príncipe, habrá siete semanas; la ciudad volverá a edificarse con calle y foso, bien que en tiempos de angustia. Y después de sesenta y dos semanas será muerto el Mesías y no será más (o no será más suyo el pueblo)". Algunos han querido decir que el Mesías (el Ungido) aquí no quiere decir el Cristo, sino Ciro, o quizás Onías, como en 2 Mac. 4:34, pero durante los primeros siglos de la Iglesia se entendía que la referencia señalaba a Cristo, y así muchos escrituarios modernos como Hengstenberg, Auberlen y Keil, etc.

Un israelita como Daniel comprendería que las "semanas" correspondían a períodos de siete años, ya que, bajo la Ley mosaica, cada séptimo año era "año sabático" (Lev. 25:4). Así, 7 más 62 = igual 69 septenios, o sea, 483 años, "hasta el Mesías, el Príncipe". El punto de partida es *la orden* para reedificar a Jerusalén (Dan. 9:25), que no puede corresponder al Decreto de Ciro (536 a. C.) por relacionarse éste con la reconstrucción del *Templo*: cometido realizado por el príncipe Zorobabel y el sumosacerdote Josué, ayudados por los profetas Aggeo y Zacarías (Es. 1:1-4; 5:13-15; 6:3-5, 15 y 15). Esta fecha corresponde a 516 a. C. En cuanto a la *ciudad*, la reedificación fue llevada a cabo unas décadas más tarde por el sacerdote Esdras, el gobernador Nehemías y el profeta Malaquías.

Los edificadores pudieron iniciar su obra gracias al decreto que el rey persa Artajerjes I Longimano (Artasasta) promulgó en el séptimo año de su reinado (465-424), para determinar la reorganización política de Palestina. Este importante decreto corresponde, pues, al año 457 a. C. (Esd. 7:11-26), y deducimos que el principio del período de los setenta septenios corresponde al comienzo de la actividad de Esdras. Es verdad que habían de pasar algunos años antes de que Nehemías pudo llevar a cabo la edificación de la muralla a causa de serias dificultades prácticas en cuanto a colocar los cimientos (445 a. C.); sin embargo, el primer decreto se destaca como el principio o "salida" del mandato de reedificar la ciudad.

Si añadimos los 68 septenios profetizados (483) años a la fecha 457 llegamos al año 26/27 d. C., o sea, el año exacto en que Cristo empezó a proclamar el Reino celestial, después del ministerio preliminar de Juan Bautista (Luc. 3:23). Herodes el "grande vivía aún cuando Jesús nació" (Mat. cap. 2), pero murió el año 749, desde la fundación de Roma, o sea, en el año 4 a. C. Por ende,

Cristo debió nacer unos cuatro o cinco años antes del principio "oficial" de la era cristiana, y por eso Jesús era "como treinta años de edad" cuando inició su ministerio en 26/27 d. C.

Es un hecho bien conocido que Victoriano de Aquitania (murió 465 d. C.) y el abad romano Dionisio Exiguo (murió c. 556 d. C.) se equivocaron al querer fijar el principio de la era cristiana, o sea, la fecha del nacimiento de Cristo. El año 1.º de nuestro calendario no debe corresponder al año 753 de Roma, sino al año 749 del mismo sistema, y aun podría corresponder a una fecha un poco anterior. El año 26 equivale al "año quince del reinado de Tiberio (Luc. 3:1), pero Lucas no hace sus cálculos desde el principio del reinado de Tiberio sólo (o sea, desde la muerte de Augusto en el año 14 d. C.), sino desde la fecha de su elevación al poder imperial conjuntamente con Augusto (enero del año 12 d. C.).

Esta coincidencia de fechas confirma el oráculo de Daniel de una manera asombrosa, y queda patente que las profecías del A. T. (en cuanto a la humanidad del Señor) determinaron con toda exactitud las relaciones de familia del Mesías, además del lugar de su nacimiento y la fecha de la inauguración de su ministerio.

PREDICCIONES DE LA DEIDAD DEL MESÍAS

Si bien se destacan claramente las circunstancias humanas del advenimiento del Mesías, no faltan tampoco referencias a su divinidad, algunas más veladas y otras más claras. Llegando a la profecía de Natán (que estableció el pacto davídico) hallamos la frase: "Yo seré su padre y él será mi Hijo" (I Crón. 17:13). Esta profecía rebasa ampliamente su cumplimiento parcial en Salomón y ha de entenderse en relación con el Mesías, formando la base de la importante profecía de David en Sal. 110:1; "Jehová dijo a mi Señor: Siéntate a mi diestra hasta que ponga a tus enemigos por escabel de tus pies." (Comp. Mat. 22:44 y 45). David llama a su Hijo su Señor (Adonai), como si, bajando de su trono, coloque su corona a los pies de aquel que se halla a la diestra del Altísimo como el rey, el verdadero David (Os. 3:5; Ez. 37:24 y 25). El mismo salmista exhorta a los reyes de las naciones que besen al Hijo, no sea que se enoje, ya que Jehová le había dicho: "Mi Hijo eres tú, yo te he engendrado hoy" (Sal. 2:7 y 12). El Nuevo Testamento aplica esta última expresión a la Resurrección del Cristo (Hech. 13:33; comp. Rom. 1:4), que elevó la vida de servicio del Mesías en la tierra a la de exaltación a la diestra, o sea, inauguró la manifestación del estado real.

Isaías ilustra la deidad del Mesías cuando le señala como "el Retoño del tronco de Isaí y el Renuevo que brota de sus raíces". La raíz es anterior al tronco, de modo que la vida del Mesías no sólo es posterior a Isaí, padre de David, sino también anterior (comp. Isa. 4:2). Muy claras y sublimes son las designaciones de Isa. 9:6; "Porque un Niño nos ha nacido, un Hijo nos es dado; y el dominio estará sobre su hombro; y se le darán por nombres: Maravilloso Consejero, Poderoso Dios, Padre del siglo eterno, Príncipe de la paz." Miqueas le ve como "el Caudillo de Israel, cuya procedencia es de antiguo tiempo, desde los días de la eternidad" (Miqu. 5:2). Jeremías le llama "Jehová, justicia nuestra" (Jer. 23:25 y 6) y Malaquías: "el Angel del Pacto, en quien os deleitéis" (Mal. 3:1). Recordemos también el testimonio que da de sí misma la eterna "Sabiduría" en Prov. 8:22-30, pasaje que debe compararse con Juan 1:1-3. Las referencias anteriores se hallan en orden cronológico, ya que Natán y David hablaron c. 1050 a. C., Miqueas c. 720, Jeremías c. 586 y Malaquías c. 430.

LA OBRA DEL MESIAS

Los rasgos contrastados del cuadro mesiánico de los profetas se armonizan en la Persona del Mesías; de igual forma elementos dispares anuncian el conjunto de su obra. En cuanto a su Persona, lo que más se destaca es el contraste entre su deidad y su humanidad; con referencia a su Obra, resaltan tanto la humillación como la exaltación, primeramente los padecimientos y luego "las glorias después de ellos" (1 Ped. 1:11).

LA VENIDA DE CRISTO EN HUMILDAD

Los profetas, por medio de repetidas pinceladas, echan sobre la lona el variado fondo de su humilde ministerio en la tierra, destacándose así la gloria radiante del Rey. Notemos las detalladas predicciones que siguen:

Su nacimiento en Betlehem.	Miqu. 5:2; Mat. 2:1.
Su ministerio público en Galilea.	Isa. 9:1 y 2; Mat. 4:12-16.
Su mansedumbre y ternura.	Isa. 42:2 y 3; Mat. 12:17-21.
Su celo consumidor.	Sal. 69:9; Juan 2:17; Mat. 21:12.
Sus milagros y sanidades.	Isa. 53:4; Mat. 8:16 y 17.
Su entrada en Jerusalén.	Zac. 9:9; Mat. 21:4 y 5.
La saña de sus enemigos.	Sal. 2:1-3; Hech. 4:25-28.
Fue abandonado por sus amigos.	Zac. 13:7; Mat. 26:31.
Su traición por treinta piezas de plata.	Zac. 11:12; Mat. 26:15.
Fue trapasado en la Cruz.	Sal. 22:16; Juan 20:25-27.
Echaron suertes por sus vestidos.	Sal. 22:18; Mat. 27:35.
Le dieron vinagre como bebida.	Sal. 69:21; Mat. 27:34.
Su grito de abandono.	Sal. 22:1; Mat. 27:46.
Su grito triunfal.	Sal. 22:31; Juan 19:30.
El golpe de lanza del soldado.	Zac. 1210; Juan 19:34 y 37.
Su Resurrección al tercer día.	Sal. 16:10; Hech. 2:25-31.
Su Ascensión al Cielo.	Sal. 110:1; Hech. 2:34 y 35.

A través de todas estas experiencias él es el "Siervo de Jehová", quien vicariamente lleva a su consumación la Redención en cumplimiento del cap. 53 de Isaías, la profecía más sublime del A. T. (Hech. 8:32-35).

LA VENIDA DE CRISTO EN GLORIA

Los profetas utilizan los colores más brillantes de su paleta para representar la gloria de la segunda venida de Cristo. Al estudiar sus oráculos, sin embargo, es preciso recordar la "ley de la perspectiva profética", puesto que a menudo hallamos rasgos propios de la primera venida en yuxtaposición con otros que corresponden a la segunda (Isa. 61: 1 y 2 con Luc. 4: 18-20).

Llevando las simbólicas coronas de plata y oro, que corresponden, respectivamente, al sumosacerdocio y a la realeza, el Mesías gobierna su Reino en justicia y en la plenitud de las siete manifestaciones del poder del Espíritu (Zac. 6: 11-13; Sal. 110: 4; Isa. 11: 2-4). Notemos algunas de las características de esta edad de oro:

La conversión y la unión de Israel	Os. 3:5; 2:17-19; Isa. 11:9; Sof. 3:13; Ez. 37:15-22.
La renovación de las naciones	Sof. 3:9.
Paz entre los pueblos	Mique. 4:3 y 4.
La naturaleza bendecida	Isa. 11:6-8; Os. 2:21 y 22.
El brillo aumentado del sol y de la luna	Isa. 30-26.

Si comparamos el A. T. con el ciclo nocturno donde centellean multitud de astros, el N. T. viene a ser un día claro de verano; pero, tengamos en cuenta que, según el dicho de Lutero: "No hay palabra en el N. T. que no se enlaza con algo anunciado de antemano en el A. T. ... no siendo en N. T. otra cosa que la revelación del A. T., como si se abriera una carta que antes estaba sellada" (Kirchenpostille, 1522). El primer anuncio de la inauguración del Nuevo Pacto hace referencia a la última profecía mesiánica del Antiguo (Luc. 1:5-17 con Mal. 3:1), ya que Cristo es el *Omega* del Antiguo y el *Alfa* del Nuevo.

UN PERIODO DE SILENCIO

Durante unos cuatro milenios Dios se había revelado a la humanidad en general y a Israel en particular, especialmente por la palabra proféctica. Después de los oráculos de Malaquías, sin embargo, cesaron las profecías y el Cielo se enmudeció durante 400 años de silencio y de espera. ¡Los hombres que se hallaron en este valle de lágrimas habían de esperar al Salvador del mundo durante casi la mitad de un milenio! Cabe preguntar por qué los creyentes en Israel tuvieron que soportar esta disciplina de prolongados e insatisfechos anhelos entre los ministerios de Malaquías y Juan el Bautista.

Hallamos la contestación en la necesidad de una preparación en el mundo, con relación a sus civilizaciones, y no sólo por medio de la palabra profética. Durante el intervalo entre los Testamentos, los grandes imperios gentiles se sucedieron el uno al otro, preparando el terreno para el mundo grecorromano que había de ser el escenario del advenimiento y la Obra del Redentor, seguidos por la proclamación universal del Evangelio. Los rápidos avances de Alejandro Magno llevaron la lengua y la civilización griegas a todas las tierras del Medio Oriente. El surgir posterior del Imperio romano unió estas regiones a otras de la cuenca del Mediterráneo, sin obliterar la obra civilizadora de Alejandro y sus sucerores. La amalgama de la férrea organización de Roma con los valores lingüísticos, literarios y artísticos de Grecia dio por resultado el mundo grecorromano por el que el Evangelio pudo extenderse ayudado por el buen orden (al menos relativo) del Imperio y expresándose por medio del hermoso y flexible idioma griego. Otros rasgos preparatorios se notan en el período de silencio, pero éste basta para entender que Dios, en sus providencias, obraba poderosamente a través de los acontecimientos mundiales. El tomo de la Biblioteca divina que ilumina la noche de estos quinientos años es el libro de Daniel.

Dentro de la historia bíblica de la Salvación, a guisa de paréntesis, hallamos dos prolongados períodos de silencio sin revelación alguna del Cielo: el ya notado que media entre Malaquías y Juan el Bautista, que duró 400 años, y el que media entre el primer advenimiento de Cristo y la plena manifestación del Reino de Dios, que ya ha durado casi dos mil años. Ambos pertenecen a "los tiempos de los gentiles" que señaló Cristo en el sermón profético (Luc. 21 : 24).

La antorcha que ilumina el primer período es el libro de Daniel, profeta de las naciones; la estrella polar del segundo es el Apocalipsis del apóstol Juan. El libro de Daniel fue dado a los santos del Pacto Antiguo el entrar en la noche que siguió la primera destrucción de Jerusalén (586 a. C.) y duró hasta la primera manifestación de Cristo. Parecidamente el Apocalipsis fue dado a los santos del Nuevo Pacto al entrar en la noche que siguió la segunda destrucción de Jerusalén (70 d. C.) y durará hasta la segunda manifestación del Señor. Los dos libros se complementan, siendo el segundo la ampliación y la consumación del primero.

11

"Los tiempos de los gentiles"

"¡El tumulto de muchos pueblos!... Rugen como ruido de poderosas aguas" (Isaías 17:12 y 13)

LA PERSPECTIVA GENERAL

Los "tiempos de los gentiles", que menciona el Maestro en Luc. 21:24, fueron inaugurados cuando Israel fue entregado en las manos de Nabucodonosor, rey de Babilonia y cabeza del primero de los imperios mundiales después de la destrucción de Jerusalén (586 a. C.). No terminarán hasta que se establezca el Reino visible de Dios en la tierra.

Por medio de la visión de la imagen profética (y visiones posteriores en el caso de Daniel) Nabucodonosor y Daniel tuvieron el privilegio de ver en perspectiva el desarrollo de los imperios del mundo a través de estos tiempos de los gentiles, bien que cada uno recibió una impresión que correspondía a su personalidad y posición. Como emperador pagano, Nabucodonosor contempló el aspecto exterior de la historia del mundo, la parte humana, su unidad orgánica, su apariencia imponente y brillante. Así la imagen era "colosal", de "grande y de sobresaliente magnificencia" (Dan. 2:31). mientras que el Reino de Dios que la destruyó y la reemplazó no pasó de parecerle una piedra cortada de una montaña (Dan. 2:34 y 45).

Daniel no sólo era ministro del estado de Babilonia, sino también un santo vidente, siervo de Dios, de modo que a él le fue revelado el aspecto interior de la historia durante el período en cuestión, pudiendo él contemplar su naturaleza subhumana que se asemejaba a la de las fieras (Dan. 7:4-7). Vio además su brutalidad y las profundas discordias manifestadas en los conflictos de los pueblos (Dan. 8:4, 6, 7; 11:2, 4, 11). Los poderes se destruían unos a otros y hollaban los restos (Dan. 7:7 y 19), mientras que blasfemaban el Nombre del Omnipotente (Dan. 7:8 y 25). En cambio, el Reino le fue revelado como el glorioso dominio del Hijo del Hombre, donde lo verdadera "humanidad" (en el sentido bíblico) había de regir el mundo por la primera vez desde la Caída (Dan. 7:13, 14, 27).

EL ORDEN DE LOS REINOS

El primer imperio —el babilónico— se presenta como una unidad homogénea según la figura de la cabeza de la imagen; el segundo —el medopersa— existe en estado dual, según el simbolismo del pecho y de los dos brazos; el tercero —el griego— se compone de los cuatro estados que resultaron de la división del breve imperio de Alejandro Magno y se presenta por los cuatro cuernos del leopardo (Dan. 7:6); en el cuarto se indica —en las condiciones que regirán en el tiempo del Fin— una unidad conseguida por la federación de diez reinos, simbolizados o por los diez dedos de la imagen profética o por los diez cuernos de la cuarta bestia (Dan. 2; 42 y 43; 7:7 y 8). La unidad se deberá a la acción violenta del "pequeño cuerno", sin duda símbolo del Anticristo.

Por fin, cuando Cristo se manifieste, no se verá más que una multiplicidad de ruinas de la tierra (Dan. 2:35; Apoc. 16:19; 19:11-18; Mat. 21:44); entonces el Señor, Monarca legítimo de los hombres, juntará a todos los pueblos y naciones en una verdadera unión bajo su propia égida como Cabeza de la raza (Efe. 1:10; Zac. 14:9).

El cetro de los imperios, hablando en términos generales, pasa del Oriente al Occidente, según el curso del sol, para terminar en la oscuridad de la noche. Desde otro punto de vista, *descienden,* apartándose de Dios según las normas del pecado y del mundo.

En cuanto a su valor intrínseco, notamos el deterioro de los metales de la imagen, ya que su cabeza es de oro, que se sustituye por la plata, y ésta por el cobre, y éste por el hierro, para terminar con una pobre mezcla de hierro y de barro cocido (Dan. 2:21-33). De igual forma el poeta romano Ovidio habló de las cuatro edades del mundo.

Se nota el mismo proceso de degeneración si se considera las funciones de las partes del cuerpo señaladas por la imagen colosal, ya que *la cabeza* es la sede de la inteligencia, *el pecho* la de los órganos vitales, *el vientre* la de los procesos digestivos; *los pies* son los miembros que andan por el polvo.

Todo cuanto representa la imagen tiene que ser destruido y desmenuzado, quitándose la soberanía de las "bestias" (Dan. 2:35 y 45; 7:12). El sol se levantará repentinamente en medio de la vigilia más oscura de la noche. El Hijo del Hombre, descendiendo del Cielo, establecerá el verdadero Reino de la humanidad, que será también el de Dios. La "Piedra" mesiánica crecerá con estupenda rapidez hasta convertirse en la "montaña" que llena toda la tierra, de forma que "el reino y el dominio y el señorío de los reinos por debajo de todos los cielos será dado al pueblo de los santos del Altísimo" (Dan. 7:13 y 27; 2:35; Mat. 26:64).

LA PRIMAVERA DE LOS PUEBLOS DEL MUNDO

El período que se extiende desde el siglo VIII al VI a. C. puede considerarse como la primavera intelectual y religiosa de los pueblos del mundo en cuanto a la historia precristiana. Una ola de inspiración pasó sobre los pueblos civilizados, moviendo a Confucio y Lao-tse, los mayores enseñadores de la China; a Buda, el indú más influyente; a Zoroastro, profeta de la religión de Ciro en Persia. El Asia occidental es la época del apogeo del ministerio profético de Israel (Isaías, Jeremías, Ezequiel y Daniel), mientras que en Grecia empiezan a germinar las primeras ideas filosóficas (Tales, Heráclito, Pitágoras y Sócrates) al par que florecen la poesía y el drama clásicos (Sófocles, Eurípides y Esquilo).

Sin embargo, se desencadenan las típicas tormentas primaverales a través del mismo período. Hasta 650 a. C. los grandes reyes de Asiria dominaban todo el Oriente Medio desde su capital de

Nínive, pero la caída de esta metrópoli en 612 determinó una serie de acontecimientos que se sucedieron como las olas de una marea entrante. El imperio que Nabucodonosor llevó a su apogeo —y que sucedió al asirio— no duró más que unas cuantas décadas, cuando fue derribado por Ciro (538 a. C.). Mucho más tiempo duró el enorme imperio persa, pero llegó a su fin cuando Alejandro Magno penetró en Asia en 333 a. C. El nuevo imperio griego fue dividido en cuatro estados (301 a. C.) después de la prematura muerte de Alejandro, pero el poderío romano avanzaba ya desde el Occidente y absorbió la mayor parte del imperio griego. Con la consolidación del imperio romano fueron garantizados unos siglos de relativa tranquilidad.

EL IMPERIO NEOBABILONICO (612-538 a. C).

Fuera de la luz profética de las Escrituras —dejando aparte una breve mención en Gén. cap. 10— se había desarrollado un imperio babilónico en la Cuenca baja del sistema hidrográfico de los ríos Eúfrates y Tigris, llegando a su apogeo en los días de Hamurabi (c. 1900 a. C. o más tarde), notable por su valor intelectual, siendo fuente de la civilización de toda Mesopotamia. Con el paso de los siglos había cedido ante el empuje brutal de Asiria. La "cabeza de oro" de la imagen simboliza el imperio neobabilónico que se rehizo sobre las ruinas del imperio asirio.

"Tu eres esa cabeza de oro", declaró Daniel delante de Nabucodonosor, quien encarnaba el poderío y el prestigio del imperio neobabilónico. Igualmente, el león con alas de águila de la visión particular de Dan. cap. 7 corresponde al mismo imperio. Como el oro es el metal más valioso del reino mineral y la cabeza es "señor" de los miembros del cuerpo, asimismo el león tiene primer rango entre los animales de la tierra y el águila entre las aves. De este modo, la profecía señalaba el poderío real, semejante al de un león, del renovado imperio babilónico, además de la rapidez y la rapacidad de sus campañas militares de conquista adecuadamente representadas por el vuelo del águila que se echa sobre su presa.

El imperio neobabilónico fue fundado por Nabopolasar (625 a. C.), consolidado por Nabucodonosor (604-562 a. C.) y destruido por Ciro el persa (538 a. C.). Duró como setenta años, que casi coinciden con los del cautiverio de los judíos (606-536 a. C.). Su destrucción fue ya predicha por Jeremías: "Jehová ha despertado el espíritu de los reyes de los medos, porque su propósito es contra Babilonia para destruirla; porque venganza es ésta de Jehová, la venganza del Templo" (Jer. 51:11 con 24; comp. Isa. 13: 17). La caída de Babilonia representa el colapso del dominio universal de la raza semita y el principio de la potencia de los hijos de Jafet (538 a. C.).

EL IMPERIO MEDO-PERSA (538-332 a. C.).

Ningún pagano mencionado en el A. T. recibió el saludo profético que mereciera Ciro. La distinción llega hasta el punto de que Isaías celebrara al gran guerrero, doscientos años antes de que naciera, en un oráculo que le menciona por su nombre: caso único en la profecía hebrea (Isa. 44:28; 45:1). Por amor a su pueblo Israel, Jehová le trabó de la diestra para sujetar naciones delante de él (Isa. 45:1 y 4), llegando hasta llamarle su "pastor" y su "ungido", elegido para llevar a cabo sus planes (Isa. 45:1-6; 44:28). Dios le prometió: "Yo iré delante de ti y allanaré los lugares escabrosos y haré pedazos las puertas de bronce y cortaré en dos las barras de hierro; te entregaré los tesoros de las tinieblas y las escondidas riquezas de lugares secretos, para que sepas que yo, Jehová, el que te llama por tu nombre, soy el Dios de Israel" (Isa. 45:2 y 3). He aquí el saludo que el A. T. dirige al fundador del dominio universal de los hijos de Jafet.

El imperio medo-persa corresponde al pecho de plata y a los dos brazos de la imagen de Daniel, cap. 2, como también al oso que se alzaba más de un lado que del otro de Dan. 7:5. Otra figura profética que corresponde al mismo imperio es el carnero de Dan. 8:3 y 20, cuyos cuernos eran desiguales, superando el postrero al primero.

Los medos y los persas eran pueblos estrechamente emparentados, hallándose los persas bajo la soberanía de los medos durante las primeras etapas de su historia. Sin embargo, en el año 559 a. C., el príncipe persa de Ansán, Kurús (o Kuras, Kores, Ciro), derribó al rey medo Astiages, pasando la hegemonía a los persas.

El oso, según la frase de la visión, se había alzado de la parte persa, quedando abajo el sector medo, que es igual que decir que el último "cuerno" había superado al primero.

Sobre todo, después de la caída de Babilonia (538 a. C.), el reino persa se adelantaba por medio de diversos y poderosos empujes, según la frase de Dan. 8:4: "Y vi que carnero daba cornadas hacia el poniente y hacia el norte y hacia el sur". No hay mención del este, pues los reyes persas no se interesaban en la India. Hacia los demás puntos cardinales, sin embargo, lanzaban campañas militares que "devoraban" una tierra tras otra, según el mandato de la visión: "¡Levántate, devora mucha carne!" (Dan. 7:5). Las tres costillas en la boca del oso representan el reino de Lidia en Asia Menor (c. 546 a. C.), el de Babilonia (c. 538 a. C.) y el de Egipto (c. 525). El imperio, afirmado por las rápidas y prósperas campañas de Ciro, fue constituido por 127 provincias, y abarcaba casi todo el mundo civilizado de entonces (Est. 1:1). Sólo fallaron sus esfuerzos frente a la confederación griega, siendo aquel fracaso el germen de su caída posterior (Dan. 11:2).

EL IMPERIO MACEDONIO-GRIEGO

El colapso del imperio persa —después de una hegemonía de 206 años, o sea, desde el año 538 hasta el año 332— fue debido al violento ataque de Alejandro de Macedonia, hijo del rey Felipe. El imperio griego corresponde al vientre y los muslos de bronce de la imagen, como también el leopardo de cuatro alas y cabezas de Dan., cap. 7. Alejandro aparece como el gran cuerno del macho cabrío del cap. 8, que vino del oeste para lanzar su furioso ataque contra el carnero, que es Persia.

Los vocablos "carnero" y "cuerno" llegan a ser obvios símbolos para representar respectivamente una potencia real y a un líder militar (Jer. 50:8; Zac. 10:3), ilustrando adecuadamente el imperio de Persia como distinto del de Alejandro, cuyo símbolo es el macho cabrío (Dan. cap. 8). Comparado con el macho cabrío, el carnero es apacible y dócil, siendo el primero ágil, caprichoso y feroz, muy capaz para defenderse. El pellejo lanudo del carnero representa bien la prosperidad y lujo del imperio persa antes del ataque de Alejandro. Es interesante notar que los monarcas persas llevaban una cabeza de carnero en lugar de diadema al asumir el mando de sus tropas, hallándose el mismo adorno en los capiteles de las columnas de su metrópoli, Persépolis.

Hävernick hace unas interesantes observaciones sobre el macho cabrío como símbolo de Alejandro Magno y del imperio griego: "La ciudad de Edesa, en Macedonia, recibió el nombre de Aega (comp. griego "aix, aigos, un macho cabrío), por lo que los macedonios eran conocidos como "aegeades". Los autores clásicos explican el nombre por el hecho de que las cabras ayudaron al rey a capturar la ciudad, siendo ésta la sede de los primeros monarcas macedonios. El hijo de Alejandro, por Roxana, recibió el nombre de Alejandro Aego. Además se hallan monedas que llevan los cuernos del macho cabrío, juntamente con las efigies de los reyes macedonios, sirviendo los machos cabríos como insignia para las banderas y estandartes del ejército macedonio".

El avance victorioso de Alejandro, al adentrarse en Asia, es el acontecimiento más espectacular de toda la antigüedad. La rapidez fue tal que bien puede representarse por el salto de un macho cabrío que parece volar sin apenas tocar el suelo con sus patas (Dan. 8:5); o por el vuelo de un leopardo provisto de cuatro alas (Dan. 7:6). Alejandro embistió con furia incontrastable el "carnero" persa de movimientos más pesados que se representa también por el oso del cap. 7 que se había engordado demasiado. La serie de incomparables victorias de Alejandro incluye la de Granico en el occidente de Asia Menor (334 a. C.), la de Isso en Cilicia, cerca de Tarso (333 a. C.) y la de Gangamela cerca de Nínive (331 a. C.), mediante las cuales el joven guerrero destruyó las innumerables huestes del débil rey Darío Codomano. Se calcula que el ejército persa que se hallaba frente a los griegos en Gangamela era veinte veces mayor que el de sus enemigos, pero, sin embargo, fue dispersado y destruido, cumpliéndose la profecía de Dan. 8:7: "No tuvo el carnero poder para mantenerse delante de él, por lo cual le derribó en tierra y le holló". Después de unas campañas que apenas duraron tres años, el joven Alejandro —de veinticinco años de edad— adquirió el señorío de todo el Oriente; el área que se enorgullecía de una civilización dos veces milenaria. Al leopardo "le fue dado dominio" (Dan. 7:6) y el macho cabrío "engrandecióse hasta lo sumo" (Dan. 8:8).

El brillante espectáculo terminó con la tragedia de la prematura muerte del joven conquistador, quien falleció por una misteriosa fiebre en Babilonia, centro del Oriente, después de una orgía. La fecha fue la del 13 de junio del año 323 a. C., a la edad de treinta y dos años. La muerte fue repentina e inesperada, no dejando Alejandro heredero que recogiera tanta grandeza. Según el simbolismo bíblico el cuerno fue quebrado (Dan. 8:8 y 22). "Se levantará un rey poderoso, el cual imperará con gran dominio y hará conforme a su voluntad. Más después que se haya levantado, será quebrado su reino y será repartido hacia los cuatro vientos del cielo, pero no a su prosperidad, ni conforme a dominio suyo que él ejerció" (Dan. 11:3 y 4).

La muerte de Alejandro fue seguida por veinte años de conflicto entre sus generales, que determinó la división del inmenso imperio en cuatro reinos:

1. El Reino sirobabilónico, el de Seleuco, el "rey del norte" (Dan. 11:6, 7 y 11).
2. El reino egipcio de Ptolomeo Lagos, el "rey del sur" (Dan. 11:5, 9 y 11).
3. El reino griegomacedonio de Casander.
4. El reino traciobitinio de Lisimaco.

Como resultado de la batalla de Ipso en Frigia (301 a. C.) las profecías de Dan. 7:1 y 6, 8:1, escritas en el siglo VI, se cumplieron literalmente. Notemos también Dan. 8:8: "Entonces el macho cabrío engrandecióse hasta lo sumo, pero, estando en su mayor potencia, fue quebrado aquel gran cuerno y subieron cuatro cuernos notables en su lugar hacia los cuatro vientos del cielo." Vemos por qué Daniel vio que el simbólico leopardo tenía no sólo cuatro alas, sino también cuatro cabezas (Dan. 7:6).

Desde el punto de vista de la historia de la Redención, los dos estados más importantes entre los cuatro que sucedieron el imperio de Alejandro eran Egipto ptolomeo, el "rey del sur", con Siria bajo los seleúcidas, "el rey del norte". La historia de estos estados (especialmente el último) roza íntimamente con la de Israel y por esta razón se les dedica un oráculo largo y detallado (Dan. cap. 11). Desde el año 201 hasta 198 a. C., Israel se hallaba bajo el dominio de Egipto, pero después de la batalla de Panea pasó al poder de Siria. Así se preparó el escenario para el ingente conflicto entre las fuerzas de la civilización mundial y la potencia de la revelación divina que se asocia con los nombres de Antíoco Epífanes y de Judas Macabeo.

Según el simbolismo de Dan., cap. 8, brotó de uno de los cuatro cuernos del macho cabrío (el imperio fundado por Alejandro) un "cuerno pequeño" que mereció mención especial, diciéndose de él "que se engrandeció extraordinariamente hacia el sur y hacia el oriente y hacia la más hermosa de las tierras (Palestina). Engrandecióse, pues, contra la micilia del cielo y echó a tierra algunos de la milicia celestial y de las estrellas y los halló" (Dan. 8:9 y 10). Los vs. 23 y 24 hacen mención de "un rey de rostro fiero, y que entiende de tretas enredadas." Este "hará grande su poder, mas no con poder suyo propio... corromperá a los poderosos y al pueblo santo."

El "cuerno pequeño" de la visión prefigura al fatídico Antíoco IV. Epífanes, el octavo rey de la Siria griega (175-164 a. C.), conocido por sus contemporáneos como "Epimanes", o sea, "el loco", como despreciativo juego de palabras, ya que él se había arrogado el título de "Epífanes", el brillante". Sin embargo, a pesar de sus manías y su ferocidad, distaba mucho de ser un bárbaro, ya que era entusiasta de la cultura griega. Los romanos habían derrotado a su padre Antíoco III, en 190 a. C., y después llevaron al príncipe heredero a Roma como rehén, donde pasó trece años, llegando a empaparse por completo de las ideas grecorromanas de la época. Hasta tal punto fue ello así que el célebre historiador alemán, Mommsen, le llamó "mono imitador de los romanos". En el año 168 a. C. los romanos le prohibieron seguir adelante con sus proyectos para conquistar Egipto (comp. Dan.11: 30). En compensación se propuso aumentar su poder mediante la imposición de una unidad político religioso en todos sus dominios. Sólo halló oposición a sus planes en Palestina, donde los fieles a Jehová no pudieron aceptar su *slogan* de un "rey, un estado y una civilización". En consecuencia persiguió a los "Yavistas", llegando por eso a ser protagonista destacado de la profecía. Su gran finalidad fue la de introducir la civilización griega entre los judíos, además de establecer el culto del Dios Zeus (Júpiter) del Olimpo griego.

Esta política helenizante dio lugar a una serie de decretos por los cuales prohibió la circuncisión de los niños varones judíos, la celebración de los cultos en el Templo (Dan. 8:11; 11:31-36) y la observación del sábado y de las fiestas religiosas; a la vez confiscaba copias de las Escrituras para destruirlas, dando muerte a quienes las poseyeran (Dan. 11:33). Profanó el Templo, robando el altar de oro (de incienso) juntamente con el candelero de oro y el precioso velo que separaba el Lugar Santísimo del Lugar Santo (169 a. C.). No contento con estos crímenes sacrílegos, forzaba a los judíos a comer carne de cerdo, y en el día 25 del mes Kisleu (diciembre) del año 168 a. C., para celebrar la fiesta anual del Zeus Olimpio, hizo que se erigiera un pequeño altar en honor a la falsa divinidad encima del altar del holocausto en el atrio del Templo (1 Mac. 1:20-24, 41-64). Este acto adquirió importancia profética como la primera manifestación de la "abominación asoladora" del Lugar Santo que se ha de repetir en alguna forma u otra en el futuro, según la referencia del Señor Jesús en su discurso profético pronunciado en el Monte de los Olivos (Mat. 24:15, comp. Dan. 11:31, 9:27, 12:11). La nefasta obra de Antíoco Epífanes le señala como tipo de otro enemigo de la revelación de Dios que Juan denomina el Anticristo y Pablo el "hombre del pecado" (1 Juan 2:18, 2 Tes. 2:3 y 4). No nos extrañe, pues, que se halle un "pequeño cuerno" derivado del tercer imperio —Antíoco Epífanes como tipo del Anticristo— y también otro "pequeño cuerno" que surge de la última forma del cuarto imperio, o sea, el Anticristo mismo (Dan. 8:9, 23, 7:8, 20, 24, 25).

Los macabeos, héroes de la libertad y de la Fe, se levantaron contra esta violación de la verdad revelada realizada en nombre de la civilización helenista, inaugurando así la guerra que lleva su nombre (168-141 a. C.). Su hazaña fue predicha por Daniel en estas palabras: "pero el pueblo que conoce a Dios se esforzará y hará prodigios" (Dan. 11:32). Después de heróicos conflictos ganaron no sólo la libertad religiosa (165 a. C.), sino también la independencia política (141 a. C.). Pero no fue el triunfo fugaz de los macabeos que había de determinar una nueva era de la historia, sino el surgir de un nuevo imperio —el cuarto profético— que ya limitaba los movimientos de Antíoco Epífanes y que pronto había de darse a conocer como dueño del Oriente. Roma se adelantó para ocupar el primer plano de la historia mundial.

EL IMPERIO ROMANO MUNDIAL 201 (133) a. C. en adelante

El surgir de una potencia occidental sobre las ruinas del poderío oriental —semíticoasirio— había sido profetizado luengos siglos antes por el vidente Balaán, contemporáneo de Moisés, 1500 años a. C. He aquí el oráculo: "¡Ay! ¿quién podrá vivir cuando Dios hiciere esto? Pues vendran galeras de las costas de Kitim, que afligirán a Asur; afligirán también a Heber; pero él asimismo vendrá a perdición!" (Núm. 24:23 y 24). Después de mil doscientos años, este vaticinio se cumplio en el avance de la potencia romana hacia el oriente.

Los principios de Roma parecían insignificantes, pero el "grano" minúsculo creció para hacerse árbol que echaba su sombra sobre los pueblos del mundo desde el levantamiento del sol hasta donde se pone. A la época del fundamento del imperio persa, Roma no pasaba de ser una pequeña población en medio de Italia, tan insignificante que no fue mencionada por el historiador griego Heródoto; al nacer el Señor Jesucristo en Betlehem, Roma había llegado a ser el centro del mundo, punto de reunión de las naciones.

Roma debió mucho de su grandeza como potencia civilizadora a Grecia, país que conquistó, madre de la filosofía y de las artes. Los romanos mismos no habrían sido capaces de crear una civilización propia, de gran altura artística y filosófica, ya que sus virtudes se manifestaron a través del militarismo, el arte del gobierno y la formulación de leyes. A pesar de lo incomparable de su disciplina y de su gran devoción al estado, los romanos no perdieron nunca su espíritu semibárbaro, como es evidente por su apego a los horribles espectáculos del anfiteatro. La fuerza de Roma se ilustra bien por el hierro, y son las piernas de hierro de la imagen profética que representa su imperio en sus primeras etapas (Dan. 2:33 y 40). Paralelamente, Roma es la cuarta bestia de la visión de Dan. cap. 7: "aquella fiera espantosa y terrible, y en gran manera fuerte, la cual tenía grandes dientes de hierro, devoraba y desmenuzaba y las sobras las hollaba con sus pies" (Dan. 7:7).

La interpretación que reconoce en las cuatro partes de la imagen de Nabucodonosor (Dan. cap. 2) y en las cuatro fieras del cap. 7, los imperios mundiales sucesivos de Babilonia, Persia,

Grecia y Roma es tan antigua como Ireneo (m. 202 d. C.), y aun se halla anteriormente en los escritos de Josefo y de los rabinos judíos. Lutero la recomendó en las palabras siguientes: "Esta interpretación descubre la armonía del mundo, y queda atestada plenamente tanto por los hechos como por la historia". No encierra dificultades para el que acepta el hecho de que el Dios omnisciente puede revelar a sus siervos los acontecimientos más alejados del futuro tan fácilmente como los más cercanos de la actualidad (comp. Isa. 42:9; 44:7).

EL DESARROLLO DEL IMPERIO
ROMANO

En sus principios Roma era *una pequeña comunidad de labradores,* pero el aumento de la población despertó el hambre de tierras más amplias, y ésta, casi de necesidad, incitó a los romanos a emprender guerras de conquista. Sus primeras victorias fueron ganadas a expensas de sus vecinos, hermanos de raza, con referencia especial a los samnitas (343-290 a. C.). Por el año 300 a. C., Roma había adquirido *la hegemonía de Italia.*

La entrada de Roma en el escenario de la política mundial fue la consecuencia inevitable de su dominio de la península italiana, toda vez que Cartago, potencia vecina del norte de Africa, pretendía el control del Mediterráneo. Tras reñidas y crueles guerras, Roma derribó la potencia de Cartago gracias, sobre todo, a la victoria de Publio Cornelio Escipión sobre Aníbal, en Zama, 202 a. C.; así vino a ejercer *la hegemonía incontestable del Mediterráneo occidental.*

Cada etapa del progreso de Roma trajo consigo nuevos compromisos, de modo que —sin que obedeciera a plan alguno preconcebido— fue obligada su intervención en los asuntos del Oriente.

Roma se asemejaba ya al hierro que todo lo quebranta, pudiendo humillar a todos sus enemigos por medio de una serie de poderosos golpes militares (Dan. 2:40). En el año 197 a. C., la potencia de Macedonia fue quebrantada por la victoria de Magnesia, lugar que se halla al nordeste de Esmirna. Más tarde, Macedonia fue aniquilada como consecuencia de su derrota total en Pidna. El norte de Africa fue constituido provincia de Roma después de la destrucción de Cartago en 146 a. C., como también

Grecia en el mismo año, después de la captura y destrucción de Corinto. La victoria romana sobre Numancia (133 a. C.), tuvo por resultado la sumisión de España; el reino de Pérgamo fue legado a Roma en 133 a. C., y pronto después, en 129 a. C., toda Asia Menor pasó al imperio.

Las fechas anteriores indican que el segundo siglo a. C. vio el cumplimiento principal de la profecía de Dan. 7:23: "lo mismo que el hierro lo desmenuza y lo pulveriza todo", siendo los jalones principales de este estupendo avance al poderío mundial las victorias de Zama, Cunoscefala, Magnesia, Pidna y Numancia. En términos generales, se puede decir que Roma había heredado los dominios de Alejandro Magno, bien que el imperio de éste se había extendido más hacia el Oriente, y el de Roma más hacia Occidente. Desde el año 146 a. C. —resultó aún más claro desde el año 133— Roma fue reconocida generalmente como *la república militar predominante de las áreas orientales y occidentales del Mediterráneo.* Alguien ha comentado su avance diciendo que "fue como si el dios de la guerra se hubiera paseado sobre la tierra con los pies de hierro, sacando ríos de sangre a cada paso".

El ritmo del ascenso de Roma había sido tan rápido que las antiguas instituciones republicanas, tan admirables en los principios de sus conquistas, resultaron inadecuadas a las nuevas situaciones creadas, resquebrajándose bajo varias tensiones. A causa de ello Roma tuvo que *pasar por una época de revoluciones y de guerras civiles* (133-31 a. C.). El escritor Propecio, del primer siglo a. C., exclamó alarmado: "¡Ojalá sea hallado mentiroso, pero, a mi ver, Roma, la orgullosa Roma, cae víctima de su propia prosperidad!"

Al extenderse sus dominios, Roma vino a ser el centro del mundo, y a ella fluían todos los tesoros del mundo en provecho de las clases superiores. Este aumento desmedido de riqueza resultó en el despliegue de un lujo desenfrenado, en derroches sin sentido, en disoluciones, en orgías y en una corrupción muy generalizada. Ya en el año 190 a. C., cuando el joven Antíoco Epífanes se hallaba en Roma, hubo una proscripción de unas diez mil personas, siendo sentenciada a muerte la mayoría de ellas.

Al conquistar el mundo, la república de Roma había cavado su propia sepultura. El pequeño estado de labradores se había convertido en la potencia regidora de toda el área mediterránea, lo que produjo de necesidad cambios radicales en su constitución interna. Para controlar las vastas provincias del imperio, Roma tuvo que mantener en pie de guerra un crecido ejército ciudadano, con el resultado de que los labradores y campesinos ya no podían cultivar sus fincas con éxito a causa de los prolongados períodos de servicio militar, cayendo ellos en la necesidad de venderlas a terratenientes acomodados. De ahí surgió el latifundista que empleaba cuadrillas de esclavos para el cultivo de sus vastas tierras, con la eliminación de la clase media. Los campesinos tuvieron que dejar el campo para refugiarse en las grandes ciudades, produciéndose la "huida de los campos" que se ha visto en tantas épocas análogas de la historia. Al mismo tiempo se subrayó el antítesis existente entre los capitalistas y el proletariado. Estando desnudados los campos de los bravos campesinos de antes, no era posible reclutar las levas para el ejército, lo que determinó la introducción del sistema mercenario.

Este cambio en el sistema del reclutamiento del ejército trajo consigo cambios fundamentales y funestos, pues, como es natural, los mercenarios se debían al general que los había alistado. Para ellos importaba poco el bien de la patria y mucho las oportunidades para el robo y el pillaje, con el tipo de pago que les ofreciera el general. Por eso la personalidad y las actividades de un general demagogo podía ya decidir las fortunas de la república. Surge una serie de líderes ambiciosos, como Mario y su enemigo Sulla; César y Pompeyo; Antonio y Octavio (después Augusto), con las guerras civiles consiguientes que turbaron el estado romano por más de un siglo (133-31 a. C.). Del crisol de las guerras civiles surgió el concepto de una autoridad suprema, que se encarnó en Julio César y fue establecido por su sobrino Octavio Augusto. Así Roma llegó a la sexta etapa de su desarrollo, siendo ya *una monarquía militar y universal* (desde 31 d. C. en adelante). La séptima etapa es *el colapso del imperio* predicho por Balaán (Núm. 24:24), cayendo el ala occidental del imperio en 476 d. C. y la oriental en 1453 d. C.

El desarrollo de Roma es fenómeno único, sin paralelo en la historia universal, por lo que Daniel vio que la cuarta bestia "era diferente de todas las bestias que habían sido antes que ella" (Dan. 7:7 y 19). Las etapas se suceden como si fuera por la fuerza de una tremenda compulsión, pues la voluntad del Gobernador Divino del mundo ordenó el desarrollo de este gran imperio mundial. Por extraño que parezca el concepto a los historiadores profanos, Roma llegó a ser lo que era *a causa del Cristo*. Por una parte los romanos robaron el mundo, pero por otra, sin que lo supieran ellos, sus robos llegaron a ser factores que adelantaron la historia de la Salvación. A Roma le correspondió establecer una gran área de civilización humana preparada de antemano para la extensión del Evangelio, que había de predicarse a toda criatura. Le fue encomendada la tarea de recoger y conservar los grandes valores humanos de la época, pero, inconscientemente, los recogió para Cristo, cuyo Reino se extendió rápidamente por las provincias del imperio.

12

La plenitud del tiempo

"Mas cuando vino la plenitud del tiempo, envió Dios a su Hijo" (Gálatas 4:4)

LA CIVILIZACION HELENISTICA

Volvamos por un momento al año 323 a. C., fecha en que Alejandro, cual "leopardo volador" (Dan. 7:6), había conquistado el imperio persa, simbolizado éste por el oso de Dan. 7:5 y el carnero de Dan. 8:7. En aquella primavera de 334, a la cabeza de sólo 35.000 hombres, Alejandro emprendió su avance victorioso; en el otoño de 331 estableció su imperio sobre las ruinas de los vastos dominios persas. Pero la muerte no perdonó al héroe universal, quien murió en el año 323 en el palacio-jardín que Nabucodonosor había levantado en Babilonia (Dan. 11:3 y 4). El "gran cuerno" fue quebrado y su imperio fue repartido entre sus generales (Dan. 8:8 y 22).

Sin embargo, Alejandro se labró un lugar permanente tanto en la historia profana como en la de la Salvación divina, ya que no quiso ser un mero conquistador militar y político, sino también el organizador de una vasta área cultural que uniera a las naciones en una sola civilización. Como partes constituyentes de su plan, hizo entrenar a 30.000 persas según la táctica militar de los macedonios; introdujo el griego como la *lingua franca* de la intercomunicación mundial; estableció teatros griegos, escuelas y campos de deportes por casi todas las tierras de Oriente, con el fin de extender por ellas, en grado creciente, el espíritu y la mentalidad griegos.

Por otra parte, Alejandro introdujo costumbres persas en el área de la civilización griega, adoptando la etiqueta persa en la corte real, especialmente en lo que se refería a la veneración frente a la persona del monarca. Alejandro mismo se casó con una princesa bactriana, Roxana, conocida como "la perla del Oriente". Ochenta de sus generales y diez mil soldados macedonios siguieron el regio ejemplo, casándose con mujeres del Oriente. La ocasión de las bodas motivó brillantes fiestas que duraron cinco días, siendo el escenario el palacio de Susa, donde antes residía la reina Ester (Est. 1:2).

La resultante unión cultural entre el Oriente y el Occidente, en la que predominaban las normas griegas, llegó a llamarse el "helenismo". Recordemos la rica y abigarrada piel del leopardo de la visión de Daniel, que podría ilustrar el colorido brillante y matizado de la nueva civilización europeo-oriental.

El helenismo fue el fruto de una política deliberada, creada personalmente por Alejandro; el sorprendente éxito de su política es la medida de su grandeza como estadista y explica la denominación de "el Grande" que le fue concedida, antes que a otro alguno, por el consenso general de la opinión de los pueblos, casi a pesar suyo.

El imperio de Alejandro se despedazó inmediatamente después de su muerte, pero el helenismo, la verdadera obra de su vida, permaneció. Durante el siglo segundo a. C. los romanos se posesionaron de la herencia alejandrina, y se podría esperar que hubiesen inaugurado una política de romanización en los terrenos conquistados. Lejos de ello, sin embargo —y el fenómeno es extraño—, continuaron la labor de helenización del mundo. Así el imperio romano llegó a ser un depósito de cultura helenística, especialmente en las zonas orientales del Mediterráneo. El vasto imperio romano se extendió desde las aguas del Nilo hasta las orillas del Tyne, cerca de Escocia, como también desde los estrechos de Gibraltar hasta la meseta del Irán; los romanos, por tanto, eran los dueños militares y políticos del mundo. Sin embargo, en el terreno de la cultura, habían sido ellos mismos conquistados por los griegos, pues se imponía el hecho de que éstos eran por mucho superiores a sus vencedores en el terreno intelectual y filosófico.

Estos factores —entre otros— forjaron el mundo donde había de nacer el cristianismo y constituyen aquella "plenitud del tiempo" que menciona el Apóstol Pablo. Hemos de considerar seis aspectos primordiales de este período:

1. La centralización de los asuntos mundiales.
2. La unidad cultural del mundo.
3. El comercio y el intercambio mundiales.
4. La paz mundial.
5. La desmoralización mundial.
6. La mezcla de las religiones mundiales.

LA CENTRALIZACION DE LOS ASUNTOS MUNDIALES

Para el romano no existía cosa alguna más elevada que el estado, de modo que su ideal de hombradía consistía en su lealtad a la patria, colmando la medida de sus ambiciones el entregarse al servicio de la "Roma eterna". Por eso el "hombre" tendía a ser absorbido en el "ciudadano".

Después del establecimiento del imperio, el concepto del estado se encarnó en su cabeza, el César, cúspide unificadora de toda la estructura estatal al ser también el "primer ciudadano". Los edictos del César corrían con incontrastable validez por todas las regiones del imperio, de modo que una sola persona regía el mundo mediterráneo. Tanto era así, que cuando el Hijo de Dois se encarnó, naciendo en Betlehem de Judea, vio la luz como súbdito romano (Mat. 22: 21).

El culto al emperador se revistió de gran importancia como medio religioso para expresar la unidad del estado, llegando a su colmo en los reinados de Calígula (37-41 d. C.) y Domiciano (81-96 d. C.). Ha de entenderse como una medida fundamental política, ya que el acto religioso reconocía la unidad externa e interna del imperio mundial. Esta religión del estado fue obligatoria para todos, constituyendo el único ejemplo de compulsión religiosa de parte del imperio, que, por otra parte, se mostraba muy tolerante frente a todas las creencias. Para el emperador soberano se empleaban títulos como los siguientes: "Dios y salvador soberano de la vida humana" (ya aplicado a Julio César); "el hijo de Dios" (Augusto); "Señor y Dios" (Domiciano); "Sumosacerdote" y "Salvador del mundo" (Augusto, Claudio, Nerón); "rey de reyes" (todos). Sus decretos se llamaban "evangelios" (buenas nuevas) y sus cartas "escritos sagrados". Su llegada a una ciudad era su "parousia" y una visita oficial una "epifanía". Este ensalzamiento de un ser humano hizo inevitable el choque del cristianismo naciente con el imperio de Roma, y el rechazamiento del culto imperial por los cristianos llegó a ser la base principal de la persecución de éstos por los oficiales de Roma. Fue por eso que el imperio del primer siglo llegó a ser tipo del imperio del anticristo del Fin de los tiempos desde 65 d. C. en adelante, la bestia que llevaba los "nombres de blasfemia" sobre la cabeza coronada de diademas (Apoc. 13:1).

Pero aun la férrea voluntad imperial de Roma estaba sumisa a la del Altísimo. Centrándose en medio del Mediterráneo, un orden puramente político llegó a establecerse que afectaba a muchas naciones, como es evidente por el decreto del censo de César Augusto (Luc. 2:1); pero en último análisis el sistema no pasaba de ser medio en las manos del Señor para garantizar la extensión universal del Evangelio y para dar cumplimiento a tantas palabras proféticas. Entre ellas, nos acordamos de aquella que determinó que el Señor de la gloria había de nacer en la insignificante ciudad de Betlehem Efrata, ciudad de David (Miq. 5:2; Luc. 2:1-7). ¡Poco podía pensar Augusto que su decreto había de dar cumplimiento a una profecía sobre el nacimiento del verdadero Rey de reyes! Es un detalle pequeño, pero ilustrativo de la máxima Grandeza.

LA UNIDAD CULTURAL DEL MUNDO

La historia toma nota de imperios más extensos que el de Roma, habitados por poblaciones más numerosas; pero nunca, ni antes ni después, ha surgido un imperio que, como el romano, uniera en sí a todos los pueblos civilizados. Constituía una magna confluencia de civilizaciones, resultado de un proceso extraordinario que las había mezclado por la presión de influencias igualitarias. Como factor principal operaba la helenización, pero hemos de notar también la romanización del Oriente y la orientalización del Occidente.

TRES CORRIENTES DE LA HELENIZACIÓN

Tres corrientes principales se disciernen en el helenismo: a) *la griega*, en la que se destacaban las artes, la ciencia y la filosofía;

b) *la romana*, que ordenaba la vida militar, política y jurídica;
c) *la oriental*, que contribuía sus religiones y sus cultos esotéricos
y místicos. Todo ello no llegó a plasmarse en un universalismo
vivo y orgánico, puesto que la antigüedad —aparte la filosofía es-
toica— carecía del concepto de "humanidad", como el conjunto de
la raza humana. Con todo, la conciencia general de los pueblos
ensanchaba sus horizontes hacia el concepto amplio de la humanidad, de modo que el mundo fue preparado para la universalidad
del mensaje de salvación de Cristo.

EL GRIEGO, COMO IDIOMA DE LA
EVANGELIZACIÓN

De mayor importancia fue la provisión de un solo idioma como
medio del intercambio internacional. Seguían en uso las lenguas
nacionales y los dialectos regionales (Hech. 14:11; 21:40), pero
el griego helenístico fue tan generalmente comprendido que llegó
a denominarse el "koine", o sea, la lengua común. Por eso la primera labor cristiana de evangelización no tropezó con lo que constituye una de las mayores dificultades que enfrentan la obra misionera de hoy: la necesidad de aprender nuevos idiomas. El evangelio pudo avanzar rápidamente, expresado casi totalmente en griego,
sobre todo en las grandes ciudades y en los puertos. Ahora bien,
Pablo se sintió llamado a evangelizar las masas en los grandes
centros urbanos, con referencia especial en los puertos, y, gracias
a su perfecto dominio del griego helenístico, pudo obrar directa y
rápidamente, sin tropezar con barreras lingüísticas. Así las providencias divinas habían obrado a través de las conquistas de Alejandro, de la política de sus sucesores y de la admiración romana
frente a todo lo griego, para forjar anticipadamente el instrumento
lingüístico, el griego helenístico de uso mundial, que era el idioma
de la primera misión cristiana mundial.

EL COMERCIO Y EL INTERCAMBIO MUNDIALES

COMUNICACIONES MUNDIALES

En la plaza de todas las ciudades del imperio se colocaba un
mojón en el cual fue inscrita la distancia del lugar desde Roma.

Se relacionaba con el mojón de oro que Augusto erigió en la plaza de la "Roma eterna", cuya inscripción declaraba que la metrópoli era el corazón del imperio en el que latía la vida de tan gigantesco organismo de pueblos. Las comunicaciones entre una parte y otra del imperio se hallaban muy perfeccionadas, haciendo constar Sir William Ramsay en su obra "Letters to the Seven Churches" (xviii: 435) que había servicio diario de barcos entre Alejandría y Asia Menor. Según Plinio, no se invertía más de cuatro días en el viaje de España a Ostia, puerto de Roma, y dos desde el norte de Africa al mismo puerto. Se conoce el epitafio de un mercante frigio quien había realizado el viaje de Hierápolis —pueblo que se encontraba cerca de Colosas, en Asia Menor— a Roma por lo menos setenta y dos veces, mediando entre los dos puntos una distancia de 2.000 kilómetros.

Sin estas admirables intercomunicaciones dentro del imperio no habría sido posible el rápido avance del cristianismo. Las comunicaciones marítimas se revestían de una importancia especial para los misioneros, toda vez que la obra de evangelización se llevaba a cabo en gran parte en los puertos; hecho que se destaca claramente en el curso de la labor estratégica de Pablo. Por eso se ha dicho de él: "La esfera de actuación del Apóstol ha de buscarse mayormente donde soplan las brisas del mar." Recordemos sus estancias en los puertos de Cesarea, Troas, Efeso, Atenas, Corinto y Roma.

Desde luego, las rutas por tierra también facilitaban muchísimo la labor apostólica. Los romanos se interesaban en la construcción de caminos y puentes que hacían accesibles aun aquellas tierras que antes se hallaban remotas y aisladas, resultando que, en el primer siglo, ya existía una red más o menos completa de carreteras bien constuidas, protegidas por muros y fortines, a través de todo el imperio. De este hecho nace el dicho: "Todos los caminos conducen a Roma." Por estas carreteras imperiales viajaban los mensajeros del Evangelio, llevando al mundo las alegres nuevas de que el Redentor de los hombres se había manifestado. Se ha calculado que Pablo pudo haber viajado más de 24.000 kilómetros por tierra y por mar.

La dispersión judaica

Como es natural, los judíos de la época se interesaban grandemente en el comercio en escala mundial, llegando a fijar su residencia en tierras fuera de Palestina desde el siglo iv a. C. Antes de aquella fecha los judíos eran desconocidos en el Occidente, pero desde entonces la Diáspora (dispersión judaica) llegó a ser un hecho demográfico importante. Alejandro el Grande había trasladado 10.000 judíos a la nueva ciudad que fundó en Egipto, la magna Alejandría, núcleo de la gran colonia de 100.000 judíos establecida allí por el rey Ptolomeo Lagos y sus sucesores. En tiempos apostólicos 50.000 judíos residían en Roma, amén de fuertes contingentes en Babilonia y Siria oriental. En Egipto llegaron a constituir una octava parte de la población total, y casi la mitad de la de Alejandría, donde, de los cinco distritos de la ciudad, dos se ocupaban enteramente por los judíos, residiendo muchos más en los tres distritos restantes. Casi todo el importante negocio de trigo fue manejado por judíos (Hech. 2:9 y 10).

Los prosélitos

Por medio de la Diáspora, Israel y su religión llegaron a ser conocidos por las naciones del mundo, sintiendo muchos gentiles la atracción de su fe, admirando la sencillez y la sublimidad de la creencia en un solo Dios. Los mismos judíos estaban dispuestos a llevar a cabo una labor misionera entre los gentiles, compartiendo este afán aun los fariseos, los "separados", que pertenecían a la secta más celosa y nacionalista (Mat. 23:15). Los convertidos al judaísmo se llamaban "los añadidos", denominándose, por tanto, por el vocablo griego de "prosélitos" (Hech. 2:11; 8:26-40; 10:1 y 2). Un prosélito verdadero era recibido al judaísmo por medio de la circuncisión y un acto de bautismo de inmersión.

Durante sus viajes misioneros, Pablo siempre hacía contacto con la Diáspora judaica (Hech. 13:5 y 14; 14:1; 17:1 y 10; 18:4; 19:8, etc.). Sería difícil comprender el éxito de la actividad evangelística de Pablo sin tomar en cuenta los principios de tantas obras locales o dentro de la sencilla sinagoga, o, faltando el número preciso de judíos para su formación, el "lugar de oración" (proseuche), aun más sencillo. Tomemos en cuenta, pues, que, desde los tiempos de Alejandro Magno, las intercomunicaciones mundiales habían creado la base —es decir, la sinagoga de las colonias judaicas— para la realización de uno de los métodos más importantes de evangelización durante las primeras etapas de la obra misionera cristiana.

El punto de partida de los viajes misioneros

Antioquía, en Siria, llegó a ser la base de los primeros viajes misioneros de Pablo, y en ella hallamos interesantes enlaces tanto con la Diáspora judaica como con el gran enemigo de los judíos, Antíoco Epífanes. La iglesia cristiana de Antioquía debía su existencia a los trabajos de judíos de la Diáspora (de Chipre y de Cirene), convertidos al Señor, quienes testificaron a los gentiles de la gran ciudad (Hech. 11:20) en una época cuando los judíos cristianos de Palestina —debido a su falta de contacto con los gentiles y de una limitada comprensión de la gentilidad— no predicaban el Evangelio sino a los judíos de raza o a los prosélitos circuncidados (Hech. 15:1-6). Fue en Antioquía, centro notorio de lujo y de disolución en el mundo antiguo —"ciudad de bebedores", según la frase de un emperador de tiempos posteriores—, donde los discípulos de Cristo recibieron por primera vez el nombre de "cristianos" (Hech. 11:26) y donde fue revelado que Bernabé y Saulo habían de ser "apartados" para una labor de adalides entre los gentiles (Hech. 13:1-3). Antioquía, capital de Antíoco Epífanes, el "pequeño cuerno" del tercer imperio mundial y tipo del Anticristo (Dan. 8:9-14; 11:21-45), llegó a ser el punto de partida de la misión universal cristiana. Notamos el hecho, asombrados ante la "ironía" del gobierno providencial de Dios en el mundo (Sal. 2:4). Verdaderamente "la Luz en las tinieblas resplandece" (Juan 1:5).

La Biblia de la misión universal

Pero el punto culminante de este proceso providencial se halla en la versión alejandrina del A. T. en lengua griega, también llamada la "Septuaginta" (LXX). Los judíos que residían fuera de Palestina llegaron a olvidarse del hebreo (posteriormente, también del arameo), por llevar sus vidas en áreas de habla griego helenístico. Después de varias generaciones, por tanto, se hacía sentir la necesidad de una traducción griega de la Biblia hebrea para uso en los cultos de las sinagogas.

Tal traducción fue producida en Alejandría, llamándose la "Septuaginta" (latín = setenta) porque, según una tradición judía, fue realizada en el reinado del rey egipcio Ptolomeo II Filadelfo (284-246 a. C.) por setenta y dos (o setenta) escribas palestinianos en un período de setenta y dos (o setenta) días, trabajando ellos aisladamente en setenta y dos (o setenta) celdas. De hecho es la obra de muchos traductores que realizaron su obra por etapas durante los años 250 a 100 a. C. Desde luego, la gran metrópoli de Egipto, Alejandría, fue el escenario de sus trabajos. Aparentemente Ecclesiastés fue el último libro que tradujeron, probablemente durante el primer siglo a. C.

Esta versión septuaginta (LXX) vino a ser un poderoso instrumento en las manos de Dios, ya que no sólo labró el terreno que había de recibir la siembra del Evangelio durante el período apostólico, sino que también adelantó la labor ya iniciada. No sólo habían adquirido muchos gentiles un conocimiento de la Fe que Dios había revelado a Israel por medio de la Septuaginta, sino que Pablo y otros predicadores cristianos de la primera época hacían constante uso de ella en el curso de sus viajes misioneros. Es evidente que los inspirados escritores del N. T. empleaban casi siempre esta versión al citar textos y pasajes del A. T. De este modo una traducción hecha por judíos para judíos, llegó a ser la "Biblia misionera universal" de los primeros años de la era cristiana. Como dato interesante podemos notar que este uso extenso que hicieron los cristianos de la Septuaginta produjo una reacción en contra de ella de parte de los judíos mismos, quienes cesaron de utilizarla desde los principios del segundo siglo d. C. a los efectos de oponerse al cristianismo. Sustituyeron otra versión más literal, llegando hasta odiar la célebre "alejandrina".

LA PAZ MUNDIAL

La extendida época de paz mundial se debe sobre todo al gobierno de los emperadores. Los romanos habían llegado a ser los

señores de todo el mundo, lo que impuso un fuerte freno sobre
las apasionadas luchas entre pueblo y pueblo, inaugurándose así la
decantada "Pax romana". Aun el reinado de Augusto no se hallaba totalmente libre de guerras, pero tan grande área del imperio se hallaba en paz que la puerta del templo de Jano, dios de la
guerra, en Roma, fue cerrada simbólicamente en el año 29 d. C,.
después de doscientos años de luchas ininterrumpidas. Toda historia de esfuerzos misioneros revela la importancia de la paz entre
las naciones como factor para la evangelización en el mundo, de
modo que, en la "Pax romana", vemos otro de los medios provi-
denciales que prepararon el camino para los embajadores de
Cristo.

LA DEGENERACION MUNDIAL

Desde el punto de vista normal, sin embargo, todo aquel es-
pléndido mundo civilizado llevaba en sí el germen de la muerte.
Los ríos de oro que se iban desembocando en la metrópoli —sobre
todo después de la derrota de Aníbal en 202 a. C.—, dio lugar
a tal exceso de lujo que la disolución y las costumbres inmorales
se alzaron descaradamente en la vida pública, agudizándose el mal
en los dos extremos de la sociedad, la aristocracia y el proletariado.
Si nos atenemos a las descripciones de las costumbres contemporá-
neas hechas por los escritores Tácito, Suetonio y Juvenal, sería
difícil recargar demasiado los tonos oscuros del negro cuadro de la
falta de toda moralidad entre los aristócratas y los altos oficiales
del estado. Abundaban la disolución y las orgías, los sobornos y
los crímenes de envenenamiento, la sordidez y la inmoralidad, la
impureza y el libertinaje, sobre todo a mediados del primer siglo.
El populacho estaba muy hundido en la corrupción y la miseria,
ya que la falta de trabajo había enviciado las masas que no cesaban
de exigir "panem y circenses" —pan y circos— frente a sus gobernadores. Durante el día vagabundeaban por la ciudad, esperando
la hora para acudir al anfiteatro, escenario de los juegos y conflictos que habían de saciar sus instintos brutalizados. Tan inmensas eran las multitudes que se apresuraban a contemplar las ca-
cerías de fieras, las luchas entre gladiadores y las batallas navales
en miniatura, que los emperadores Vespasiano y Tito hicieron eri-

gir el vasto anfiteatro flaviano —vulgarmente, el Coliseo— con plazas para 54.000 espectadores. Los espectáculos inaugurales duraron ciento veinte días, y en este tiempo nada menos que 12.000 fieras y 10.000 gladiadores perdieron sus vidas.

En la clase media, sin embargo, aún se mantenían normas de honradez y de moralidad; muchos papiros de la época dan testimonio al decoro de la vida familiar y a los fuertes sentimientos religiosos que aún persistían entre estos romanos. Es verdad que se desvanecía la fe en las antiguas divinidades de Grecia y de Italia, pero las multitudes se interesaban cada vez más en las "deidades" del remoto Oriente, cuyos sistemas de culto ganaban terreno rápidamente por aquella época.

LA MEZCLA DE LAS RELIGIONES MUNDIALES

Esta invasión religiosa del Oriente viene a ser el último rasgo distintivo de la época, pues desde Egipto, Persia, Babilonia y Asia Menor se adelantaron los emisarios de las comunidades religiosas orientales, logrando la formación de asociaciones secretas en cuyo seno se practicaban los llamados "misterios". De Egipto procedió el culto de Isis y de Osiris (o Serapis); de Persia el de Mitras, muy popular en el ejército; de Asia Menor el de Cibeles y de Atis. Ya hemos notado que la veneración del emperador tuvo su origen en el Oriente, entrando en la esfera del helenismo por medio de Alejandro.

De esta migración de ídolos y "dioses" del Oriente, y la mezcolanza consiguiente, surgió una confusión religiosa y cúltica única en la historia y que merece el nombre de "babilónica", de Babel, centro de confusión. Se hallaban dioses del estado al lado de otros de Grecia; los dioses del Oriente traían sus matizadas religiones y misterios que se confundían en grado creciente con los sistemas anteriores hasta formarse por fin un río religioso único, potente, y de colores cambiantes. Religiosamente, el Oriente había vencido el Occidente, pues Roma llegó a venerar toda suerte de divinidades, muchas de ellas grotescas y horribles. La mezcolanza carecía de sentido y dio lugar a mórbidas y vagas fantasías. Todo el mundo mediterráneo se parecía a un caldero gigantesco en el que se vertían multitud de extraños y dañinos ingredientes, originándose un caos religioso oriental-occidental sin precedentes en la historia. Las antiguas religiones habían llegado a la bancarrota, pero su mismo fracaso reveló las providencias del Dios Redentor, quien preparaba los corazones para la recepción de su Salvación.

Equivalencia de divinidades

Como consecuencia de los intercambios mundiales y la mezcla de distintos pueblos desde la época de Alejandro Magno, las naciones llegaron a conocerse mejor y a tomar nota de las creencias y de los actos cúlticos de sus vecinos. Inevitablemente surgió la pregunta: "¿Quién es el verdadero dios? ¿Cuáles adoradores tienen razón?" Mientras que los persas afirmaban que Ahura-muzda era el dios principal, los griegos decían igual de Zeus, los romanos de Júpiter, los babilonios de Marduk y los egipcios de Amón de Tebes. Empezaba a insinuarse otra pregunta: "¿Podría ser que todos los adoradores tuviesen razón? ¿Sería posible que los distintos nombres representasen una sola deidad suprema?" En este caso Ahura-muzda = Zeus = Júpiter = Marduk = Amón, y sucesivamente con las divinidades de otras naciones. De tales cavilaciones surgió el concepto de la equivalencia de las divinidades nacionales, llegando el proceso a ser muy complicado y complejo, ya que eran tantos los dioses. Al mismo tiempo, la equivalencia y la fusión de las divinidades dio lugar gradualmente a un aumento de conformidad en las ceremonias cúlticas.

De todo ello brotó la primera tendencia a buscar una armonía religiosa que reemplazara el sistema anterior en el que el dios personificaba la nación. Si un solo dios se hallaba a la cabeza de todos los demás dioses, se vislumbraba la posibilidad de un plan religioso universal. Los hombres pensaban progresivamente en una deidad suprema, común a todos los pueblos, de quien las muchas divinidades no pasaban de ser formas reveladoras o manifestaciones parciales. Así, por la época de los primeros emperadores, tomaba forma, por todo el ámbito del mundo gentil, la creencia en un solo Dios. Es cierto que el concepto seguía siendo muy confuso y nebuloso aún, sin salir de las teorías del panteísmo, pero, con todo, era importante que se plasmara la idea, pues esto, a pesar de la confusión reinante, constituía un presentimiento del verdadero "Dios no conocido", Creador de los cielos y de la tierra, cuyos embajadores se preparaban para anunciar el mensaje de salvación al mundo (Hech. 17:23).

LAS RELIGIONES ESOTÉRICAS ORIENTALES

Un factor aún más importante que la equivalencia de las divinidades fue el del celo misionero de las religiones orientales. Es notable que las nuevas religiones procedían del Oriente, donde también tuvo su origen el Cristianismo. Las gentes del mundo grecorromano estaban acostumbradas, pues, a ver a enseñadores religiosos oriundos del Este, estando dispuestos a prestarles oído, de modo que no extrañaría a nadie que el nuevo Evangelio procediera de la misma región.

Además, la mayor parte de las religiones del Oriente tenían en común el concepto de un dios de la naturaleza que moría y volvía a vivir. Habían llegado a tal creencia por deificar los procesos de la naturaleza, notando como las plantas se marchitan y mueren, reanimándose en otra generación al llegar la primavera. También se fijaban en la aparente puesta y levantamiento del sol, de la luna y de las estrellas. Por ejemplo, en Asia Menor se celebraba una fiesta primaveral (Marzo 22-23) en la que la nueva vida de la naturaleza se trasladó al dios de la naturaleza Atis. La fiesta llegó a su colmo al tercer día cuando el sumosacerdote anunció al al pueblo: "¡Atis ha vuelto! ¡Regocijad en su parousia!" Al perderse el frescor de la primavera, dando lugar al estío cuando se agostan las plantas, los sirios lamentaban la muerte de su dios Tamuz-Adonis (Eze. 8:14 y 15). Desde los días 13-16 de noviembre, cuando se menguaban las aguas del Nilo y se sembraban los granos de trigo —como si hubiesen de morir— los egipcios lamentaban la muerte de Osiris, dios del Nilo. El día 25 de diciembre, fecha aproximada del solsticio de invierno, los persas celebraban el "día de nacimiento" de Mitras, su dios-sol, y hubo fiestas parecidas en Siria con referencia a su Dios Baal. Fiestas semejantes se hacían en honor de divinidades como Dionisio, Orfeo y Jacinto de Grecia, como también frente a Melcart de Tiro y a Sandán de Tarso.

Desde luego, los actos cúlticos que se centraban en la muerte y la resurrección de ciertas divinidades nacionales, tenían un fundamento totalmente distinto del Evangelio de Cristo, basándose en la deificación de la naturaleza y en la manifestación y la desaparición de la vida vegetal, además de las alternaciones de cuerpos celestes. En el Evangelio todo se basa en una verdadera revelación de Dios en Cristo y sobre los hechos históricos de la Muerte real y la Resurrección histórica del Redentor (1 Cor. 15: 13-19). Con todo, estas religiones de la naturaleza ayudaron a preparar el oído de los gentiles para escuchar y comprender el mensaje que se centró en la Muerte de cruz del Salvador, seguida por su gloriosa Resurreción.

Sobre todo, subrayaban la necesidad de *la redención,* y por eso hallaron eco en el ambiente de pesimismo y de nostalgia que caracterizaba el período de los primeros emperadores, como cosa propia de toda civilización exhausta y decaída. En los misterios de Mitras esta huida del mundo llegó a manifestarse hasta en el suicidio como manifestación del arrepentimiento.

EL ANHELO DE LA REDENCIÓN

Ese hondo deseo de una redención se despertó en muchas almas de la época precisamente por los efectos de las conquistas mundiales, los intercambios universales, juntamente con la desmoralización consiguiente, que revolucionaron la actitud de muchos frente a la vida —en su sentido práctico— en la antigüedad. En tal hecho, ocurrido entonces, percibimos con toda claridad que Dios preparaba al mundo gentil para la recepción del Evangelio, o, en otras palabras, la plenitud del tiempo había llegado.

Con anterioridad a la crisis que señalamos, el mundo antiguo había fijado su interés en el lado de acá del universo, pensando que el mundo visible constituía *la realidad,* mientras que la esfera de allá no pasaba de ser lugar de sombras. Así, la inclinación de la mente humana se dirigió hacia lo externo y no lo interno. Por eso se hallaba tan desarrollado el sentido estético que se expresaba a través de la arquitectura, la escultura, las artes decorativas y el drama. La misma preocupación por lo externo se revelaba en los grandes espectáculos, las procesiones y marchas triunfales. La limitada perspectiva explica también la tendencia de quedar absorbida la libre personalidad del hombre en el ciudadano del estado.

La crisis moral del imperio cambió todo eso, y la transformación se desarrolló en el sentido de volver las miradas en grado creciente hacia lo interno, con descuido del externo; hacia los asuntos del más allá y no hacia los de este suelo. La causa se halla primordialmente en la honda decepción sufrida después del cénit de la conquista del mundo mediterráneo por Roma. Los conquistadores desperdiciaron los tesoros que habían ganado, y el resultado distaba mucho de ser una edad de oro para los súbditos del imperio. Predominaba la injusticia, la opresión en las provincias y el materialismo, destacándose la inmoralidad de las clases altas y bajas. El comercio y los intercambios en escala mundial no pudieron por menos que suscitar preguntas frente al contraste entre el brillo externo y las realidades internas, apoderándose la desilusión y la frustración de muchos corazones, capaces aún de discernir lo que era noble y verdadero.

Pero quien llega a entender que no puede hallarse la felicidad debajo del sol, empieza instintivamente a dirigir sus anhelantes miradas más arriba del sol. Cesa de pensar en el "más allá" como esfera sombría y triste de tinieblas, llegando a comprender que la tierra es el lugar temporal de meras sombras mientras que el más allá constituye la esfera de la existencia real y verdadera. Desde aquella época se hallan en la literatura contemporánea constantes referencias al cuerpo como "cárcel del alma", de modo que se alaba la muerte por ser el momento de liberación; "el día del nacimiento de la eternidad", como dijera Séneca, el filósofo estoico, tutor de Nerón y hermano de Galión, que se menciona en Hech. 18:12.

Esta transferencia de interés de lo presente a lo futuro traía como consecuencia obligada la contemplación de lo interno en lugar de lo externo. La vida aquí, a pesar de ser visible, había fracasado, de modo que las miradas se fijaban en lo invisible y lo interno, y, en último término, en el corazón de cada uno. Llegó el momento, pues, de escudriñar atentamente el problema siempre latente: la discordia interna del alma del hombre, el conflicto entre el bien y el mal. Muy a menudo, el mal interno llegó a ser objeto de una triste observación de parte de los individuos y crecía la conciencia del pecado. Después de las orgías que señalaban el tiempo de los primeros emperadores, se despertaba un espíritu de contrición bastante generalizado en el mundo mediterráneo durante los siglos segundo y tercero.

Al interés en lo invisible y lo interno se añadió una atracción hacia lo trascendental, lo misterioso y lo místico. La desilusión frente a toda experiencia anterior prestaba al misticismo matices de tristeza y de melancolía que en ciertos casos llegaba al temor del mundo y el deseo de huir de él por el camino de la penitencia y de la mortificación. Este sentir llegaba a veces a los extremos de las disciplinas físicas y de la mutilación propia. ¡Todo ello en un esfuerzo por alcanzar la paz del alma! Tales consideraciones explican que muchos miles de hombres se sentían atraídos a los dioses del Oriente, que prometían la redención anhelada.

Las religiones orientales parecían ofrecer una solución para el individuo, pues se pasaba de la represión de la vida y de la muerte a una renovación de vida. Los dioses orientales se consideraban no sólo como la deificación de la muerte y de la desaparición de la vida según el proceso natural, sino también como de la victoria sobre la muerte; la nueva vida que surge de la muerte. Según las cavilaciones de aquellos sistemas, el hombre es miembro orgánico del complejo de la naturaleza, de modo que él también ha de desaparecer y volver a levantarse. Su liberación, por lo tanto, tenía que consistir en su asociación con esta ley universal, o sea, usando los términos de la deificación de la naturaleza en la unión mística con el dios de la naturaleza que muere y resucita.

La muerte de lo viejo se efectuaba por medio de penitencias, mortificaciones y el duro trato del cuerpo; la resurrección para vida se manifestaba por medio de comidas sagradas, grados de iniciación mística y bautismos por inmersión o aspersión. Todo el proceso de iniciación era secreto. Ejemplo destacado fue el horrible bautismo de sangre del "taurobolium" de los misterios de Cibeles en Asia Menor. El iniciante estuvo de pie dentro de un hoyo tapado por tablas de madera, mientras que un toro fue inmolado encima de ellas. Así, la sangre bajaba por entre las tablas duchando al iniciante, que "participaba" así en la muerte de la víctima.

Las bendiciones salvadoras, meta de las religiones esotéricas orientales, consistían en el triunfo sobre la muerte que tenía por consecuencia —según los postulados de tales sistemas— el renacimiento, la inmortalidad y la felicidad eterna. *"In aeternum renatus"* (nacido de nuevo para siempre), rezaban los epitafios de los devotos del dios persa Mitras. Una fórmula de la religión de Atis, de Asia Menor, animaba a los fieles con estas palabras: "Confortaos, oh piadosos, pues de la manera en que el dios ha sido salvo, así también vosotros seréis salvos de toda tribulación".

LA EXPECTACIÓN DE LOS PUEBLOS

Por tales medios se iba extendiendo, en amplios círculos, el presentimiento de que *una liberación completa* había de manifestarse dentro de breve tiempo, y las miradas se dirigían hacia el Oriente desde donde se esperaba el auxilio divino. Tanto Suetonio como Tácito hacen mención de un rumor muy extendido de que se aumentaría la potencia del Oriente, surgiendo un poderoso movimiento renovador entre los judíos. Escribiendo sobre el año 120 d. C., ambos historiadores informan que constaba en antiguos escritos sacerdotales que descendientes de los judíos habían de hacerse con el dominio uiversal (Tácito en Hist. V: 13; Suestonio en Vesp. 4).

Digno de atención especial es el eco que hallan tales presentimientos en la cuarta canción pastoral del poeta romano Virgilio, quien escribió durante el primer siglo a. C. El poeta desarrolla el tema de un niño que desciende del Cielo para reestablecer la edad de oro, durante la cual la paz reina en el mundo, la tierra rinde sus frutos sin los trabajosos esfuerzos de los hombres, el buey no teme al león, el yugo es quitado de los animales que aran los campos y el viñero no necesita recoger y estrujar la uva con el sudor de su frente.

Evidentemente este poema encierra la sustancia de la profecía de Isaías sobre el reino de paz que ha de establecerse en la tierra (Isa. 9:6, 11:7), de modo que las predicciones mesiánicas hallan un eco claramente perceptible entre las naciones de la gentilidad. Por fin, los presentimientos se convierten en una proclamación que se halla en la boca de testigos sencillos, oriundos de Levante, quienes, en tono seguro siempre más fuerte, anuncian las Buenas Nuevas destinadas a conquistar el mundo: ¡CRISTO SE HA MANIFESTADO!

Él hizo la expiación por los pecados de la humanidad.

Él es el Salvador de todos los pecadores.

Él es aquel que Israel esperaba conscientemente.

Él es el Esperado, deseado inconscientemente por los pueblos del mundo.

R E S U M E N

Hemos visto, pues, que la finalidad de toda la historia de la Salvación precristiana es la de llevar la humanidad a los pies del Redentor del mundo. El pueblo de Israel fue preparado de antemano por medio de una revelación histórica, mientras que los pueblos del mundo recibieron la preparación por medio de acontecimientos relacionados con la política y con la civilización.

El Antiguo Testamento consiste de promesa y de expectación, mientras que en el Nuevo se halla cumplimiento y consumación. En el Antiguo, las huestes se ordenan para la batalla de Dios, mientras que el triunfo del Crucificado es el tema del Nuevo. El Antiguo es el crepúsculo y la aurora de la mañana, mientras que el nuevo es el Sol que se levanta para llegar al cénit del día entero.

—oOo—

N o t a

Erich Sauer continúa la "historia de la Redención" en su libro "El Triunfo del Crucificado", que ya circula en traducción española.

Apéndice I
Los nombres de Dios

Dios se da a conocer a través de toda la historia de la Salvación glorificándose en ella como Creador y Redentor. Sin embargo, la naturaleza intrínseca de una persona u objeto se expresa normalmente por medio del nombre que lleva, como se ha dicho: "El nombre de un objeto es el sello que corresponde a su naturaleza, expresando la impresión que surge de su misma naturaleza".

Era de esperar, pues, que la historia de la autorrevelación de Dios también llevara en sí la manifestación de los nombres fundamentales de Dios, llegando estos términos, por los cuales Dios se describía a sí mismo, a ser una importante indicación de su naturaleza que correspondía a la revelación histórica de la deidad. La Creación y la Redención son los temas preeminentes de la revelación que Dios da de sí mismo, y por consiguiente dos nombres primordiales han de corresponder a estos temas: uno que señala a su soberanía, dominio y poder como Creador; otro que se relaciona con el pacto y con su amor redentor. Otro nombre, que corresponde a su glorificación, surgirá del cumplimiento del propósito final que se revela en los dos primeros.

Efectivamente, tales nombres se hallan en las Escrituras como autodesignaciones básicas que gobiernan la totalidad de la obra redentora de Dios: *Elohim,* que le señala como Creador y Soberano universal; *Jehová,* que es el título del Dios redentor, del Dios del pacto.

La frecuencia del uso de estos nombres fundamentales, comparada con la de otros secundarios, confirma su gran importancia. Adonai se halla 450 veces, Zebaoth 230 veces, Él (Dios poderoso) 230 veces, Eloah 50 veces, El Shaddai (el Poderoso) 50 veces, El Elyon (el Dios altísimo) sólo 32 veces. En cambio, Elohin se halla 2.570 veces y Jehová casi 6.000 veces, o sea, los dos títulos fundamentales se hallan conjuntamente casi 10.000 veces, lo que señala su profundo significado para el desarrollo de la revelación bíblica.

ELOHIM

Este título se deriva de *alah* (comp. la voz arábiga *aliha*), y significa el Dios Todopoderoso a quien se le debe temor y reverencia. La terminación plural *im,* que se añade a la raiz básica, es el plural de fuerza y de plenitud, pero es importante notar que se usa siempre con el verbo en el singular, lo que señala la *unidad* de la pluralidad así indicada. Dios habla de sí mismo con el "número plural de majestad", indicando así la plenitud de su esencia y potencia, bien que la revelación del misterio de la "Tri-unidad" había de esperar hasta los tiempos del Nuevo Testamento.

JEHOVÁ

Consideraciones sobre la etimología de este título se reservan para el fin de esta sección, de modo que nos basta notar aquí que surge del verbo *hawa,* "ser, o existir", deduciéndose que "Jehová" corresponde al Dios eterno, que siempre es y que siempre será. Como significados secundarios —justificados en un número de contextos— pensamos en aquel que es Verdadero, Inmutable, siempre Fiel a sus promesas. La declaración del mismo Señor en Apoc. 1:4 y 8; 4:8 sobre "aquel que era, que es, y que ha de venir" corresponde estrechamente al sentido íntimo del nombre "Jehová".

EL NOMBRE EN DIVERSAS
COMBINACIONES

El Nombre de Jehová, combinado en fases descriptivas, irradia de gloria la historia de la Salvación.

Como fundamento: *Jehová Jireh,* que se halla ya en Gén. 22:14, señala al Señor que todo lo provee, sobre todo el Sacrificio como base de la expiación de los pecados.

Como meta: *Jehová-Samma*, "el Señor está allí" (Eze. 48:35), título que anticipa el gran fin de Apoc. 21:3: "He aquí el Tabernáculo de Dios con los hombres, y Él habitará con ellos."

Como camino que lleva a la meta: Jehová es el todo y suple todo para el creyente que camina hacia la meta, según se indica por medio de las siguientes combinaciones: *Jehová-Rohi*, "Jehová es mi Pastor" (Sal. 23:1); *Jehová-Ropheka*, "Jehová el Sanador", (Ex. 15:26); *Jehová-Zidkenu*, "Jehová nuestra justicia" (Jer. 23: 6); *Jehová-Shalom*, "el Señor quien es paz o salvación" (Jue. 6:24).

Como fuerza y victoria: *Jehová-Nissi*, "el Señor es mi Bandera" (Ex. 17:15); *Jehová-Zebaoth*, "el Señor de los ejércitos" (Isa. 1:9 y repetidas veces).

Jehová de los Ejércitos

Este título combinado merece mención especial, ya que se presenta muy matizado en el A. T. Como tal Dios el Guiador de las huestes de los astros y de los sistemas solares (Isa. 40:26, 45: 12; Jue. 5:20; Job. 38:7); es el Caudillo de todas las fuerzas de las esferas angelicales (1 Rey. 22:19; 2 Rey. 6:17; Jos. 5:13-15; Neh. 9:6; Sal. 103:21, 148:2); es el Capitán de todos sus guerreros que luchan aquí abajo en la tierra (1 Sam. 17:45; Núm. 10:36). Como Jehová-Zebaoth, Dios dirige los movimientos de todas sus huestes, de tal forma que no sólo lleva a su pueblo adelante en triunfo, sino también ordena la consumación de su Reino.

Por eso, después del cautiverio babilónico, "Jehová de los Ejércitos" vino a ser el nombre divino que más se empleaba por los profetas: 80 veces por Jeremías, 14 por Aggeo, 50 por Zacarías y 24 por Malaquías. Para el pequeño remanente que volvió de Babilonia, nacido en medio de suma debilidad y angustia, fue muy confortador el hecho de reconocer a Dios como Jehová de los Ejércitos. Les aseguraba que el Señor, Jefe invisible de las potencias celestiales, aun llevaría a su pueblo a la meta determinada, destacándose también como la causa divina de la victoria final. Paralelamente encontramos la traducción griega de este título (pantokrator = todopoderoso) unas nueve veces en el Apocalipsis (1:8, 4:8, 11:17, 15:3, 16:7 y 14, 19:6 y 15, 21:22), puesto que éste es precisamente el libro que describe tan gráficamente la más terrible angustia del pueblo de Dios en la lucha contra el poder del mundo con su brillante triunfo final sobre todas las huestes anticristianas.

De este modo, el título de "Jehová de los Ejércitos" llega a ser la expresión más elocuente y amplia de su poder universal, el Nombre majestuoso y real que da a conocer al Dios Altísimo, según las poéticas palabras del salmista: "Alzad, oh puertas, vuestras cabezas, y alzaos puertas eternas y entrará el Rey de gloria. ¿Quién es este Rey de gloria? Jehová de los Ejércitos, él es el Rey de la gloria" (Sal. 24:9 y 10).

EL NOMBRE DOBLE "JEHOVÁ-ELOHIM"

Elohim es el nombre del Dios trascendente, exaltado por encima de los límites de todo lo creado, mientras que Jehová es el Dios inmanente quien opera dentro de lo creado y a través del proceso histórico, dando testimonio de sí mismo por estos medios. *Elohim* es el Creador, Origen y Meta de todas las cosas; *Jehová* es el Redentor, el Dios de la historia. Característicamente *Elohim* es el Dios del principio y del fin, mientras que *Jehová* es el Dios que opera en el período que media entre el principio y el fin, preparando su propia gloria para el tiempo del Fin. Está determinado que el reino de poder desemboque al reino de gloria, pero media entre ambos el reino de gracia, del cual el contenido esencial es la obra de la Redención. Bajo su nombre de Jehová Dios enlaza el principio con el fin, transformando el concepto de "grandeza" inherente en el nombre de "Elohim" por medio de la gloria de la obra de "Jehová". De este modo la historia de la Salvación puede considerarse como una senda por parte de la Creación —sobre todo de la del hombre, obra de la potencia de Elohim— en dirección a la meta de la comprensión de la gran realidad representada por el nombre dual de Jehová-Elohim. *Jehová* es quien lleva al hombre desde sus principios en la creación hasta la consumación de su plena relación con Jehová-Elohim. Vemos, pues, que este nombre dual llega a ser la sublime designación de la historia total del universo, de la manera en que el nombre conjunto de *Jesucristo* (Jesús el Cristo) es el que da sentido a la época del Nuevo Testamento.

Nota sobre la etimología de "Jehová" o "Yawe"

Se entiende generalmente que la pronunciación correcta del "tetragrammaton" hebreo (voz de cuatro letras) JHWH (o YHWH) es "Yawe" (Yahweh). Tengamos en cuenta que el hebreo primitivo se escribía sin vocales, que se suplían mentalmente por el lector del manuscrito. La pronunciación de "Jehová" fue sugerida por eruditos cristianos hace cuatro siglos, hallándose el nombre así escrito por primera vez en una obra titulada "Los misterios de la verdad católica", redactada en 1518 por un monje franciscano italiano, judío converso, llamado Pedro Galatino. Aparece, pues, un año después de la exhibición de la "Tesis" de Lutero en Wittenberg. Por otra parte, el padre de la Iglesia Teodoret (390-457) declara que los samaritanos de su día pronunciaban el título divino como "Jabe" (o Yawe), lo que se confirma por Epifanio (m. 403). El erudito A. Deissmann ha señalado las formas de "Jaoue" (o Yaoue) y de "Jabe" (o Yawe) en papiros grecojudaicos de los siglos II y III.

El hecho es que se ha perdido la pronunciación correcta, ya que los judíos, basándose en Lev. 24:16, no se atrevían a articular el nombre fundamental de Dios, sustituyendo el secundario de Adonai (Señor). En los siglos después de Jesucristo, los "escribas" judíos fueron sustituidos por hombres llamados "masoretas", o "transmisores del texto". Como el hebreo ya no era lengua hablada, vieron la necesidad de suplir las vocales en las palabras consonantales, al fin de asegurar la pronunciación correcta cuando las Escrituras se leían en las sinagogas, terminándose el proceso de vocalización en el siglo VII d. C. Al llegar al tetragrammaton YHWH escribían las vocales de Adonai debajo, como indicación de que el lector había de usar este título, y no YHWH. Pasando los años, las vocales de Adonai se insertaron entre las letras de YHWH, lo que dio lugar a la pronunciación equivocada de "Jehová".

Apéndice II

La autoridad de la historia bíblica antigua

Cristo mismo garantiza la historicidad, en sentido literal, de los primeros libros de la Biblia, lo que determina la actitud de todo el N. T. En todo lugar vemos que el Señor y sus Apóstoles consideraban que los primeros libros de la Biblia encerraban narraciones de acontecimientos verídicos y por eso pudieron sacar de ellos importantes deducciones para la instrucción de los fieles. Ejemplos de ello hallamos en Mat. 19:4-9; Rom. 5:12-21; 1 Cor. 15:21 y 22; 1 Tim. 2:13 y 14; Sant. 3:9; 1 Juan 3:12; Apoc. 20:2. Se ha dicho que si el N. T. es verdadero hemos de deducir que los capítulos 1-3 de Génesis son históricos.

No es posible mantener una confianza inquebrantable en Cristo y a la vez eludir el hecho evidente que acabamos de presentar. Algunos se esfuerzan por hacerlo con la ayuda de la teoría de la "kenosis", o sea, que el Hijo, al encarnarse, aceptó una limitación de sus atributos divinos. Otros creen que el Hijo de Dios, por el hecho de la encarnación, no se hallaba libre de errores. Otra idea es que Cristo se acomodaba a los errores de su tiempo —a pesar de saber la verdad— con finalidades educativas. Es cierto que el Señor se acomodaba al modo de expresión de sus contemporáneos, pero eso es muy distinto de decir que se prestaba a repetir sus errores: hipótesis que en manera alguna puede reconciliarse con la perfecta veracidad de quien era en su Persona *la Verdad*.

Se ha intentado describir las primeras narraciones de la Biblia con alegorías, señalándose la coincidencia entre el principio y el fin de las Escrituras; de ello se deduce que si el Apocalipsis se redacta por medio de símbolos, es natural que el principio de la Biblia se presente bajo igual forma literaria. Esta deducción, sin embargo, carece de una base firme.

Más endeble aún es el aserto que se oye con tanta frecuencia hoy, que el Antiguo Testamento puede considerarse como "la Palabra de Dios" aun si las narraciones de la primera época no tengan base histórica en sentido literal. Quienes apoyan esta hipótesis declaran que es más importante el mensaje de las Escrituras que no la veracidad de tal o cual acontecimiento, ya que nosotros no somos los espectadores de hechos antiguos, sino personas a quienes Dios se dirige. La última parte del argumento encierra una verdad evidente, pero se basa sobre algo ininteligible e ilógico, ya que el Antiguo Testamento no presenta estas narraciones en forma de visiones o de símbolos apocalípticos, como en el Apocalipsis del apóstol Juan, sino como historias reales. De igual manera las profecías de Daniel se presentan como predicciones fidedignas. Por tanto, según la intención de los autores, estas narraciones han de considerarse como "Historia" sin modificar el concepto normal de "Historia". Es un postulado básico que el Espíritu de Dios no puede promover la verdad divina por medio de errores y falsificaciones "piadosas". La Historia Sagrada solamente puede "verificar" una obra en nosotros si presenta hechos que "se verificaron" en su tiempo.

Desde luego, lo antedicho no excluye el derecho de los eruditos de llevar a cabo investigaciones textuales, literarias e históricas, ni niega la propiedad de estudios comparativos en el campo de hechos culturales y religiosos. Es evidente también que una fiel exégesis, basada en los acontecimientos del pasado, ha de completarse por el debido énfasis sobre los principios espirituales y lecciones típicas que encierran los pasajes.

Dentro de los límites de este libro no es posible discutir más detalladamente las tensiones que se producen hoy en día por la pugna entre el concepto bíblico del mundo, por una parte, y el de la filosofía natural moderna, por otra. Nuestro cometido no es el apologético, que consiste en defender la Fe, sino la redacción de una historia de la Salvación, limitándonos aun en esto a un breve resumen del tema. La Biblia misma adelanta con sencillez los eslabones históricos del plan divino, pasando por alto toda discusión detallada de orden filosófico o apologético. Tales discusiones son significativas y pueden aceptarse en su esfera, pero aquí se trata de la perspectiva bíblica, bastándonos en todo y sobre todo en la autoridad del Señor Jesucristo.

Apéndice III
Las formaciones geológicas

(Tabla esquemática)

La geología divide la historia del desarrollo de la Tierra en cuatro eras, dividiéndose éstas (salvo la más antigua) en varias subsecciones.

A *Neozoica* o Nueva Era (Período Kenozoico).

1	Cuaternaria	Caracterizada por los bloques "erráticos".
		Aluvial.
		Diluvial.
2	Terciaria	Plioceno (Terciaria superior).
		Mioceno (Terciaria mediana).
		Eoceno (Terciaria inferior).

B *Mezozoica* o Era mediana (Período secundario).

1	Cretáceo o cretácico.
2	Jurásico.
3	Triásico.

C *Paleozoica* o Era antigua (primario).

1	Pérmico o permiano.
2	Carbonífero.
3	Devónico o devoniano.
4	Silúrico o siluriano.
5	Cámbrico o cambriano.

D *Azoica* o Era original (arcaico, sin fósiles).

1 Piedra estratificada con influjo orgánico (resultado de la acción del agua).

2 Las formaciones originales arcaicas (granito, etc.).

3 Piedra sin estratificar y sin influjo orgánico (resultado de la acción del fuego).

Apéndice IV

Las etapas del plan de la salvación

Dios es el Eterno, el Creador del Universo, la Causa supratemporal de toda existencia temporal, como declara el Salmista: "Señor, tú nos has sido refugio de generación en generación. Antes de que naciesen los montes y formases la tierra y el mundo, desde el siglo y hasta el siglo, tú eres Dios" (Sal. 90:1 y 2). Este "Dios de la Eternidad" ha dado el ser a "los siglos" (Heb. 1:2, Vers. H. A., margen); de él mana el decreto de la creación y de la Redención según "el misterio de su voluntad" (Efe. 1:9). Aquel que "obra todas las cosas según el designio de su voluntad" (Efe. 1:11) determinó el diseño "en sí mismo" (Efe. 1:9, lit.), siendo, por tanto, no sólo el Creador del Universo, sino también el "Rey de los siglos" (1 Tim. 1:17). Él es el Principio, el *Alfa,* porque "de él, y por él y para él son todas las cosas" (Rom. 11:36). El fin vuelve otra vez a Dios quien es el Principio, "para que Dios sea todo en todos" (1 Cor. 15:28), verificándose este hecho precisamente porque el fin se esconde en el principio, la omega en el alfa: "Para él son todas las cosas; ¡a él sea la gloria por los siglos! ¡Amén!" (Rom. 11:36).

Sin embargo, la meta final de "reunir en uno todas las cosas en Cristo" (Efe. 1:10) no fue revelada plenamente en el principio. Al contrario, su sabiduría fue "escondida" (1 Cor. 2:7) y el "misterio" de su propósito fue rodeado de silencio "desde tiempos eternos" (Rom. 16:25; Efe. 3:5 y 9; Juan 16:12 y 13). Dios ha dado a conocer sus proyectos en la historia de la Salvación *por etapas.* Bienaventurados, pues, los ojos que ven y los oídos que oyen lo que a los santos varones de Dios de la antigüedad no les fue permitido comprender, a pesar de su búsqueda diligente (Mat. 13:16 y 17; 1 Ped. 1:10 y 11).

El desarrollo de la revelación, aun siendo progresivo, no supone un avance regular, como si fuera una línea ascendente. Se puede comparar más bien a una "escalera" en la que trechos horizontales alternan con otros verticales, sin que se pierda el movimiento ascensional en general.

Durante cierto período de tiempo Dios permitía al hombre seguir su curso, pero luego se producía una intervención suya que iniciaba otra serie encadenada de acontecimientos Al principio Dios se reveló a toda la raza, tratándola en su conjunto durante 2300 años. De pronto el método sufrió un cambio, cesando la revelación general —que el hombre había despreciado— cuando Dios escogió para sí a un individuo (Abraham) que le sirviera de instrumento para el desarrollo de su plan, iniciándose así una época histórica completamente nueva. Cuatrocientos treinta años más tarde añadió el régimen legal, al cual la nación de Israel tenía que sujetarse durante mil quinientos años. Al cumplirse la Ley en Cristo el sistema legal perdió su validez, hasta el punto de que los creyentes de la gentilidad no tenían que circuncidarse. El pueblo terrenal de Dios fue rechazado, siendo reemplazado por un nuevo pueblo espiritual sacado de entre todas las naciones. A pesar de ello, las Escrituras indican que Dios volverá a llamar a Israel, después de ser desplazado durante largos siglos. El nuevo pueblo espiritual de Dios será revestido de gloria celestial, y al mismo tiempo toda la humanidad recibirá bendiciones manifiestas. En la etapa final, el mundo antiguo sufre el juicio del fuego y se transforma en el nuevo, llegando el Universo a la meta predeterminada, a la consumación de todas las cosas.

El curso de la historia de la Salvación se destaca como una serie de períodos encadenados, llevando cada eslabón su color distintivo. Cambiando la figura, es un organismo compuesto de una multitud de miembros articulados dentro del conjunto. La gradación que gobierna la sucesión de etapas del plan descuella como el rasgo más obvio y hemos de discernir en ella el principio básico de la historia de la revelación.

El estudio en la Biblia del desarrollo del plan de Redención viene a ser, pues, la descripción de cada etapa según las características que le son propias. Así subimos cada peldaño de la "escalera", investigando cuanto se revela de él en la Biblia. No hemos de considerar las Escrituras Sagradas como un bloque homogéneo espiritual y divino, sino como un organismo espiritual maravillosamente articulado bajo el signo de lo histórico-profético. Ha de leerse la historia según la manifestación de las edades divinas, llegando así a la comprensión de su unidad orgánica.

Importa poco si llamamos las etapas "períodos de salvación", "siglos" o "dispensaciones". La voz griega en Efe. 1:11, 3:2, Col. 1:25, 1 Tim. 1:4 es "oikonomian", de donde procede nuestra palabra "economía", y quiere decir la administración divina que caracteriza cada período. Los términos no admiten definiciones rígidas, lo que explica la diversidad que hallamos en las obras de diferentes expositores al clasificar y dividir los "siglos" (aiones). Lo importante es que percibamos las etapas, discerniendo tanto las diferencias como las interrelaciones de unas con otras.

En la historia de la Salvación, por lo tanto, cada época constituye un período histórico caracterizado por unos principios peculiares de la obra divina. Cada uno juega un papel distinto en el desarrollo del plan total de la Salvación, manifestando nuevas facetas de la grandeza y de la hermosura del Hijo, Centro y Eje de todos los siglos (Heb. 1:2).

Desde luego, rasgos típicos de una época pueden hallarse también en otras, como por ejemplo, la práctica de la circuncisión, que se introdujo en la edad patriarcal, persistiendo durante la de la Ley. Sólo terminó con el fin del sistema legal. De igual forma, el "principio de la dispersión", que fue iniciado por el juicio de Babel, sigue en operación desde entonces y durará hasta la inauguración del Reino del Mesías, o sea, a través de tres dispensaciones: la patriarcal, la de la Ley y la de la Iglesia.

Sin embargo, *cada época se distingue por una combinación especial de los principios que le son propios,* de modo que no hay confusión entre las dispensaciones, ya que cada una es única en su totalidad. Se determina el principio de una nueva época cuando *Dios* introduce un cambio en la combinación de principios vigentes hasta aquel momento. Es decir, desde el punto de vista divino han de concurrir tres factores: *a*) ciertas ordenanzas ya válidas persisten; *b*) otras, vigentes hasta aquel momento, se anulan; *c*) nuevos principios se introducen. Por ejemplo, al iniciarse la dispensación actual quedaron en vigor los principios morales que caracterizaban el período de la Ley (Rom. 8:4, 13:8-10), bien que se aplican en un espíritu completamente nuevo. La Ley, como un sistema unitario, fue abolida (Sant. 2:10) y se introdujeron los principios nuevos de la gracia —por la que los gentiles son admitidos libremente en la Iglesia—, de la edificación de la Iglesia y de la posición celestial de los redimidos. Al mismo tiempo, las ordenanzas mosaicas que regían el culto fueron abolidas. Así, la circuncisión —ordenanza tan importante de la historia inspirada desde los días de Abraham (Gén. 17:10) y que se ncluyó entre los preceptos fundamentales de la Ley (Ex. 4:24 y 25)— se prohibió terminantemente bajo el Nuevo Pacto si se consideraba como medio para la justificación y la salvación, pues: "Si os circuncidáis, de nada os aprovechará Cristo" (Gál. 5:2). Rasgos característicos del régimen levítico eran los sacrificios animales, un sacerdocio oficial, el incienso, los altares y las vestimentas, mientras que, en la dispensación actual, rige el principio contrario del sacerdocio de todos los creyentes (1 Ped. 2:9).

Aunque todas aquellas ordenanzas habían sido ordenadas por Dios, no pasaban de ser principios dispensacionales, que se revestían de validez hasta que "viniese la Simiente a quien fue hecha la promesa" (Gál. 3:19). Tales ordenanzas han sido cumplidas en Cristo, quedando abolidas por la operación de leyes espirituales superiores (Heb. 13:10, 1 Cor. 5:7 y 8, etc.). Es evidente, pues, la inmensa importancia práctica de distinguir con toda claridad las dispensaciones del plan divino de Redención, pues de otra manera se confunden esfuerzos para la auto-santificación legal con la libertad del Espíritu propio del nuevo régimen.

Bastantes de los rasgos más notables del romanismo resultan ser la consecuencia inevitable de la confusión entre las dispensaciones, pues si se consideran válidos para los pueblos del mundo de hoy aquellos principios vigentes en la dispensación mosaica —contrariamente al testimonio del Nuevo Testamento— es lógico justificar, como algo "bíblico", la constitución de un sacerdocio especial, el uso de incienso, etc. Deducimos, pues, *que el hacer la debida distinción entre las dispensaciones del plan de la Redención es de enorme importancia práctica, siendo un principio de valor fundamental para la historia, la doctrina y el culto de la Iglesia.*

Quizás alguien adelantará la objeción: "Si se nos enseña que el A .T., por lo menos en muchos extensos pasajes, no se aplica directamente a nosotros, y si se nos dice que hasta algunas declaraciones sueltas en los Evangelios (vgr.: Mat. 10:5 y 6) no son mandatos específicos para nosotros, ¿cómo hemos de entender el hecho de que toda la Escritura constituye el don de Dios para nosotros? (1 Tim. 3:15-17). Contestamos que no cabe duda de que todas las Sagradas Escrituras nos pertenecen y afirmamos que todo el Antiguo Testamento, desde el principio hasta el fin, constituye la Palabra Santa de Dios (2 Ped. 1:20 y 21). Al mismo tiempo, todo lo que fue escrito para nuestro provecho no se escribió necesariamente *acerca* de nosotros. Pensamos en las muchas promesas sobre un reino que Dios ordena para Israel según los términos de su pacto con su pueblo. Si nos esforzamos —como hacen muchos— por espiritualizar estas promesas relacionadas con la Tierra, la ciudad de Jerusalén, Judá e Israel, trasladándolas a la esfera muy distinta de la Iglesia, caemos en una exégesis falsa. Aprendemos mucho al leer tales profecías, pero no se dirigen a nosotros en primer término en esta dispensación, como es muy evidente por el estudio de Romanos, caps. 9 a 11 · pasaje que el Espíritu Santo hizo redactar precisamente para combatir de antemano tales ideas equivocadas.

Al leer el Antiguo Testamento —y versículos en el Nuevo Testamento como el antes citado— hemos de mantener una distinción entre: *a*) la interpretación exacta, que no siempre se aplica directamente a los creyentes de esta época; y *b*) la aplicación moral y espiritual, que siempre nos instruirá y nos hará bien (2 Tim. 3:15-17). Esta distinción corresponde inevitablemente a la necesidad de distinguir entre los diferentes períodos, tanto de la revelación de Dios como del plan de la Redención.

La perspectiva del plan de la Redención bíblico tiene por su centro la Cruz. Cuanto más alajada la época de esta gran Consumación, tanto menos detalle leemos de ella. En cambio, las épocas más próximas a la Cruz se destacan con gran nitidez, detallándose mucho su contenido histórico. Por eso, las Escrituras dedican más espacio a la dispensación de la Ley que precedió la Cruz y al nuevo régimen de gracia que la sucede. El fin de todos los siglos se señala por un solo principio, que es propio también de los comienzos: "que Dios sea todo en todos" (1 Cor. 15:28). Habrá mucho más que decir sobre el FIN, pero aún se halla escondido en los arcanos divinos como una de las "cosas secretas que pertenecen a nuestro Dios" (Deut. 29:29).

Sabemos ya que la Biblia no revela el contenido de todos los siglos, pues muchos habían transcurrido antes del principio de la historia de este mundo (Efe. 3:9; 1 Cor. 2:7) y habrá también "siglos de siglos" en el nuevo mundo (Apoc. 22:5). La Biblia no pretende presentar más que una parte limitada de la plenitud de los siglos: aquella parte que tiene que ver con el camino de la salvación. La revelación escrita dirige nuestra mirada hacia adentro y hacia afuera de tal forma que podamos percibir lo necesario para comprender el camino que nos lleva a la meta de la salvación. En el FIN Dios sacará de su infinita plenitud edades siempre nuevas a través de las cuales mostrará "las abundantes riquezas de su gracia en su bondad para con nosotros en Cristo Jesús" (Efe. 2:7).

Apéndice V

Tabla cronológica de la historia antiguotestamentaria

Nota preliminar: Las Sagradas Escrituras no nos ofrecen una cronología completa que nos señale el año y el día exactos que corresponden a cada personalidad y acontecimiento histórico, pero sí contiene genealogías fidedignas de alto valor, además de otros datos históricos. De especial importancia son los anales de los reyes del A. T. Es preciso tener en cuenta que no es posible siempre fechar con exactitud los acontecimientos extra-bíblicos de la historia antigua, especialmente en los dos o tres milenios antes de Cristo. En cuanto a la historia de Roma, por ejemplo, se ha afirmado que las fechas adelantadas por los historiadores romanos antiguos tienen poca base firme hasta el tiempo de Pirro (c. 280 a. C.). Esta inseguridad es aún más evidente en la historia egipcia y asiria. Todo eso nos recuerda que las tablas de acontecimientos, por orden cronológico, sólo pueden aproximarse a las fechas exactas, mayormente en lo que se refiere al período antes de 500 a. C.

No obstante, lo poco que hay es suficiente para ayudarnos a reconstruir una relación, siquiera esquemática, del orden y de los intervalos aproximados de los acontecimientos más sobresalientes.

1. HASTA LA FUNDACIÓN DEL REINO DE ISRAEL

Palestina e Israel	*Egipto y Babilonia*
Antes de 2100 a. C. Habitantes pre-canaanitas en Palestina.	Antes de 2200 a. C. Las dinastías I-X del Reino Antiguo egipcio.

Antes de 2000. Canaanitas camitas en Palestina.

c. 2000. Dominio de los elamitas en Palestina.

c. 1900. Dominio de los babilonios.

c. 1900. Abraham.

c. 1500. Moisés.

c. 1500-1400. Dominio egipcio en Palestina.

c. 1400. Los heteos derrocan el dominio egipcio en Palestina.

c. 1100. Samuel.

Aprox. 2100 hasta alrededor del año 1800. Las dinastías XI-XVII, especialmente la XII: el Reino Medio egipcio.

c. 1900. Hamurabi, rey de Babel.

c. 1800-1600. Los Hiksos o reyes-pastores.

c. 1100. Samuel.

c. 1750. Dominio de los casitas en Babilonia.

c. 1750-612. Los asirios.

c. 1600-1100. El Nuevo Reino en Egipto (las dinastías) (XVIII-XX).

c. 1400. El período Tell-el-Amarna, la capital del rey Amenofis IV.

Los habiri.

c. 1250 (¿1300?). Ramsés II de Egipto.

c. 1225 (1250). Mernefta de Egipto.

2. DESDE EL COMIENZO DEL REINO DE ISRAEL HASTA LA DESTRUCCIÓN DE JERUSALÉN (c. 1050-586 a. C.)

Palestina e Israel	*Asiria, Babilonia, Egipto*
a) El Reino unido (aprox. 1050-950).	
c. 1050. Saúl.	
c. 1000. David.	
c. 975. Salomón.	
c. 950. División del Reino (¿975 o 932).	

b) El Reino dividido: Judá, el reino del Sur; Israel, el reino del Norte (950-722).

Aprox. 950-722. El Reino del Norte (las diez tribus).

Aprox. 950-586. El Reino del Sur (dos tribus).

c. 860. Elías.

c. 790. Jonás.

c. 760. Amós.

c. 750. Oseas.

c. 749-690. Isaías.

725. Miqueas.

722. Destrucción de Samaria por el rey Sargón.

c) El Reino de Judá ya solo (722-586).

c) 660. (¿620?) Nahúm.

c. 630. Sofonías.

Siglos x-ix a. C. Los comienzos de Roma.

753. La fundación "oficial" de Roma.

745-727. Tiglat-pileser (Pul) de Asiria. Empieza el imperio asirio.

732. El reino de Damasco (Siria), destruido por Tiglat-pileser.

727-722. Salmanasar IV de Asiria.

722-705. Sargón de Asiria.

705-681. Senaquerib de Asiria.

681-669. Assarhaddón de Asiria conquista Egipto. La cumbre del poderío asirio.

669-625. Asurbanipal. El ocaso de Asiria empieza.

c. 650 Egipto se libra del yugo asirio bajo el rey Samético I.

c. 650. Media se erige en reino independiente.

625-605. Nabopolasar de Babilonia.

625. Babilonia se independiza de Asiria.

612. La destrucción de Nínive por los reyes Nabopolasar de Babilonia y Ciaxares de Media.

610-594. Faraón Nechao de Egipto.

605. Nabucodonosor de Babilonia.

587/6. Destrucción de Jerusalén por Nabucodonosor.

3. Desde la destrucción de Jerusalén hasta terminar la historia Antiguotestamentaría, aprox. 586-430 a. C.

Palestina y Judea

626-580. Jeremías.

606-536. El cautiverio babilónico.

586-516. El Templo en ruinas.

592-570. Ezequiel.

536. Ciro permite el retorno de los judíos a Palestina bajo Zorobabel y Jesúa el sumo sacerdote.

520-516. La reedificación del Templo en Jerusalén. Aggeo y Zacarías.

Babilonia, Persia, Egipto

605-562. El reinado de Nabucodonosor.

588-564. Faraón Ofra de Egipto.

555-539. Nabunaid, último rey de Babilonia.

558-529. Ciro el persa.

550 (aprox.), Ciro subyuga Media.

546. Ciro conquista al rey Creso de Lidia.

538. La toma de Babilonia.

529-522. Cambises de Persia.

525. Egipto, una provincia persa hasta 332.

521-485. Daría I de Persia.

492-490. Las guerras primera y segunda de Persia contra los griegos.

485-465. Jerjes I de Persia (Asuero).

480-479. La tercera guerra perso-griega.

c.450. ¿Malaquías?

458/7. Esdras el escriba, en Jerusalén. Empiezan las 70 semanas.

445. Nehemías, en Jerusalén. El muro se edifica.

465-424. Jerjes II de Persia (Longimano).

4. EL INTERVALO ENTRE LOS DOS TESTAMENTOS (aprox. 430 años)

Palestina

El Imperio de Alejandro: los estados griegos que lo reemplazan. Roma

(343) 326-290 a. C. Las guerras romano-samnitas.

336-323. Alejandro Magno.

334-331. El ocaso del imperio persa (Darío III, Codimano).

334. La batalla de Gránico. Alejandro derrota a los persas.

333. La batalla de Iso.

332. Alejandro Magno en Jerusalén. Palestina bajo el dominio macedonio.

331. La batalla de Arbelas.

323-301. Las guerras de sucesión entre los generales de Alejandro.

301-198. Palestina bajo el gobierno egipcio.

323 (304)-285. Tolomeo I (Lago) de Egipto. (La dinastía tolomea terminó en el año 30 a. C.)

312-281. Seléuco I (Nicator) de Siria. (La dinastía seléuca duró hasta 64.)

Aprox. 250-100 a. C. Preparación de la versión Septuaginta o de los Setenta en Alejandría.

284-246. Tolomeo II (Filadelfo).

264-240. Primera guerra púnica.

218-207. Segunda guerra púnica.

218. Las batallas de Ticino.

217. La batalla del Lago Trasimeno.

216. La batalla de Cannas.

202. La batalla de Zama.

197. La batalla de Cinoscéfalos: Macedonia conquistada por los romanos.

175-164. Antíoco IV (Epífanes) de Siria.

198. La batalla de Panio. Palestina cae bajo el gobierno sirio.

168. La batalla de Pidna. La destrucción de Macedonia.

168. Antíoco despoja el Templo en Jerusalén. Prohibe a los judíos el culto a Jehová.

163 (diciembre). Erección de un altar al dios Zeus encima del altar de los holocaustos, en Jerusalén.

167. Empieza la rebelión macabea (el sacerdote Matatías y sus cinco hijos).

166-160. Judas macabeo.

165 (diciembre). Nueva consagración del Templo.

164. Tratado de paz con la libertad religiosa.

146. La conquista de Corinto. Macedonia, una provincia romana.

146. La destrucción de Cartago. Africa, una provincia romana.

142. La independencia de Judea, reconocida.

141-63. La dinastía asmonea (macabeos).

133. Destrucción de Numancia y la conquista de España.

133. Muerte de Atalo III de Pérgamo. Pérgamo pasa a ser parte del imperio romano.

129. La provincia de "Asia" in-

corporada en el imperio romano.

133-31. Las guerras civiles romanas.

63. Pompeyo en Jerusalén. Palestina cae bajo el poderío romano.

47 a. C. Julio César en Palestina.

44 a. C. César asesinado.

37-4 a. C. Herodes el Grande.

31 a. C. Octavio derrota a Antonio en Accio.

30 a. C. Octavio (Augusto) gobierna solo.

20 a. C. Comienza la edificación del nuevo templo.

5. LA ERA NOVOTESTAMENTARIA

Palestina

El Imperio de Roma

c. 6-4 a. C. El nacimiento de Cristo (año 747 de Roma. Muerte de Herodes (año 749 de Roma).

30 a. C. a 14 d. C. César Augusto.

12 d. C. Tiberio elevado a coregente.

14-37. Tiberio, emperador.

26-36. Poncio Pilato, procurador de Judea.

26-27. Comienzan los ministerios públicos de Juan Bautista y Cristo.

30. La Muerte y Resurrección de Cristo.

36. La destitución de Pilato y Caifás.

37-41. Cayo Calígula.

41-54. Claudio.

54-68. Nerón.

64. El incendio de Roma.

66-72. La guerra judaica.

69-79. Vespasiano.

70 (agosto). La destrucción de Jerusalén por Tito.

79-81. Tito.
81-96. Domiciano.
96-98. Nerva.
98-117. Trajano.
117-138. Adriano.

132-135. La rebelión de los judíos bajo Bar Kocha y la toma de Jerusalén. Se prohíbe a los judíos estar en Judea.

395. El Imperio, dividido por Teodosio entre sus hijos Honorio (el imperio occidental) y Arcadio (el oriental).
476. El colapso del Imperio del Occidente.
1453. La terminación del Imperio oriental.

NOTA SOBRE LOS REYES DE ISRAEL

a) EL REINO UNIDO (1050-950 a. C.)

Saúl.
David.
Salomón.

b) EL REINO DIVIDIDO (aprox. 950-722 a. C.)

Judá	*Israel*
Roboam.	
Abiam.	Jeroboam.
Asa.	
	Nadab.
	Baasa.
	Ela.
	Zimri.
	Omri.
	Acaz.
Josafat.	Ocozías.

Joram.

Joram.
Ocozías.
Atalía.
Joás.

Jehú.

Joacaz.
Joás.
Amasías.
Jeroboam II.
Azarías.
Zacarías.
Salum.
Menahem.
Pekaía.
Peka.

Jotam.
Oseas.
Acaz.

c) EL REINO DE JUDÁ (722-586 a. C.)

Ezequías.
Manasés.
Amón.
Josías.
Joacaz.
Joacím.
Joaquín.
Sedequías.

Indice de temas

Un asterisco (*) de una palabra indica que la palabra que sigue tiene entrada en este índice. La s después del número de página se refiere a la página siguiente, y ss, a las páginas siguientes.

Indice de nombres propios

NUESTRA VISIÓN

Maximizar el efecto de recursos cristianos de calidad que transforman vidas.

NUESTRA MISIÓN

Desarrollar y distribuir productos de calidad —con integridad y excelencia—, desde una perspectiva bíblica y confiable, que animen a las personas a conocer y servir a Jesucristo.

NUESTROS VALORES

Nuestros valores se encuentran fundamentados en la Biblia, fuente de toda verdad para hoy y para siempre. Nosotros ponemos en práctica estas verdades bíblicas como fundamento para las decisiones, normas y productos de nuestra compañía.

Valoramos la excelencia y la calidad
Valoramos la integridad y la confianza
Valoramos el mérito y la dignidad de los individuos y las relaciones
Valoramos el servicio
Valoramos la administración de los recursos

Para más información acerca de nuestra editorial y los productos que publicamos visite nuestra página en la red: www.portavoz.com